한권에 담은 우리생활 3

상차림문화

김상보

머릿글

　보수적 경향이 강한 한 나라의 음식문화가 변화되기 위해서는 내외로부터 강력한 충격이 있어야 합니다. 그 충격은 전쟁과 종교의 유입으로 크게 대별할 수 있을 것입니다. 이 땅에 충격을 준 전쟁을 벼 재배를 위한 논농사가 전개되면서 성립된 삼국시대 이후부터 한 번 살펴보겠습니다. 우선 당나라의 침공과 백제멸망에 따른 당 문화 유입이 있었고, 원나라의 침입과 육식 부활, 병자호란, 임진왜란, 그리고 1910년 한일합방에 의한 일본제국주의 침략을 들 수 있습니다.

　종교사는 유교 유입에 이어 도교와 불교의 전래와 전개, 불교의 부흥, 조선왕조의 새로운 성립과 유교로의 회귀가 있었습니다. 이어서 기독교문화의 유입이 전개되었습니다.

　이상의 문화적 충격 가운데 가장 최근의 사건은 조선왕조 말이며, 이 때 일본제국주의의 침략과 기독교문화 유입이라는 충격이 공존하였습니다. 기독교문화 유입에 따른 문화적 변화는 논외로 하고, 우리는 불과 100년 전에 음식문화가 변화될 만큼 침략 전쟁을 겪었습니다. 우리는 비극적 시대를 살았던 조상을 가진 민족이 되었던 것입니다.

저는 1996년 봄, 지금은 고인이 된 한국정신문화연구원 장철수 교수로부터 『원행을묘정리의궤』를 같이 번역해 보자는 제의를 받았습니다. 물론 그 방대한 번역 작업에서 제가 맡은 부분은 '찬품조(饌品條)'이었지만, 이것을 번역하는 동안 현재 우리가 매일 매일 먹는 밥상차림에 많은 왜곡과 변질이 있다는 것을 발견하게 되었습니다. 아주 짧은 한 줄에서 반상차림의 계보를 알게 된 당시 전율을 느꼈고, 이 자료는 『한국의 반상에 대한 고찰』이라는 제목의 논문을 만드는 초석이 되었으며, 동아시아 식생활학회를 통하여 1997년 발표하였습니다.

현재의 반상차림은 한말의 왜곡된 결과로 인함이고, 우리의 전통 밥상차림은 검소하였다는 것을 체계적으로 기술한 내용이었습니다. 물론 공개적인 발표도 하였습니다. 왜냐하면 대학 입학시험에 반상차림법이 시험문제로 출제되고 있었고, 여성들은 혼인할 때에 혼수로 첩반상기를 준비하여 사가던 시절이었으므로 사회에 미친 반향이 클 것으로 생각되었기 때문입니다.

그러나 발표는 했으나 아무런 반향이 일어나지 않는 듯 했습니다. 그 후 저는 우리나라 밥상차림의 왜곡 변질과, 그렇게 왜곡 변질되게끔 만든 역사적 상황과 충격에 대하여 기회 있을 때마다 강연도 하고 글도 썼습니다. 그러나 아무리 안간힘을 써도 바위에 달걀을 던지는 것이나 마찬가지라는 안타까움을 떨칠 수 없었습니다.

최근 들어 한국음식을 세계화한다고 온 나라가 유난히 떠들썩합니다. 외식산업에서 채택하고 있는 반상차림 하나도 정통성이 무너져있는데, 어떻게 세계화할지 걱정부터 앞서는 것이 솔직한 제 심정입니다. 어찌되었든 상차림문화는 수난을 겪고 왜곡 변질되어 현재에 이르렀습니다. 이 한 권의 책을 통해서나마 상차림문화에 대한 인식이 바로 정립되는 계기가 마련될 수 있다면 더할 나위 없이 좋겠습니다.

　학문의 깊이가 아직 먼 필자에게 선뜻 글쓰기를 권해주신 김광언(金光彦) 인하대 명예교수님께 감사의 말씀을 드리지 않을 수 없습니다. 또 이 책의 원고를 위하여 워드 작업을 해준 사랑하는 제자 김진향 선생과, 저의 사랑하는 동생 김상근에게 너무도 깊은 감사의 말을 하지 않을 수 없습니다. 한자 한자 쳐내려간 정성과 마음을 어찌 소홀히 여기겠습니까. 다시 한 번 감사드립니다.

2010년 4월 대전의 연구실에서 김상보

차례

제1장 한국음식문화의 형성과 범위   12

제2장 밥상문화

제1절 고대의 밥상문화

1. 『의례』「공식대부례」의 밥상차림   23
2. 현재의 밥상차림에서 찾아 본 「공식대부례」의 정찬과 가찬   27
   1) 정찬 4의 조밥과 수수밥, 가찬 1의 쌀밥
   2) 정찬 5의 읍, 정찬 6의 우형·양형·시형, 가찬 2의 경·훈·효
   3) 정찬 2의 저(菹)와, 해(醢)
   4) 정찬 1의 혜(醯)와, 정찬 3의 수육[熟肉]
   5) 가찬 2의 우적·양적·시적
   6) 가찬 2의 우자·양자·시자·우저, 어회
   7) 정찬 7의 술[酒]과, 음료[漿]
3. 지에밥·술·젓갈·식해를 만들어 먹었던 마한사회   39
4. 오늘날 우리의 밥상차림과 비슷했던 한(漢)과, 고구려의 밥상   43
5. 백제의 음식문화   47
   1) 쌀이 주곡식이 되다
   2) 상당한 수준에 올라 있었던 술과, 김치문화
   3) 간장·된장을 사용하여 다양한 술안주를 만들어 먹다
   4) 불교음식의 발달
6. 고려왕조 말 육식이 부활하다   60

제 2절 조선시대의 밥상문화

1. 조선왕조에서 수라를 맡았던 사람들   63
    1) 『경국대전』을 통해서 본 조리사 직제
    2) 이동식 소주방(燒廚房)을 통해서 본 조리 직제
      (1) 정조대왕의 수라를 맡았던 사람들
        ① 밥 짓기는 숙수와 군인들의 몫이었다
        ② 차지(次知)가 담당했던 밥상
        ③ 음식의 독(毒) 유무를 가린 찬탁김기
        ④ 취건당상이 맡았던 진휘건
      (2) 상궁들의 일상식을 맡았던 나인지공차지

2. 일본사신 접대 밥상차림   75
    1) 한·일 관계
    2) 1400년대 일본사신 접대 일상식
    3) 1600년대 이후의 일본사신 접대 일상식

3. 『원행을묘정리의궤』를 통해서 본 일상식   94
    1) 정조대왕의 수라, 「7첩상」
    2) 의례식(儀禮食)인 혜경궁홍씨의 수라, 「15첩상」
    3) 내빈의 일상식, 「5첩상」 「7첩상」
    4) 원(員)의 일상식, 「2첩상」 「4첩상」
    5) 인(人)과 명(名)의 일상식

4. 1800년대 말 왕의 수라와 사대부의 밥상차림   112

제 3절 1900년대 이후의 밥상문화

1. 밥상차림   116
2. 검박한 반상차림으로의 복귀는 우리의 과제이다   124

제 3장 술상문화

제 1절 술상차림	126
제 2절 술	138
제 3절 한말(韓末)의 술집	143
제 4절 안주	151

제 4장 종가를 통해서 본 젯상문화

제 1절 종가음식   158

제 2절 「예서(禮書)」에 나타난 젯상문화   166

1. 제사상차림의 유형
2. 제례 범위
3. 제사음식과 상차림
    1) 속절제 · 삭망제 · 천신
    2) 사시제 · 이제 · 기일제 · 묘제
      (1) 제사음식과 상차림
      (2) 『사례집의』를 통해서 본 「사시제」 진설방법

제 3절 현 종가의 젯상문화   183

1. 서애 류성룡 종가의 「불천위 기신제」
2. 고산 윤선도 종가의 「불천위 기신제」
3. 탄옹 권시 종가의 「시제」
4. 퇴계 이황 종가의 「다례」

제5장 「의궤」를 통해서 본 조선왕조 음식문화

제1절 「음식문화의궤」 200
제2절 「영접식의궤」 상차림 203
제3절 「가례식의궤」 상차림 207
제4절 「연향식의궤」 상차림 208
제5절 「일상식의궤」 상차림 218
제6절 「음식문화의궤」를 통하여 밝혀진 현재 알려져 있는 219
　　　궁중음식의 문제점

제6장 우리음식문화의 현재와 미래, 발전방향 222

인용문헌 228

제1장 한국음식문화의 형성과 범위

한국은 벼 생산을 중심으로 발전한 농경국가이다. 벼가 자라 한참 생육 중인 봄과 여름에는 벼의 무사생장(無事生長)을 빌고, 농사일을 모두 마친 가을에는 수확에 대한 감사제(感謝祭)를 드렸다. 대략 삼한(三韓)시대에는 벼작물을 중심으로 한 농작물의 생장과 수확에 따라 농경의례가 정착되었다고 본다.

동지와 설날 및 대보름날은 앞으로 전개되는 농작물의 풍성을 기원하는 예축의례(豫祝儀禮)에서 생겨난 명절이고, 단오·유두·칠석 등은 성장의례(成長儀禮), 추석과 중구는 추수를 감사하는 수확의례(收穫儀禮)에서 탄생하였다. 쌀 재배를 중심으로 하여 형성된 이들 의례는 유교·불교·도교· 토속신앙과 결합되었고, 여기에 토산물이 각종 의례에서 공물(供物) 재료가 되면서 음식문화는 폭넓게 발전하였다. 그러나 한반도 음식문화의 발전에는 중국대륙 문화와 불가분의 관계가 있었음도 부인할 수 없는 사실이다.

광대한 중국대륙과 한반도·일본열도를 포함하는 지역의 농경 개시기에 관한 연구는 아직 불충분하지만, 대략 6000~8000년 전이라고 추정되고 있다. 조엽수림문화권 내에 있었던 한반도는 구석기시대부터 신석기시대에 걸쳐서 밤·도토리·칡뿌리·고사리뿌리 등이 식용화되고 있었으며, 중석기시대 이후에 점차 생겨난 관리 재배는 농경문화의 꽃을 피게함과 동시에 정주생활에 따른 신석기문화가 생겨났고, 조[粟] 재배 농업은 강력한 고대국가 형성의 계기가 되어 청동기시대의 막이 열렸다.

일찍이 아프리카의 니제르강 주변이 근원지였던 사반나농경문화 산물인 조·기장·쌀 등의 곡식이 한반도에까지 전래되기 위해서는 지리적으로 중국이라는 광대한 땅을 경유하여야 했다. 이땅에 조[粟]를 주축으로 하여 동남아시아의 근재(根栽) 농경문화가 탄생한 화전농경이 성립한 시기는 약 6000년 전의 일이다.

화전농법으로 조 재배농업에 의한 고대국가 형성 그리고 철기시대로 이어지면서, 한반도에 유입된 농경복합문화형성을 나타낸 것이 〈그림 1〉이다. 초기 철기시대에는 이미 조엽수림문화(照葉樹林文化)·근재농경문화·지중해농경문화의 농경복합문화가 형성되었고, 조선시대에는 신대륙농경문화가 복합되었다.

음식생활이 현재와 같은 문화로서 형성된 것은 도작과 관련된 논농사 전개와 밀접한 관계가 있다. 생산성과 저장성이 풍부한 쌀은 사회적인 잉여 형성에 크게

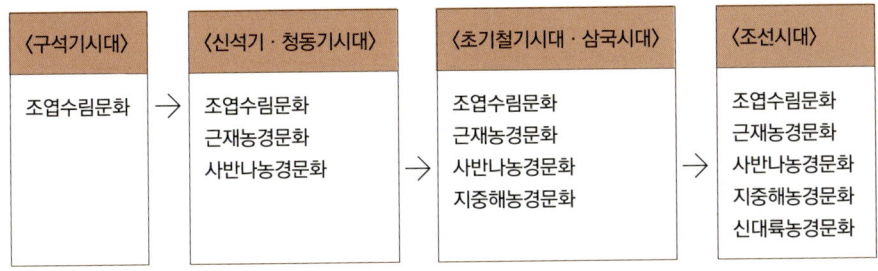

〈그림 1〉 시대 구분에 따른 한반도의 농경복합문화 형성 (김상보, 『한국의 음식생활문화사』, 광문각, 1997, 257쪽)

기여하고 사회전개에 박차를 가하게 하였다. 문화인류학의 지적에 의하면 도작의 개시에 따라서 전쟁이 시작되고, 그 조정자로서 왕이 등장하는 형태가 도작지대에 널이 분포한다고 되어있다. 쌀이라는 식품이 인간 사회를 변화시키는 커다란 계기가 된 것이다.

한반도에서 문헌적으로 논농사가 처음으로 거론되는 때는 백제 다루왕 6년(33)으로 나라의 남쪽 주와 군[國南州郡]에 도전(稻田)을 실시하였다. 백제의 전단계인 마한사회에서의 도작에 관한 실상은 비록 전면적인 논농사 단계는 아닐지라도 부분적인 논농사에 의한 논벼와 밭농사에 의한 밭벼가 공존하였거나, 점차 밭벼에서 논벼로 전환하는 단계였고 다음의 백제라는 나라를 세울 수 있는 쌀에 의한 경제적 과도기였다.

마한보다는 조금 일찍 북쪽에 자리잡고 있었던 한사군(漢四郡)의 하나였던 낙랑군(樂浪郡)의 생활 실상이『한서(漢書)』「지리지(地理志)」에 작게나마 표현되어 있는데, 어염조율(魚鹽棗栗)이 풍부하고, 논[田]·잠(蠶)·직작(織作)이 있었으며, 공자의 도가 있고, 전민(田民)은 음식을 변(邊)과 두(豆)를 사용하여 먹는다 하였다. 어염과 전이 있다는『한서(漢書)』의 이러한 기록은 논농사에 의한 쌀 생산과, 부식으로서 어염을 먹었음을 나타내는 글이다.

기원전 2세기 초, 고조선은 위만에 의해 왕위를 찬탈 당하였다. 위만조선은 전한(前漢) 무제(武帝)와의 무력충돌에서 패하여 나라를 잃어버리게 되었고 그 유민집단은 한반도로 내려오면서 단조철기기술(鍛造鐵器技術)을 가지고 왔다. 옛 위만조선에 설치된 앞서 기술한 낙랑군을 포함한 중국의 군현(郡縣)을 통하여 지속적으로 한(漢)의 발달된 철기기술이 유입되었다. 이것은 중국대륙과의 왕성한 교섭을 통하여 국제사회라는 조직 속에서 새로운 사회가 탄생되었음을 의미한다. 이러한 일련의 사건은 식생활에도 커다란 영향을 미치게 되었다.

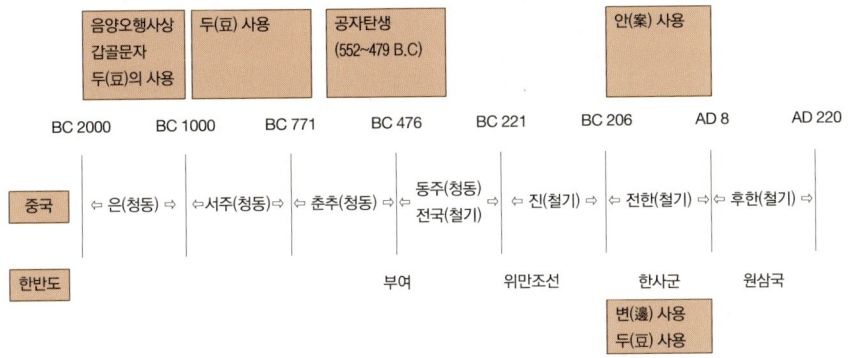

〈그림 2〉 단군조선부터 원삼국시대까지의 중국과 한반도의 전개상황

주대(周代)의 예법인 『의례(儀禮)』「공식대부례(公食大夫禮)」에는 당시의 식사예법을 보다 자세히 알 수 있는 자료가 기록되어 있다. 이에 의하면 손님 접대를 위한 상차림에는 정찬(正饌)과 가찬(加饌)으로 구성되어 있었다.

정찬이나 가찬 모두는 밥과 국이 한 조가 되면서, 초장[醯]·소금절임야채[菹]·육젓[醢]·수육[熟肉]·술은 반드시 차려져야하는 정찬으로 설정되어 있고, 보다 더 손님에게 공경한 마음을 나타내기 위하여 쌀밥·차조밥·곰국·양념한 고기구이·생선회·육회 등을 가찬으로서 올렸다. 이러한 「공식대부례」 상차림은 몇가지 우리에게 제시해 주는 것이 있다. 첫째 소금절임야채(부추·창포뿌리·무)는 육젓[醯醢]에 적셔서 먹는다는 것, 둘째 야채 섞은 고기국[鉶羹]은 국 국물이 목적이 아니라 국 속에 담겨 있는 야채를 건져서 먹는 것이 목적으로 형갱이 발전하여 오늘날 우리들이 먹고 있는 찌개[助致類]가 되었다는 것, 셋째 정찬을 다 먹은 다음에 가찬을 차렸다는 것, 넷째 쌀밥과 차조밥은 기장밥과 조밥 보다는 미미(美味)임과 동시에 사치한 음식에 속하였다는 것, 다섯째 기장밥과 조밥은 맑은 소고기국, 쌀밥과 차조밥은 곰국과 한 조가 되도록 배선한다는 것, 여섯째 육회는 육젓에, 생선회는 겨자장에 찍어 먹는 다는 것, 일곱째 소·양·돼지구이는 미리 조미하여 굽는다는 것, 여덟째 이상의 음식을 담는 그릇은 두(豆)·변(邊)·

15

보(簠)·궤(簋)·조(俎)·형(鉶)·등(鐙)이라는 것이다.

「공식대부례」에서 정찬에 해당하는 상차림의 기본은 물론 주대(周代) 중국에서 지위가 높은 계급에 해당하는 사람들을 위한 식례에 속하는 음식이지만 당시 상류층에서부터 일반서민에 이르기까지 음식의 기본은 밥과 국이었다. 밥과 국을 먹을 수 없을 정도로 더 구차한 생활이 되면 밥과 물이 한 조가 되어 있었다. 주대(周代)에서 보여주는 엄청난 규모의 「공식대부례」상차림은 전국시대 이후 점차 작은 규모의 상차림으로 변하여 한(漢)시대가 되자 『설문(說文)』에 '두(豆)란 옛날에 고기를 먹을 때의 그릇이다'라고 한 바와 같이 이미 과거의 예법이 되어 있었다.

한대(漢代)의 음식상에는 대체로 3종류가 있었다. 반(盤)·안(案)·궤(几)가 그것이다. 이들 상은 신분에 따라 사용되어졌으며, 최상급인 사람은 궤(几), 다음이 안(案), 그 다음은 반(盤)이었고 신분이 낮은 사람은 서서 먹기도 하였다. 대부분의 경우 주인이 손님과 함께 식사할 때에 안(案)은 처·첩 혹은 하인이 내오는데 일미(一味, 初味)를 올리고 나서 다시 새로운 일미를 올리며[이미, 2味], 이미가 끝나면 또 새로운 일미를 올리고[삼미, 3味], 삼미가 끝나면 또다시 새로운 일미를 올렸다[사미, 4味]. 몇 종류의 상차림을 올리는 일미(一味)·이미(二味)·삼미(三味) 등과 같은 식사법의 호칭은 개인용의 안(案) 혹은 궤(几)에 차려진 음식상의 종류를 지칭한 것이었다.

오곡을 재배하고 전작(田作)과 어염(魚鹽)이 있었다는 한(漢) 지배하의 낙랑군 역시 오곡과 쌀로 지은 밥 및 국이 한 조가 되고 부식으로서 생선과 소금을 이용한 음식을 먹으면서, 상류층은 반·안·궤를 밥상으로서 사용하였을 것이다. 실제로 낙랑의 유물로 인정되는 두(豆)·배(桮)·깔자리·반(盤) 등은 이를 반증한다.

본격적인 논농사에 의한 벼 수확으로 그것이 경제적 밑받침이 되어 형성된 삼국시대 중에서 가장 일찍 국가를 형성하였던, 고구려의 식생활 상황에 대하여 중국 사서는 '미량어염(米糧魚鹽)'으로 식생활을 하고, '장(藏)·양(釀)을 잘한다' 하였다. 이것은 낙랑에 이어 고구려 역시 밥과 국이 한 조가 되면서 생선과 소금·각종 발효식품이 부식이 되었음을 나타낸 글이다. 시대는 내려와서 5세기 말 고구려 무용총고분벽화에는 식생활모습이 그려져 있다. 기다란 다리가 달린 상[几]은 한 사람 앞에 두 개가 놓여 있는데 하나의 상위에는 두(豆, 굽다리그릇 고배高杯)에 음식이 담겨져 있고, 다른 하나의 상위에는 밥과 반찬인 듯한 것이 오늘날 우리들이 사용하는 식기류와 흡사한, 마치 옻칠기인 듯한 그릇에 음식을 담아 독상차림으로하여 1인용 상에 차려져 있다. 또 다른 벽화에는 반(盤)과 안(案) 같은 것을 사용하여 음식을 담아 운반하는 여인의 모습도 보인다. 이들 벽화에 있는 주인공은 물론 최고의 지위에 있던 사람이다. 한반도에서 1인용의 작은 밥상인 안(案) 사용이 보편화 된 시기는 온돌가옥이 한반도 전체로 정착된 시점일 것이다.

백제시대의 침채류에 대한 기록은 다만 중국과 일본의 사서류를 통하여 알 수 있다. '부여의 별종으로 토(土)·전(田)이 비옥하고 5곡·잡과(雜果)·채소·주례(酒醴)·약품·효찬(肴饌) 등이 많으며, 부세(賦稅)로는 포(布)·견(絹)·마(麻)·미(米) 등으로 하고, 거율(巨栗)·소·돼지·닭이 있는데 대부분 화식(火食)을 하지 않는다' 하였다. 중국 사서류가 지적한 '채소가 많다'라는 것은, 백제가 특별히 채소를 이용한 반찬과, 채소가 많음에 따라 자연스럽게 대두되는 채소의 저장 가공 기술도 발달하였음을 뜻한다. 또 '화식(火食)을 하지 않는다'는 것은 냉식 즉 발효식품을 즐겨 먹었음을 나타내는 것이다.

중국의 저(菹)는 단순한 신맛을 내는 저로서 복잡한 맛을 내는『제민요술』의 저와는 확실히 다르다. 역사적으로 보았을 때『제민요술(齊民要術)』을 저술한 가사협(賈思勰)의 생존 시기가 북위(北魏, 386~535) 시기이고, 이 때에 산동반도의 태수로서 가사협이 존재하였다. 만일 백제가 요서에 진출하여 진평(晉平)을 두었던 시기가 285~500년 경이라 이 시기와 거의 일치한다.『제민요술』속의 저(菹)는 백제문화의 침채(김치)류로 보아도 무리가 없다. 적극적인 논농사를 추진하여, 부세로서 쌀 등을 공납 받음으로서 거대한 부를 축적할 수 있었던 백제는 자연히 각종 술안주[肴]와 찬(饌)이 많았다. 이로 미루어 부식[반찬]의 제조기술도 발달하였으리라 짐작된다.

한편 중국으로부터 많은 문화와 기술의 유입이 있었다. 질그릇 제조와 왕권을 상징하기 위한 화려한 장식품을 만들어내는 금속 및 보석 등의 가공기술 등은, 기존의 기술과 중국으로부터 들여온 기술이 합하여 이루어낸 결과물이다. 이 때 문화적으로는 이미 전래하고 있었던 불교를 적극적으로 수용함으로서 불교문화의 수용에 힘을 기울였다. 백제에서 쌀을 주세(主稅)로 하는 체제가 확립되고 논 개발을 중요시하는 정책이 세워졌지만, 이들 모두는 조선왕조 말까지 계속되었던 것이다. 전조(田租)로서의 쌀은 오랫동안 고대국가의 재정적 기반이 되었다.

3세기초 후한(後漢)이 황건의 난에 의하여 붕괴되자, 위·오·촉 3개의 나라로 분열한다. 이후 그 때까지 한(漢)에 억압을 받고 있었던 북방 유목민이 일제히 활동을 개시하여 3국을 통일한 진(晉)을 남쪽으로 내몰고, 화북(華北)을 점령하였다. 그로부터 약 300년동안 화북에서는 오호십육국, 선비유목민이 세운 북위, 그 계통을 이은 북제·북주를 위시한 이민족 지배가 계속되었다. 따라서 중국대륙 안에서 한문화(漢文化)는 의식주에서부터 철학·종교에 이르기까지 변질되어 버렸다. 그 가장 대표되는 것이 불교 부흥이다. 불교의 중국 전래는, 후한(後漢) 명제(明帝) 때 혹은 그 이전이라고도 하지만, 오호의 여러 왕 및 북위 황제가 유교에 대항하기 위하여 채택한 것이 중국에서의 불교 전파의 열쇠가 되었다. 한편, 강남으로 도망간 한인(漢人)은 진을 부흥하고 강남을 개발하여, 동진·송·제·양·진으로 계속되는 동안 중화의 전통을 잇는 자로서의 자각에 눈을 뜨고 귀족문화를 개화시켰다.

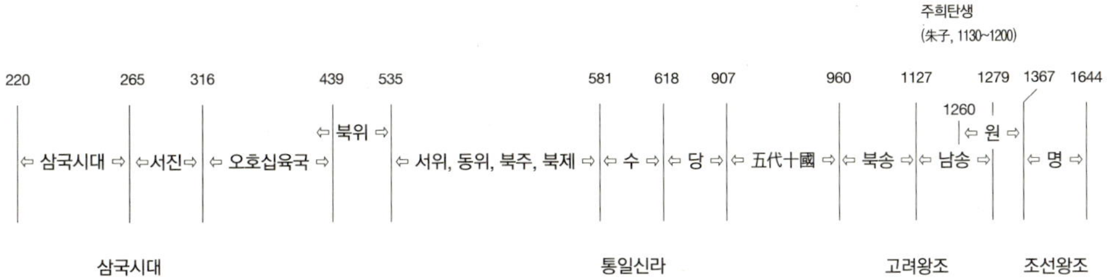

```
주희탄생
(朱子, 1130~1200)

220    265    316        439   535           581   618   907      960   1127  1279 1367 1644
                                                                            1260
├─삼국시대─┤├서진┤├오호십육국┤├북위→├서위,동위,북주,북제┤├수┤├당┤├五代十國┤├북송┤├남송┤├원┤├명→

     삼국시대                              통일신라              고려왕조      조선왕조
```

〈그림 3〉 삼국시대부터 조선왕조까지의 중국과 한반도

    이러한 중국의 남과 북을 통일한 사람이 수(隋)의 양씨(楊氏)이고, 이 수를 계속 이은 나라가 당(唐)의 이씨(李氏)이지만, 양자 모두는 북위 선비(鮮卑)정권의 무장출신이다. 즉 북쪽의 유목민이다. 당이 통일의 여세를 몰아갈 때, 사산조(朝) 페르시아가 이슬람군에 멸망되어, 그 왕자 페로즈가 당에 망명해 올 정도로 당대에는 다양한 서방의 문화가 유입되었다. 조로아스타교, 마니교, 이슬람교, 네스트리우스파 그리스도교, 경교(景教)가 전해졌고, 이 중에서도 경교(景教)가 유행하였다. 수나라와 당나라가 세계제국이라고 불리는 것은, 그 영토의 넓이 뿐만 아니라 그 문화가 지극히 국제적이었기 때문이다〈그림 3〉.

    이러한 시대적 추세는 당연히 식생활에도 영향을 미쳐서 호식(胡食)이 유행하였다. 호(胡)란 원래 북방 유목민을 가리킨 것이지만, 이 때에는 주로 이슬람 지방을 지칭하는 단어로 사용되었다. 유병(油餠)·호병(胡餠) 등의 호식은 밀가루로 만든 음식이다. 유병은 당과자(唐菓子)로도 지칭되어 이것이 한반도에서는 유밀과(油蜜果)로 발전되기에 이른다. 당시대의 본격적인 국수와 두부의 출현, 중국 전국에 걸친 음다(飲茶)풍습과 이에 따른 다관(茶館) 설치 및 산차(散茶)·말차(末茶)·단차(團茶)의 상음이 불교의 빠른 보급·전파와 함께 식사문화에도 영향을 미치게 되었다. 당대(唐代)에는 말차가 성행하였고, 송(宋)대에 이르러는 유명한 용봉단(龍鳳團)으로 불렸던 단차가 엽차(葉茶)와 함께 보급되었다. 단차는 병차(餠茶) 또는 편차(片茶)로도 불리어졌다. 송으로부터 고려시대에 전해졌다고 보는 차는 단차로서, 불에 구워서 분말로 한 다음 뜨거운 물을 붓고 녹인 것이었다. 단차는 한반도에 들어와 다식(茶食) 출현의 계기를 가져다 주어서, 각종 다식이 만들어져 보급되기에 이르렀다. 당대에는 다양한 외래작물도 재배되었다. 호총(胡葱)·호채(胡菜, 평지)·호두(胡荳, 완두·팥·녹두·잠두)등 이란 방면에서 전해진 것 외에 파사초(波斯草, 시금치)는 파사(波斯) 즉 페르시아로부터 전해져 작물로 재배되었다.

조선조에 들어와서, 음다풍습은 차가 불교와 함께 있었다는 이유로 배척되었다. 숭유정책에 의하여 주대(周代)에로의 복고주의로 돌아감에 따라 음식문화 역시 더욱 의례화되었다. 조선왕조 시대 유교식 일상식의 반상 구조가 어떠한 형태로 구성되었는가를 밝혀주는 구체적인 문헌 자료가 『원행을묘정리의궤』이다. 여기에는 왕족을 비롯하여 원(員)·인(人)·명(名) 4계급으로 구분하여, 밥과 국이 기본이 되어져 제공하고 있는 검박한 상차림을 보여준다.

조선왕조는 부엌을 관장하는 부서를 사옹원(司饔院)이라 했다. 이 사옹원에는 중인계급에 속하는 총주방장인 종 6품의 재부(宰夫)와 부주방장인 종 7품의 선부(膳夫), 그리고 조리사인 종 8품에서 종 9품까지의 임부(飪夫)·조부(調夫)·팽부(烹夫)로 구성된 13명이 있었다. 이들 밑에는 총 390명의 자비(差備)들이 어우러져 궁중음식을 만들어 올렸다. 조리사들과 자비들은 좌·우 양번으로 교대 근무하여 출퇴근하는 자들이었다.

이들에 의하여 조선왕조에서는 정기적으로 연회음식이 만들어져, 신하들과 더불어 일 년에 몇 차례 연회를 행하였다. 이 때 연회에는 신하들과 신하들의 부인이 초대되었다. 신하들의 부인들을 외명부(外命婦)라 했다. 또 연회에 참석했던 신하들에게 왕은 음식을 내렸고 이를 사찬이라 했다. 사찬한 음식은 물론 집으로 가지고 갔고 자연스럽게 각 지방으로 유입되었다. 향촌에서 확고한 기반을 둔 유림들은 서원·향교·농장을 토대로 각 고장의 특산재료를 이용해 본인들이 먹어본 궁중음식을 흉내 내어 만들어 먹었다. 다시 말하면 외명부들의 지휘 하에 궁중음식이 재현된 것이다. 이 음식은 곧 반가음식이 되었다. 또 각종 의례음식과 행사식에 쓰이면서 향토음식으로 발전하였다.

현재의 한국음식 문화는 조선왕조에서 조리를 담당했던 출퇴근하는 재부·선부·임부·조부·팽부·자비들 그리고 궁중음식을 직·간접적으로 먹어본 재상과 외명부들에 의하여 양반계층, 중인계층, 서민계층과 반가에서 함께 기거한 솔거노비계층 등에게 상호 유기적으로 영향을 미치면서 발전해온 산물이다〈그림 4〉.

물이 높은 곳에서 낮은 곳으로 흐르듯이 우리 음식문화 역시 가장 최상위 문화가 궁중을 중심으로 한 음식문화였다. 궁중음식문화는 주변으로 확산되고

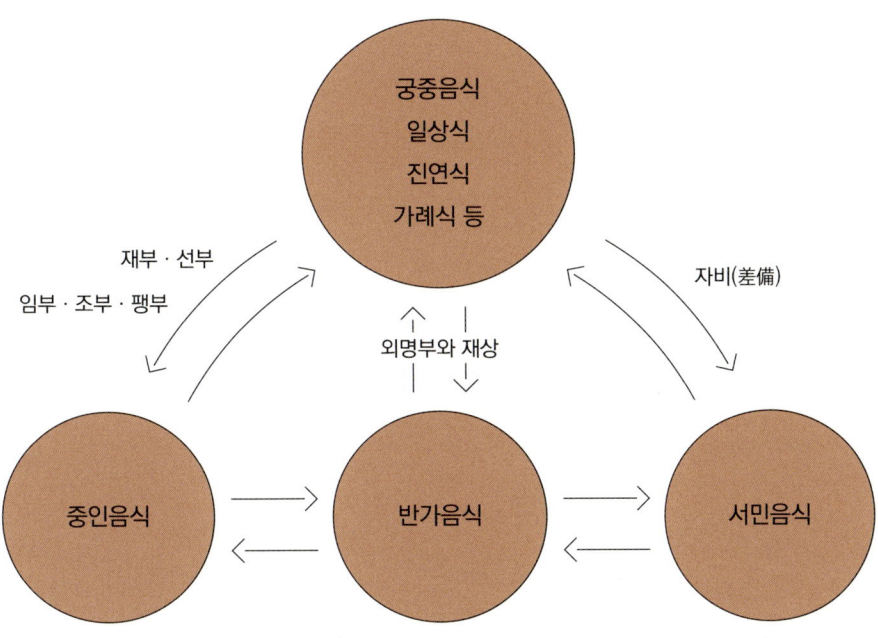

〈그림 4〉 상호 영향을 미치면서 발전한 우리의 음식문화

토속식자재와 어우러져 다시 거듭 발전하여 상호 교류 하에 영향을 미치면서 점차 한국음식으로 정착하였다. 한편 1795년에 우리에게 보여주는 궁중의 검박한 밥상차림은 1800년대 이후 서서히 무너졌고, 급기야 1800년대 말에는 『시의전서』를 통하여 변질된 화려한 밥상차림을 선보였다. 그러더니 1894년 갑오경장, 1910년 한일합방, 1950년 6·25 전쟁이라는 불행한 사태에 휘말려 계속 음식문화는 왜곡 변질되어 갔으며 오늘에 이르고 있다.

제 2장 밥상문화

제 1절 고대의 밥상문화

1.『의례』「공식대부례」의 밥상차림

위나라[衛國][1]의 영공(靈公)이란 사람이 공자(孔子, 552~479 B.C)[2]에게 군려(軍旅)[3] 작전에 대하여 물었을 때 공자가 대답하기를 "예기(禮器)에 관한 것이라면 들은 적이 있습니다만 군려에 관한 것은 배운 바가 없습니다"라고 하였다. 고대 중국의 사대부 계층에서 실제로 사대부가 지녀야만 하는 중요한 자격의 하나는 식사에 관한 예의와 지식 그리고 기능이었다. 이것을 예기(禮器)[4]라 하였다.

식사하는 모습을 나타내는 가장 오래된 자료는 은(殷, 1700~1100 B.C)대

청동기 명문(銘文)에서 볼 수 있는 회식하는 장면이다(〈그림 1〉). 굽다리그릇인 고배(高杯) 두(豆)에 가득 담겨진 음식을 깔자리 위에 놓고는, 두를 사이에 두고 두 사람이 역시 깔자리에 무릎을 꿇고 마주 앉아 식사하고 있다. 이 명문이 쓰여졌던 시기의 굽다리그릇 높이는 사람이 무릎을 꿇고 먹을 수 있는 높이다. 그러니까 밥상이 별도로 필요가 없었다.[5]

〈그림 1〉 은대(殷代) 청동기명문에서 볼 수 있는 회식하는 장면 (藤田國雄, 「殷帝國」, 社會思想硏究會出版部, 1962, 212쪽.)

전통적으로 주공(周公)이 썼다고는 하나 그 후에 정비된 『의례(儀禮)』「공식대부례(公食大夫禮)」[6]에는 사람이 무릎 꿇고 먹을 수 있는 그릇 높이를 지닌 굽다리그릇인 두에 음식을 담아 밥상차리는 식례(食禮)가 제시되어 있다. 우리가 먹는 밥·국·찌개·김치·젓갈·수육, 곰국·구이·회·장, 술과 음료 등에 해당되는 음식이 나열되어 있으므로 현재 우리들이 향유하고 있는 밥상의 뿌리일지도

1_ 위국(衛國) : 강숙(康叔)에 있는 봉국(封國) 명(名).
2_ 공자(孔子) : 노(魯)나라 사람, 춘추(春秋)시대의 철학자. 주공(周公)을 이상(理想)의 인물로 추앙하였음.
3_ 군려(軍旅) : 군대나 군세(軍勢)의 범칭(凡稱).
4_ 『論語』 衛靈公」; 김상보, 『음양오행사상으로 본 조선왕조의 제사음식문화』, 수학사, 1995, 39쪽.
5_ 김상보, 『조선왕조 궁중연회식의궤 음식의 실제』, 수학사, 1995, 13쪽.
6_ 『의례(儀禮)』: 중국 경서(經書)의 하나. 관(冠)·혼(婚)·상(喪)·제(祭)를 비롯하여 중국 고대 사회의 사회적 의식을 자세히 기록한 책. 주공(周公)의 작품이라고 전해지고 있음.
7_ 「禮記」
8_ 김상보, 『음양오행사상으로 본 조선왕조의 제사음식문화』, 수학사, 1995, 47~51쪽.

모른다 (〈그림 2-1〉).

「공식대부례」는 공(公)이 대부(大夫)에게 식사를 대접하는 예기(禮器)에 대하여 기록한 것이나 본 장에서는 다만 어떠한 음식이 어떠한 그릇에 어떠한 방법으로 차려졌는가에 초점을 맞추어 보자.

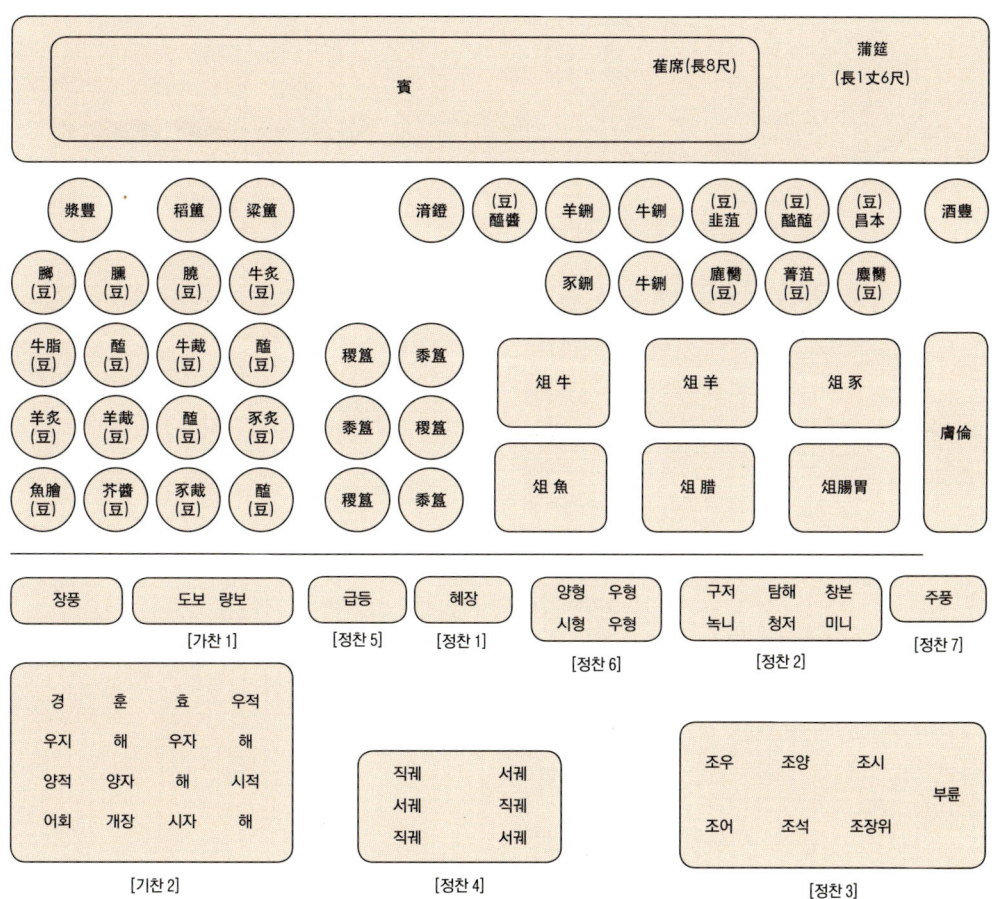

〈그림 2-1〉 「의례」「공식대부례」에서의 하대부(下大夫)를 위한 정찬과 가찬 진설도
(김상보, 「조선왕조 궁중연회식의궤 음식의실제」, 수학사, 1995, 14쪽)

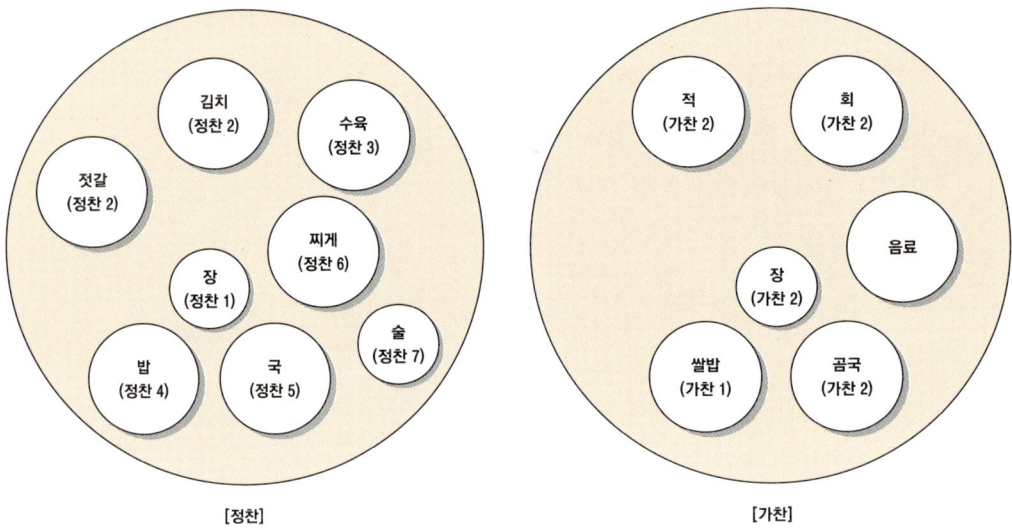

〈그림 2-2〉 한대에 선(櫨)을 이용하여 차렸을 것으로 보이는 「의례」「공식대부례」의 정찬과 가찬 밥상 진설도 (음식명은 이해를 돕게 하기 위하여 현대화시켰음).

			그릇	현대화한 음식명
정찬 (正饌)	정찬 1	혜[醯]	두(豆)	초장
	정찬 2	저(菹)	두(豆)	김치류
	정찬 2	해(醢)	두(豆)	젓갈
	정찬 3	수육[熟肉]	조(俎)	수육
	정찬 4	수수(黍)밥, 좁쌀(稷)밥	궤(簋)	밥
	정찬 5	급(㵎)	등(鐙)	국
	정찬 6	우형·양형·시형	형(鉶)	찌개류
	정찬 7	술[酒]	풍(豊)	술
가찬 (加饌)	가찬 1	쌀[稻]밥, 차조(粱)밥	보(簠)	밥
	가찬 2	경·훈·효	두(豆)	곰국
	가찬 2	우자·양자·시자·우지	두(豆)	육회
	가찬 2	어회	두(豆)	생선회
	가찬 2	해(醢)	두(豆)	젓갈
	가찬 2	겨자장[芥醬]	두(豆)	겨자장
	가찬 2	소·양·돼지고기 구이[炙]	두(豆)	구이류
장(漿)			풍(豊)	음료

〈표 1〉 「의례」「공식대부례」에 나타난 음식과 그릇

〈표 1〉은 정찬은 일곱 번으로 가찬은 두 번으로 나뉘어서 차려진 음식과 그릇을 분류한 것이다.

정찬이 반드시 차려야만하는 음식이라면, 가찬은 대접하는 사람이 가진 공경하는 마음을 표현하기 위하여 더하여 차리는 음식이다. 밥·국·소금절임야채[菹]와 육장[醢]·초장·수육·형갱(鉶羹, 찌개류)·술을 포함하는 정찬은 손님을 접대하는 기본 음식이고, 구이나 육회 등의 가찬은 당시에도 사치한 음식의 범주에 속해 있었다. 정찬을 일곱 번으로 나누어 차릴 때 주인인 공은 손님에게 밥과 국의 중요함을 보이기 위하여 수수밥과 좁쌀밥(정찬4) 및 국(정찬5)을 친히 차렸다. 반드시 차려야 하는 정찬 일곱가지는 상층부의 의례화된 밥상차림이고 당시에는 밥과 국이 기본이었다. 공자 시대인 춘추(春秋)시기에는 밥과 국[羹]으로 구성된 밥상차림이 제후에서부터 서민에 이르기까지 똑 같았다.[7] 그러니까 밥과 국은 정찬 중에서도 가장 기본이었고, 잘 사는 정도에 의하여 반찬의 가짓수가 증가되었다. 밥과 국을 먹을 수 없을 정도로 더 구차한 생활이 되면 물이 국을 대신하였다. 공자는 '조식(粗食)을 먹고 물을 마시며 팔꿈치를 구부려 베게로 한다. 즐거움은 또 그 속에 있다.' 하였다. 그러나 밥과 물이 한 조가 되는 식생활은 구차했을 때의 이야기이고, 기본적인 식사 구성은 밥과 국이 한 조가 되는 것이었음은 물론이다.[8]

2. 현재의 밥상차림에서 찾아 본 「공식대부례」의 정찬과 가찬.

1) 정찬 4의 조밥과 수수밥, 가찬 1의 쌀밥

「공식대부례」가 나왔던 약 3000년전, 한반도를 포함한 중국대륙의 주식은 좁쌀[稷] 이었다. 산동성(山東城) 의 보다 오래된 신석기문화와 공통의 특징을 갖고 있는 은(殷,1700~1100 B.C) 은 동방으로부터 와서 하(夏) 왕조를 정복한 후 청동기시대의 중요한 일원으로서 중국 땅에 존재하였고, 같은 동방에서 온 고조선 선민(先民)은 한반도 이북을 점유하여 청동기시대의 일원이 되었다.

　고대국가를 형성할 수 있을 정도로 재배농업경제의 힘을 갖고 있었던 은왕조의 주 작물은 좁쌀이었다. 출토된 갑골문(甲骨文)은 은왕이 국토의 4개 방향(동토·서토·북토·남토)에서 나오는 좁쌀 수확에 항상 커다란 관심을 기울였으며, 또 은왕의 부인들과 자식들 그리고 제후(諸侯) 들 영지로부터의 좁쌀 수확에도 관심을 기울인 반면에, 다른 나라의 좁쌀 수확에 관하여서는 전혀 관심을 나타내지 않았음을 보여주고 있다. [9] 좁쌀이 주식의 위치에 있었다면 수수는 아마도 가장 중요한 잡곡 이었을 것이다.

　은 왕조 문화를 계승한 나라가 주(周, 1100~221 B.C) 왕조이다. 무왕(武王)을 도와 은을 멸망시킨 사람이 주공이다.『의례』는 바로 주공의 작품이라고 전해지고 있다. 「공식대부례」 속에서 기장밥을 포함하여 좁쌀밥이 맑은 소고기국인 급(湆)과 한 조가 되게끔 정찬에 포함된 것은 그 시대의 주식은 좁쌀이었기 때문이다.

　이 때에 가찬으로서 등장하는 곰국과 한 조가 되게끔 차린 쌀밥의 쌀은, 논에서 재배한 것이 아니라 화전으로 일군 밭에서 재배된 밭벼[陸稻] 였다. 산에서 이루어지는 좁쌀농사를 주로 하는 화전 농업은 발전하면서 계단경작의 영구적인 밭, 점차 영구적인 논으로 진행하게 된다. 계단경작의 밭에서 재배된 육도는 지극히 제한되었기 때문에 그 양은 아주 적었다. 게다가 화북 사람의 식탁에 벼가 오르게 된 것은 중국의 세력이 양자강 이남까지 미친 후인 삼국·남북조시대(420~589)부터로서 [10] 「공식대부례」 속에 등장하는 쌀은 가찬으로 오를 수 밖에 없을 정도로 진중되고 있었다.

　좁쌀을 중심으로 하면서 수수 등의 잡곡 재배에 주력한 청동기시대를 지나, 서서히 벼 재배는 부상해 간다. 밭에 씨를 뿌려서 밭벼처럼 재배하고 우기에

접어들어 논벼처럼 재배하기도 하는 건답(乾畓) 재배를 하다가 논농사 단계에 이르면 쌀 생산량은 획기적으로 증가한다. 쌀은 다른 곡물과 비교해 볼 때, 맛이 탁월하고 영양가도 높으며 계획재배가 가능하고 계량·수송·분배·보존성이 탁월하다. 때문에 점차 벼를 중심으로 한 재배가 늘어나 벼 이외의 다른 작물이 잡곡이 되고, 벼가 주곡식이 되었다. 가찬에 속했던 쌀이 정찬에 속하는 밥이 되고, 정찬에 속했던 좁쌀과 수수는 잡곡으로 전락된 것이다. 한반도의 경우 그 시기는 백제 다루왕 6년(33), 나라의 남쪽 주(州)와 군(郡)에 논농사를 실시한 이후일 것이다.[11]

2) 정찬 5의 급, 정찬 6의 우형·양형·시형, 가찬 2의 경·훈·효.

급, 우형·양형·시형, 경·훈·효는 「공식대부례」에 있는 갱(羹)의 종류들인데 이들의 성격을 간단히 설명하면 다음과 같다.[12]

경(臐) : 소고기 곰국

훈(臐) : 양고기 곰국

효(膮) : 돼지고기 곰국

읍(湆) : 대갱(大羹)으로 간을 전혀 하지 않는 소고기 육즙(肉汁)

우형(牛鉶) : 소고기에 미역[藿]을 넣어서 끓인 국

양형(羊鉶) : 양고기에 씀바귀[苦]를 넣어서 끓인 국

시형(豕鉶) : 돼지고기에 고비나물[薇]을 넣어서 끓인 국

9_ 김상보, 『음양오행사상으로 본 조선왕조의 제사음식문화』, 수학사, 1995, 20쪽.
10_ 김상보, 『한국의 음식생활문화사』, 광문각, 1997, 167쪽.
11_ 「三國史記」 「百濟本紀」
12_ 김상보, 『조선왕조 궁중연회식의궤 음식의 실제』, 수학사, 1995, 99쪽.
13_ 「名物紀略」

소고기·양고기·돼지고기로 끓인 곰국을 경·훈·효라 하고 있다. 조선왕조에서는 이들을 고음(膏飮)이라 하였다. 고음이 곰으로 발음하게 된 이 국은 일반 갱 보다는 손이 많이 가는 특징이 있어「공식대부례」시절에도 진중되어 가찬으로 올려졌다. 이 단백질이 풍부한 진한 국물의 고음은 탕약(湯藥)에 가까울 정도로 약이성(藥餌性) 음료로 존재 하였다. 병약한 환자나 노인을 위한 음식이었다.

읍(渃)은 '국물 읍'이고 고음(古音)은 '급'이다. 우리가 흔히 갱을 지칭할 때 국이라함은 급이 국이 된 것이다.[13] 대갱으로 간을 전혀 하지 않은 소고기 맑은 국을 급이라 하기 때문에 국속에는 대갱(大羹)이라는 뜻이 함축되어 있다.

우형·양형·시형은 채소국 즉 채갱(菜羹)에 속한다. 각종 고기에 보강제(補强劑)로 향기나는 식물을 넣었으니 탕에 가깝다. 국국물이 목적이 아니라 국 속에 담겨있는 야채를 건져서 먹는 것이 목적인 음식이다. 그래서 조선왕조 전기에는 조치(助致)를 탕(湯)이라 하였다. 우형·양형·시형은 한반도에서 조치로 발전하지만 조치라 부르게 된 것은 조선왕조 후기이고 현재는 찌개라 부르기도 한다.

3) 정찬 2의 저(菹)와, 해(醢)

『주례(周禮)』에 7저로 등장하는 소금절임야채 저는 부추[韭]·순무[菁]·미나리[芹]·죽순[筍]·아욱[葵]·순채[茆]·국엽(菊葉)으로 만들었다.「공식대부례」에는 이들 중 부추저와 순무저가 기술되어 있고, 이들 외에 창포뿌리[昌本]저가 하나 더 있는 셈이다. 다양한 야채를 재료로 하여 만들어 먹었던 저는 다름 아닌 우리의 침채(沈菜, 김치)류에 속한다.

당시 두가지 방법으로 저를 만들어 먹고 있었다. 저를 무척 좋아했던 주의 문왕(文王)을 따라, 문왕을 지극히 존경했던 공자(孔子)도 저를 먹었으나 너무도 시어서 3년 만에 겨우 그 맛을 즐길 수 있었다 한다.[14] 이 문왕과 공자가 먹었던 저는 식초에 절인 것이다. 다른 하나는 채소를 소금에 절여 젖산 발효시킴으로서, 소금과 젖산에 의하여 채소의 짓무르는 성질을 막아주게 끔 만든 것이다.[15] 어쨌든 이들 양자는 공통적으로 신맛이 강하므로, 해(醢)에 찍어서 먹는 쪽이 훨씬 부드러웠을 것이다.

해는 육장(肉醬)이다. 고기를 말려 가루로 만든 다음, 좁쌀로 만든 누룩[麴]과 소금을 혼합하여 술을 붓고 항아리 속에 넣고는 진흙으로 밀봉하여 100일 동안 발효시켰다.[16] 뼈가 붙어 있는 고기로 만든 해를 니(臡)라 하고, 해로 즙이 많은 것을 탐해(醓醢)라 하였으며, 뼈 없이 고기 만으로 만들되 즙이 그다지 많지 않을 것을 해라 하였다.

부추저는 탐해와, 창포뿌리저는 미니와, 순무저[菁菹]는 녹니와 한 조가 되게끔 채소별로 육장도 달리하여 곁들이고 있다. 한편『주례』에는 어해(魚醢)·어기(魚鮨)도 있어서, '육(肉)으로 만든 해를 어(魚)로 만들었을 때에는 기(鮨)라고 한다.' 라고 하였다.[17] [생선+누룩+술+소금]의 형태로 만들어 어해(魚醢)라 하였으나, 이 어장은 육장 보다 폭넓게 애식 되지는 않았다.

「공식대부례」의 신맛이 강한 저는, 한반도에서는 [채소+소금]의 침채(沈菜)로서 발전 하였고, 육장 해는 [생선+소금] 의 어장(魚醬)으로 발전하여 이 어장을 우리는 해라고 쓰고, 젓갈이라 부르고 있다. 그러나 저에 곁들인 해는 어디까지나 조미료로서 쓰인 것이고, 우리의 젓갈 해는 밥반찬이었다.

14_ 『呂氏春秋』
15_ 『釋名』
16_ 林巳奈夫, 「漢代의 飮食」, 『東方學報 48冊』, 京都大學人文科學硏究所, 1975, 38~39쪽.
17_ 『釋名』

4) 정찬1의 혜(醯)와, 정찬 3의 수육[熟肉]

고기를 말려 건조시킨 후 빻아서, 정제한 좁쌀로 만든 누룩과 소금을 혼합하여 술을 붓고 항아리 속에 넣고는 진흙으로 밀봉한 다음 100일 동안 숙성시킨 것이 해인데, 이해에 청매(靑梅)즙을 넣어 신맛이 나게끔 만든 것이 혜이다.

토끼와 같은 작은 동물을 통째로 말린 것을 석(腊) 이라 하였다(〈그림 4〉). 석을 포함하여 돼지고기 삼겹살[膚倫] · 돼지[豕] · 양(羊) · 소[牛] · 어(魚, 생선) · 소의 장(腸)과 위(胃)를 삶아 조(俎) 위에 올려 놓았다(〈그림 3〉). 소위 수육[熟肉]이다.

수육은 「공식대부례」 정찬 중 가장 진중된 음식인 까닭에 정찬 1 인 초장 혜를 곁들였다. 공이 손님인 대부를 위해서 밥상을 차릴 때 혜를 가장 첫번 째 차리는 정찬 1로 함은, 바로 상차림의 핵심인 수육을 배려한 결과이다. 전국(戰國)시대의 『묵자(墨子)』에 '모두가 양과 소를 기르고 개와 돼지를 기르며 맑은술과 단술, 차조밥을 담아놓고 정성을 다하여 하늘을 섬긴다. 남의 집 마굿간에 들어가서 말과 소를 훔친 불의가 남의 개 · 닭 · 돼지를 훔친것 보다……' 가 기록되어 있는 것으로 보아서, 전국시대에는 닭 · 개 · 돼지 · 소 · 양 · 말이 가축화 되어 있었고 이들도 수육감이었을 것이다.

혜와 수육은 한반도에도 적용되어, 우리는 대두(大豆) 로 만든 곡장(穀醬)인

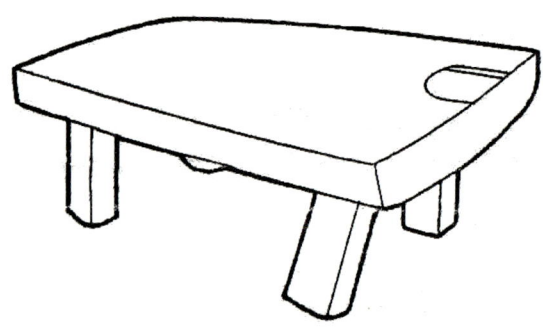

〈그림 3〉 **조(俎)**

〈그림 4〉 포(脯)와 석(腊)을 만드는 모습. 후한시대 요녕성
(김상보,『한국의 음식생활문화사』, 광문각, 1997, 205쪽)

간장에 식초를 넣어 초장(醋醬) 또는 초간장(醋艮醬)이라 하고, 초장이 수육에 곁들이는 장으로서의 역할을 담당하고 있다.

5) 가찬 2의 우적 · 양적 · 시적

우적(牛炙) · 양적(羊炙) · 시적(豕炙)은 소 · 양 · 돼지고기를 재료로 하여 불에 구운 음식을 말한다. 불에 구웠다할지라도 양념을 해서 구웠는가, 양념하지 않고 구웠는가 하는 문제가 있고, 잘게 잘라 꽂이에 꿰어 구웠는가, 크게 잘라 꽂이에 꿰어 구웠는가 또는 통째로 구웠는가 등 다양한 구이방법이 대두된다. 「공식대부례」의 적(炙)은 오늘날 우리들이 구이(炙伊)라고 부르는 것에 오히려 가깝다.

구이란 본래 꽂이에 꿰서 직화 구이하는 적과 [18] 꽂이를 쓰지 않고 철판이나 돌 위에서 간접불로 굽는 번(燔)으로 나누어진다. 「공식대부례」의 적은 꽂이에 꿰서 미리 조미하여 굽는 것이기 때문에 장에 찍어 먹을 필요가 없다. [19] 이렇게 미리 조미하여 꽂이에 꿰서 굽는 구이는 한대(漢代)의 마왕퇴(馬王堆) 1호묘 견책(遣策)에 나타난 우(牛)·돈(豚)·견육(犬肉) 등에도 보이는 바, 전한(前漢) 대에는 지극히 일반적인 조리 방법이었다. 후한(後漢) 때 나온 『석명(釋名)』에는 여러 종류의 적을 설명하는 가운데 꽂이에 꿴 고기를 솥 속의 즙(汁)에 넣어 가면서 익히는 부적(釜炙)이라는 음식을 설명하고 있다〈그림 5〉. [20] 「공식대부례」의 적도 바로 이런 류가 아닌가 한다.

한반도 역시 조미하여 꽂이에 꿰어서 굽던 구이를 적이라 하였지만, 이것이 나중에는 철 생산량이 증가하여 보급되면서 꽂이에 꿰지않고 고기 만을 석쇠 위에 올려놓아 굽는 것을 적이라 하였다. 『임원십육지(林園十六志)』에서는 '지금은 철망을 쓰니 꽂이가 필요 없어졌다.'고 하였다. 한편 돌 위에서 간접불로 굽는 번은 철이 보급됨에 따라 철판 위에다 굽게 되고 철판을 번철(燔鐵)이라 하였다. 번철에 굽기 위해서는 우선 기름을 두르고 굽는것이 좋기 때문에 전철(煎鐵)이라고도 하였다. [21]

굽는 요리를 적과 구이로 구분하여 기록한 대표적인 의궤는 『원행을묘정리의궤(園幸乙卯整理儀軌)』이다. 반수라상(飯水刺床)에서 원반(元盤)의 것을 구이라 하고 있고, 협반(俠盤)의 것을 적이라 하여 표기하고 있다. [22]

[원반(元盤) 의 구이(炙伊)]

18_ 『예기(禮記)』에는 적(炙)이란 고기를 꽂이에 꿰서 직화(直火)로 굽는 것이라 하였음.
19_ 池田末利譯, 『儀禮』, 東海大學出版會, 1974. 617쪽.
20_ 田中淡, 「古代中國畵像の 割烹と飮食」, 『東アジアの 食事文化』, 平凡社, 1985, 273~275쪽.
21_ 이성우, 『한국요리문화사』, 교문사, 1990, 175쪽.

〈그림 5〉 꽂이에 꿴 고기를 솥 속의 즙에 넣어 가면서 익히는 모습
(김상보, 「한국의 음식생활문화사」, 광문각, 1997, 204쪽)

황육(黃肉)·저갈비(猪乫飛)·잡육(雜肉)·우족(牛足)·양(胖)·요골(腰骨)·설야젹(雪夜炙).

생치(生雉)·연계(軟鷄).

수어(秀魚)·금린어(錦鱗魚)·생해(生蟹)·부어(鮒魚)·침방어(沈魴魚)·은구어(銀口魚)·석화(石花)·연복(軟鰒)·해각(蟹脚)·생대하(生大蝦)·침연어(沈鰱魚)·청어(靑魚)·생합(生蛤)·낙제(絡蹄)·추복(搥鰒)·침청어(沈靑魚)·노어(鱸魚).

[협반(俠盤)의 젹(炙)]

갈비(乫飛)·우족(牛足)·요골(腰骨)·설야젹(雪夜炙)·산젹(散炙)·두태(豆太)·황육(黃肉)·양(胖)·저육(猪肉)·저갈비(猪乫飛)·잡산젹(雜散炙)·우미(牛尾)·우심육(牛心肉)·곤자손(昆者巽)·연저(軟猪).

생치(生雉)·연계(軟鷄)·순조(鶉鳥)·생치산젹(生雉散炙)

부어(鮒魚)·청어(靑魚)·생복(生鰒)·천회어(千灰魚)·수어(秀魚)·
금린어(錦鱗魚)·노어(鱸魚)·대합(大蛤).

송이전장(松栮煎醬)

각색화양적(各色花陽炙)

구이의 대표적인 요리는 역시 불고기인데 불고기의 원조는 설야멱(雪夜覓)이다. 설야멱의 유래는 송(宋) 태조가 눈 오는 밤[雪夜] 에 보(普)를 찾아 가니 숯불에다 고기를 굽고 있더란 것이다. 눈 오는 밤에 찾아 갔다는 뜻으로 설야멱이라 하였다 한다.-²³ 한편 설야멱을 일명 곳적(串炙)이라 하였다. 대나무꽂이로 소고기를 꿰어서 구웠기 때문이다.-²³ 또 양념하여 꽂이에 꿰어서 석쇠에 굽기도 하였다. 이것은 「공식대부례」의 적과 가깝다.-²⁵

협반에서 보이는 화양적(花陽炙)은 지금까지 기술한 적류와는 성격을 약간 달리 하여서 꽂이에 꿰어 접착제로서 달걀·밀가루·녹말가루를 입힌 일종의 지짐산적을 말한다. 얼핏보면 전유화(煎油花)에 해당될 것 같으나 꽂이에 꿰었기 때문에 적이라 하였다. '화'는 아름답다 외에 성대하고 화려하다는 뜻이 있고 양(陽)은 탕(湯)과도 통한다.-²⁶ 탕을 즙으로 해석한다면 화양적의 의미는 '즙을 끼얹어 지지는 아름다운 적' 이 되므로, 적은 적이되 즙을 끼얹어 굽는 적인 셈이다.

22_ 김상보, 「조선왕조 궁중의궤 음식문화」, 수학사, 1995, 225~232쪽.
23_ 「松南雜識」.
24_ 趙秀三(1762~1849),「歲時記」.
25_ 李用基 ,「朝鮮無雙 新式料理製法」, 永昌書館, 1924, 168쪽.

6) 가찬 2의 우자 · 양자 · 시자 · 우지, 어회

우자(牛胾) · 양자(羊胾) · 시자(豕胾) · 우지(牛脂), 어회(魚膾)는 소고기 · 양고기 · 돼지고기 · 소기름, 생선으로 만든 육회와 어회로서, 자(胾)란 '산적점 자'이니 산적과 같은 크기로 썬 육회를 지칭한 것이다. 그런데 우(牛) · 양(羊) · 시(豕)의 자(胾)는 해에 찍어 먹도록 배선하고 있고, 어회(魚膾)는 겨자장[芥醬]에 찍어 먹도록 하였다.

회의 역사는 『의례』이후(혹은 훨씬 그 이전)부터 현재까지 이어온 실로 장기간의 역사를 지닌 대표적인 음식이다. 불이 발견되기 훨씬 이전, 아마도 우리의 조상들은 잡은 짐승을 회로 먹거나 혹은 포로 해서 말려 먹었을 것이다.

조선왕조에서의 회 식용은 숭유주의(崇儒主義)에 따라 『의례』에 근거하여 더 즐겼으리라 짐작된다. 회의 종류에는 생회(生膾)와 숙회(熟膾)가 있었다. 생회란 어육생자(魚肉生者)이고, 숙회란 날것을 살짝 데쳐낸 것이다. 기름기 없는 연한 황육의 살을 얇게 저며서 물에 담가 핏기를 빼고 가늘게 채썬 다음, 파 · 마늘을 다져 후추가루 · 깨소금 · 기름 · 꿀을 섞어 잘 주물러 재고 잣가루를 많이 섞는데, 후추나 꿀을 넣어서 식성대로 만들어 먹는 것이었다.[27] 황육(黃肉,소고기) 외에도 천엽 · 양 등을 뜨거운 물에 약간 데쳐내어 나뭇잎처럼 썰어 초장이나 겨자장을 곁들여 찍어 먹기도 하였다.[28]

세월이 지남에 따라 육장인 해를 우리사회에서는 초장(醋醬)으로 바꾸어 곁들여 놓기는 했으나, 바뀌지 않은 것은 어회와 한 조가 되는 겨자장일 것이다. 겨자장의

26_ 諸橋轍次,『大漢和辭典 卷9』, 大修館書店, 昭和 61, 537~538쪽
27_『是議全書』, 19세기말경
28_『饗饍雜誌』
29_ 김상보,『한국의 음식생활문화사』, 광문각, 1997, 254쪽
30_ 김상보,『한국의 음식생활문화사』, 광문각, 1997, 217쪽

역사는 기록 만으로 놓고 보더라도 약 3000년의 장구한 시간을 지닌다.

7) 정찬 7의 술[酒]과, 음료[漿]

주(周)시대 때 손님 접대용으로 썼던 음료는 물[水]·장(漿)·예(醴)·량(凉)·이(酏)·의(醫, 매실·초·단술 '의') 였다. 그 후 차차 많아져서 한(漢) 시대에는 물·장·예·량·이·의(醷)·남(濫)·락(酪)·미(糜) 등으로 종류가 많아졌다. 예(醴)는 단맛이 나는 술이고, 량은 미숫가루를 물에 풀어 얼음을 화합한 것이며, 이는 엿을 물에 푼 것, 의는 매실즙을 물에 푼 것, 락은 우유로 만든 요구르트이다.

「공식대부례」에 등장하는 장은 밥 먹고 입가심하기 위한 것이다. 곡물을 발효시켜서 만든 신맛이 도는 음료라고 전해지고 있다. [29] 예를 더욱더 발효시키면 맑은 술인 청주(淸酒)가 되기 때문에 「공식대부례」 시절에 예와 청주는 모두 존재하였을 것이다. 곡물 전분을 적당한 방법에 의하여 당분으로 변화시켜[糖化作用] 발효과정을 거치는 것이 우리의 술이다. 고온다습한 여름철이 찾아 오는 중국남부·한반도·일본·인도대륙에 걸쳐있는 동아시아의 조엽수림문화 지대에서 곰팡이를 곡물에 생기게 하여 누룩을 만든 다음 그 당화력을 이용하여 곡물주를 만드는 것이다. 따라서 발효가 되는 시간에 따라 약간 덜 된 것은 예주가 되고 더욱더 진행된 것은 청주가 되는 발효기전을 갖는다. [30] 예주의 일종으로 볼 수 있는 한반도의 음료로는 식혜(食醯)가 있다.

31_ 「三國志」「魏志」「東夷傳」: 「晉書」四夷傳」
32_ 原田信男, 「コメを選んだ日本の歷史」, 文化新書, 2006, 54~57쪽.
33_ 石毛直道, 「魚醬となれずしの硏究」, 岩波新書, 1990.
34_ 「齊民要術」
35_ 김상보역, 石毛直道著, 「어장과 식해의 연구」, 수학사, 1995, 162쪽.

3. 지에밥 · 술 · 젓갈 · 식해를 만들어 먹었던 마한 사회

5자[尺]나 되는 꼬리가 긴 닭[細尾鷄]과 소 · 돼지를 키우면서 가을에는 배만큼 커다란 밤[大栗]을 수확했던 한(韓)은 5월에 경종(耕種)을 끝내고 모여서 천신(天神)께 제사한 후에 술을 마시고 노래하며 춤을 추었고[飮酒歌舞], 10월에 농사를 끝내고도 천신께 제사하고 음주가무하였다(〈그림 6〉).[31]

이것은 파종의례 · 성장의례 · 수확의례 등 쌀 재배과정에서 행해지는 의례로서 5월에 올린 천신 제사는 파종의례, 10월에 올린 천신 제사는 수확의례이다. 1960년대 말 대전시 서구 도마동에서 발견된 「농경문청동기」는 두 갈래진 따비를 사용하여 땅을 일구는 모습과 수확장면 그리고 솟대가 나타나 있다(〈그림 7〉). 따비는 처녀지를 개간하는데 적합한 것이 아니고 기존에 경작해오던 땅을 얼마간 휴경한 다음에 일구는데 주로 쓰이는 도구이다. 집약적 농법에 이용되는 기경구(起耕具)로 알려져 있으므로 이 시기는 전면적인 논농사 단계는 아니지만, 부분적인 논농사에 의한 논벼[水稻]와 밭농사에 의한 밭벼(陸稻)가 공존했던 밭벼에서 논벼로 전환하는, 벼농사의 과도기였다고 보고 있다. 이미 기원전 2세기

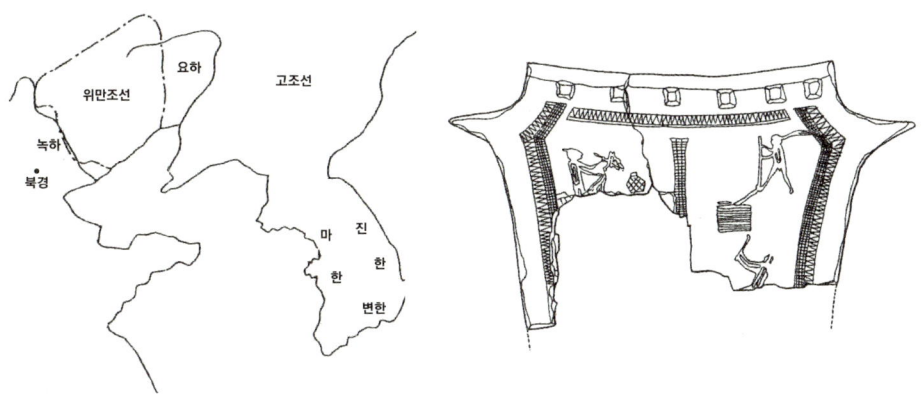

〈그림 6〉 위만조선 · 고조선 · 마한 · 진한 · 변한의 위치   〈그림 7〉 대전에서 출토된 방패 모양의 청동기

경 이곳에 근거지를 둔 사람들은 일본에 자포니카(Japonica)형의 논벼재배방법과 함께 식해(食醢) 만드는 법을 전해주기도 하였다.[32]

호수나 하천과 불가분의 관계가 있는 논[水田]에서는 담수어업과 관련된 음식문화가 발전한다. 그 중 하나가 식해이다. 이시게 나오미치(石毛直道)는 일찍이 식해가 논과 밀접한 관계가 있음을 간파하고, 식해는 몬순 기후 조건을 갖추면서 이모작과 삼모작이 가능한 동남아시아 논농사 산물이라고 하였다.[33] 동남아시아의 식해가 마한사회에 유입된 시기는 기원전 4세기 말 경이라고 생각된다. 수입된 식해문화는 마한사회에서 재생산되어 일본에 수출되었다고 볼 수 있다.

[생선+쌀밥+소금]으로 만들어진 식해는 남방으로부터 전해진 타문화 산물이지만, [생선+소금]으로 만든 젓갈은 서해안에서 살았던 순수한 우리민족의 산물이다. 위만을 멸망시키고 한사군(漢四郡)을 설치한 중국 전한(前漢)의 제7대 황제였던 무제(武帝, 141~87 B.C)가 오랑캐를 쫓아 해변가에 이르렀을 때, 어디에선가 향기가 나서 사람을 시켜 찾아보게 하였더니 한 어부가 구덩이에다 젓갈을 만들고 있었다. 흙을 덮어 밀봉한 다음 향기가 올라오면 먹는데, 그것을 먹어보니 맛이 있었다. 오랑캐를 쫓다가 얻게 되었으므로 축이(鯺鯼)란 이름을 붙였다. 축이는 조기·상어·숭어 세종류의 위와 장 그리고 알집을 깨끗이 씻어 약간 짤 정도로 소금을 뿌려 밀봉한 다음 여름에는 20일, 봄과 가을에는 50일, 겨울에는 100일 정도 삭히고는, 먹을 때 생강과 초 등을 넣고 먹는 것으로 되어있다.[34] 한무제가 오랑캐를 쫓아 해변가에 이르렀다면, 당시의 지리적 상황으로 미루어 볼 때 그 해변가는 한반도 해안가이고, 오랑캐는 바로 동쪽 오랑캐[東夷]가 된다. 게다가 조기·상어·숭어는 서해안의 특산물이기도 하다. 바닷고기나 바닷고기의 내장을 원료로 하여 소금만 넣고 만든 젓갈은 중국 한민족의 [생선+소금+누룩+술]로 만든 기(鮨)와는 분명히 다른[35], 한(漢)민족의 입장에서 보면 이민족, 즉 동쪽 오랑캐의

식품이다(〈그림 8〉).

전한 무제와의 무력 충돌에서 패한 위만조선 유민집단은 단조철기(鍛造鐵器) 기술을 가지고 남쪽으로 내려오고, 그 자리에 한무제는 극동의 일대상업기지로 존재하였던 낙랑을 비롯한 한사군을 세우게 된다.[36] 낙랑은 생선·소금·대추·밤[魚鹽棗栗]이 풍부하고, 전민(田民, 농사를 짓는 민중)들은 변(籩)과 두(豆)에 음식을 담아 먹었을 뿐 만 아니라 비단을 짜서 옷을 만들어 입는 사회였다. 마한사회는 낙랑과의 빈번한 접촉을 통해 더욱더 많은 한(漢)문화와 접하고 있었다(〈그림 6〉).[37]

변과 두의 사용은 한(韓)사회에도 전해졌을 것이다. 이 때 두에 담아 먹는 밥은

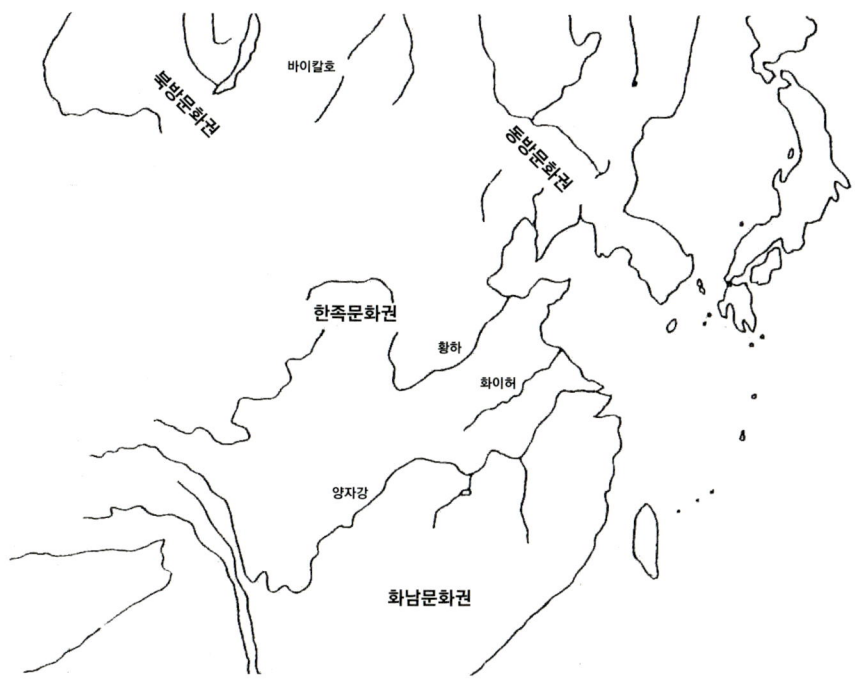

〈그림 8〉 청동기 시대의 문화권

상층부일 경우 밭벼[陸稻]이든 논벼[水稻]이든 쌀을 재료로 한 찌는밥 형태였을 것이다. 죽의 다음 단계로 출현하는 찌는밥[蒸飯, 지에밥]의 발생지는 중국의 남부 산간부인 사천(四川)을 중심으로한 조엽수림문화 지대로서, 그곳에서 동쪽으로 전파한 것이 한반도의 지에밥이고, 남쪽으로 전파한 것이 쟈바의 소쿠리밥짓기와 타이·라오스·미얀마의 찌는밥이 되었다.[38] 쟈바의 소쿠리밥짓기는 시루라고 하는 찜 전용도구가 발명되기 전의 찌는밥 형태이다. 물에 씻은 백미를 원추형의 대나무로 만든 소쿠리에 담아 바닥이 깊은 토기에 물을 넣고, 여기에 소쿠리를 겹쳐 넣어서 대나무뚜껑을 덮은 후 찌는 것이다.

흙냄새가 나는 연질토기를 사용하여 죽을 만들어 먹을 때보다는 소쿠리를 이용해 수증기에 의하여 쪄서 먹는 쪽이 흙냄새가 덜하였다. 시루라는 찜기가 발명되고 나서는 시루에 쌀을 담아 찌는 지에밥 형태로서 발전되었다. 일본의 경우도 죽으로 먹던 형태가 야요이[彌生, B.C 2~3세기부터 A.D 2~3세기 까지] 말기부터 시루가 출현하면서 시루에 쪄서 먹는 찐밥[蒸飯]으로 전환된다.[39]

지에밥은 물론 상층부의 주식이었을 테지만, 또한 천신께 제사드릴 때 시루 째 쪄서 통채로 젯상에 바치는 제물이기도 하였다. 벼농사 이후 본격적으로 절실히 요구되기 시작한 절구와 절구공이는 쌀의 도정에도 쓰였으나, 시루에 찐 밥을 쳐서 떡을 만드는 데에도 동원되었을 것이다. 원래의 절구를 가르키는 구(臼) 속에 들어 있는 것은 쌀(米)을 나타내는 것이고 臼는 凵에서 온 것이다.[40]

5월과 10월에 모여서 천신께 제사하고 음복(飮福)을 하면서 신이 주신 음식물에 감사드리고 음주가무를 하기 위해서는 반드시 필요한 것이 술인데, 이 술을 만들기 위해서도 찜기인 시루는 절대적으로 필요하다. 시루에 찐 곡식에 물과 누룩으로

36_ 김성남, 「백제한성기 남방영역의 변천」, 『백제의 변경』, 충남대학교, 백제연구소, 2005, 39쪽
37_ 「漢書」「地理志」
38_ 中尾佐助, 『料理の起源』, NHK BOOK, 1993, 17~18쪽
39_ 中尾佐助, 『料理の起源』, NHK BOOK, 1993, 14~16쪽

화합하여 빚는 것이 술이다. 때로는 쪄서 익히고 발효하는 과정을 거쳐야 되는 메주와 같은 누룩도 있다.

실로 시루라는 찜 전용 도구는 각종 찜·술·지에밥·떡 등과 같은 다양한 종류의 음식을 만드는 획기적 발명품으로서 시대를 풍미하여, 다음의 백제 음식문화를 꽃피우게 하는데 절대적인 역할을 하였다.

4. 오늘날 우리의 밥상차림과 비슷했던 한(漢)과, 고구려의 밥상

중국 춘추시대(770~450 B.C)에 성립되어 전국(戰國, 450~221 B.C)과 진(秦, 221~206 B.C)시대를 거치면서 체계화된 유교는, 전한 무제(武帝)가 기원전 136년 동중서(董仲舒, 179~104 B.C)의 의견을 받아들여 국교화하였다. 기본 경전으로 『시경(詩經)』, 『서경(書經)』, 『역경(易經)』, 『예기(禮記)』, 『춘추(春秋)』의 오경(五經)을 정하여 오경박사를 두고 정치제도의 수립과 제사의례 그리고 생활의례 등의 이념적 기반으로 삼았다.[41] 자연스럽게 식생활 의례도 『예기』와 『의례』를 기본으로 하는 것이었다. 한(漢)나라의 유교식 식생활은 밥[飯, 쌀·기장·좁쌀·수수밥], 갱(羹, 소·돼지·양고기국], 구이[炙, 소·돼지·양고기로 만든 구이로서 장을 발라 구운것], 육회(肉膾, 소·돼지·양고기육회), 어회(魚膾, 생선회), 저(菹, 무·부추·창포뿌리를 소금에 절인 것으로 일종의 침채류), 술[酒, 쌀·기장·좁쌀로 만든 술], 음료[漿水] 등으로 구성되었다. 육회와 저는 육장인 해를 곁들였고, 어회는 겨자장[芥醬]을

40_ 『說文解字』
41_ 김상보, 「식생활」, 『漢城百濟史』5, 서울특별시사편찬위원회, 2008, 272쪽
42_ 김상보, 『한국의 음식생활문화사』, 광문각, 1997, 194~196, 199쪽
43_ 『禮記』「內則」
44_ 『三國史記』卷 17 「高句麗本紀」東川王 元年條에는 왕비가 왕의 마음을 알아보기 위하여 근시를 시켜 밥상을 올릴 때 왕의 옷에 국을 엎지르게 하였다는 기록이 있다.

〈그림 9〉 전한시대 옻칠식기인 배(杯)와 합(盒), 장사마왕퇴 1호묘

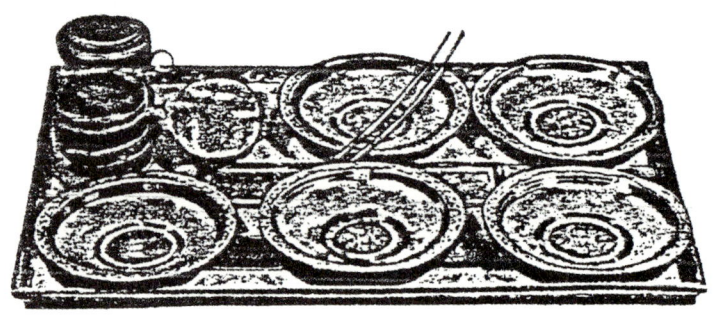

〈그림 10〉 전한(前漢) 시대 쟁반에 차려진 식기, 장사마왕퇴 1호묘

곁들였다. 이상의 음식은 앞서 살펴본 「공식대부례」의 음식과 상당히 유사하고 별로 다를 것이 없었다. 상층부일 경우 이들 음식은 옻칠식기에 담아 둥글고 작은 소반인 선(櫋)과 사각의 작은 소반인 안(案) 혹은 쟁반인 반(盤)에 수저와 함께 차렸다(〈그림 9 -그림 12〉).-⁴² 기본적으로 밥·국·침채 등으로 구성된 밥상차림은 제후에서부터 서민에 이르기까지 똑같았다.-⁴³ 서주(西周, 1100~770 B.C) 때 쓰던 그릇 높이가 밥상 높이만 했던 변과 두 등의 굽다리 그릇은 이미

45_ 강봉룡, 「고대한·중·일 관계에서의 백제의 역할」, 『백제문화를 통해서 본 고대 동아시아세계』, 공주대학교 백제문화 연구소, 2002, 70·74쪽.

예기(禮器)가 되어 버려서, 현재 우리들이 쓰는 접시·사발·물컵 등과 같은 식기들이(〈그림 10〉), 조그마한 둥근 밥상인 선이나 네모난 밥상인 안에 차려졌다.

한대에 정착한 둥글고 조그마한 선에는 굽다리그릇을 올려 놓고 식사할 수 없으므로 자연히 굽다리 높이는 짧아져서 현재의 접시나 사발과 같은 형태의 식기가 정착되었다. 따라서 둥글고 조그마한 밥상 선에는(〈그림 12〉), 「공식대부례」에서 보여주는 정찬과 가찬을 〈그림 2-2〉와 같이 적용시켜서 차렸을 가능성이 있다.

고구려 고분벽화에서 보여주는 식사하는 장면은, 한대의 음식 문화를 반영한 듯한 접시나 완 등의 옻칠기에 차려진 모습을 보여준다. 물론 밥과 국을 기본적으로 하여 차렸다(〈그림 13·14〉). [44] 굽다리그릇 두는 제사 등을 올릴 때에 차리는 예기로서 고구려에도 정착하고 있었다. 고구려는 낙랑 등과의 빈번한 접촉이 있었으므로 한의 음식문화를 수용한 결과이다. 이러한 양상은 백제도 마찬가지였다. 낙랑(樂浪郡, B.C 108~A.D 313)은 산동(山東)의 제(齊, 1123~386 B.C) 문화를 기반으로 하였지만(〈그림 15〉), 물질자료의 측면에서는 한(漢)문화의 축소판이었다. 더군다나 옛 진번(眞蕃) 땅에 대방군을 세웠던 요동의 공손강(公孫康)이 238년 위(魏)에게 토멸됨에 따라, 낙랑과 대방권에 대한 관할권이 위로 넘어가고, 이후 서진(西晉) 문물이 낙랑과 대방군을 통해 백제로 보급되었으므로 백제로의 중국문화 유입은 가속되었다. [45]

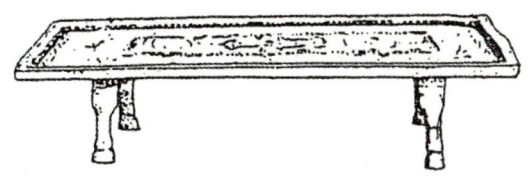

〈그림 11〉 안(案), 광주동교사하(廣州東郊沙河)

〈그림 12〉 선(櫻), 광주동교사하

〈그림 13〉 고구려 무용총 고분벽화, 부엌에서 주인에게로 음식을 나르는 모습

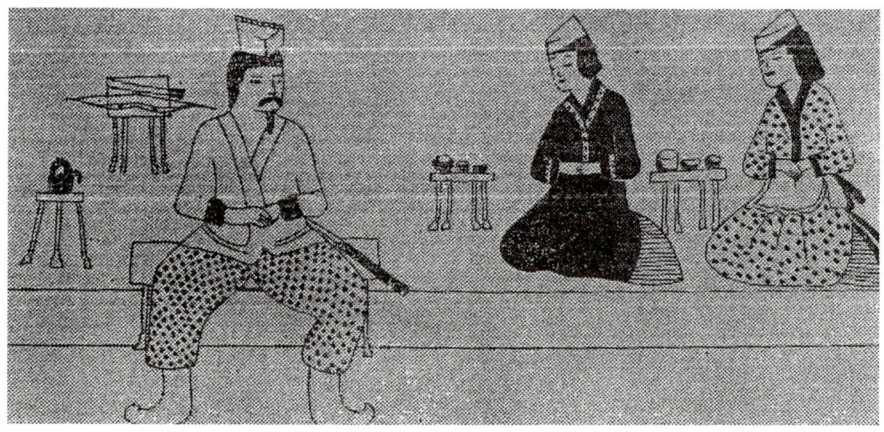

〈그림 14〉 통구 각저총(角抵塚)의 벽화

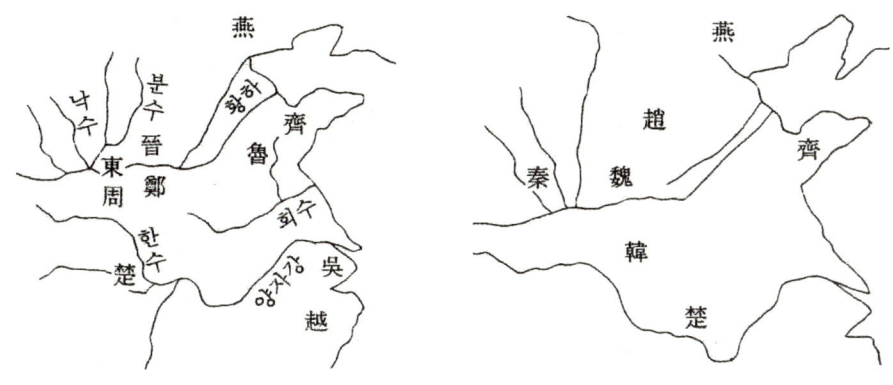

〈그림 15〉 중국 춘추(春秋)와 전국(戰國)시대

5. 백제의 음식문화

1) 쌀이 주곡식이 되다.

인월(寅月)을 세워 세수(歲首, 1월)로 삼으며 귀점(龜占)을 치고, 사중월(四仲月, 중춘仲春 2월 · 중하仲夏 5월 · 중추仲秋 8월 · 중동仲冬 11월)에 왕이 하늘[天]과 오제(五帝)의 신에게 제사한 백제의 통치철학 근간은 음양오행사상(陰陽五行思想)을 근거로 한 [46] 유학(儒學)이었다.

부여에서 식기로 조(俎, 밥상)와 두(豆, 굽다리그릇)를 사용하여 밥상을 차리고 모임에서 술을 마실 때 작(爵, 술잔)에 절하고 작을 씻는 등의 술마시는 예법이 있었다는 사실은 (〈그림 16-그림 17〉) [47] 『예기(禮記)』와 『의례(儀禮)』 속에 나타난 음식예의범절에 대한 수용이었으므로, 부여의 별종인 백제가 유학에 입각하여

46_ 『周書』「異域傳」;『隋書』「百濟傳」
47_ 『後漢書』「東夷傳」;『三國志』「魏志」「東夷傳」
48_ 『三國史記』卷 23 「百濟本紀」卷 1

통치행위를 한 것은 자연스러운 일이다.

당시 백제는 쌀을 주곡식으로 삼고자 정책을 강화하고 있었다. 맛과 영양 그리고 소화성이 뛰어날 뿐만 아니라 계획재배가 가능하고, 계량·수송·보존·분배가 탁월하기 때문에 점차 벼를 중심으로한 재배가 늘어났으며 벼가 주곡식으로 자리잡게 되었다. 점진적인 논농사 보급에 의하여 생산이 풍부해진 쌀은 식료(食料)를 안정시켰고, 인구 또한 증가되었다. 또 사회적인 잉여 형성에도 크게 기여하여서 집단 통제를 위한 지도자 집단이 생기는 등 사회전개에 박차를 가하게 되었다. 낫·자귀·보습·괭이·삽·호미·반달쇠칼·칼과 같은 새로운 농기구와 무기 등을 생산하는 기술자 집단을 유지하기 위해서는 자연스럽게 비축 식량이 필요하였다. 그리고 그들에게 고정적 식료배급이 사회적으로 인정됨으로서 계급이 성립하고 신분이 확정되었다. 선택된 지도자는 그 사회집단을 보다 안정화시켜야 했기 때문에 다른 집단을 공격하였고 방위를 위한 군사력이 필요하였다. 아울러 전쟁에서 진 자는 노예의 신분으로 전락되는 일련의 계급 분화가 진행되어 국가가 출현하였다. 백제라고 하는 국가의 출현은 도작과 밀접한 관계가 있다.

다루왕(多婁王) 6년(33) 나라 남쪽의 주와 군[國南州郡]에 영을 내려 그 때까지 밭벼와 논벼가 병행되던 것을 본격적으로 국가적 차원에서 논농사를 하도록 도전(稻田)을 만들게 하였다.[48] 이것은 수확량이 적은 밭벼가 잡곡이고 좁쌀이 주식이었던 한(韓)시대와 달리, 수확량이 많은 논벼가 주식이 되는 시대가 도래하였음을 의미한다.

동해안에 등뼈처럼 붙어있는 백두대간으로 인하여 산맥들이 동쪽으로 발달해 있어서 동고서저(東高西低)가 되고, 물은 자연히 낮은 곳을 택해 서쪽 방향으로 흐르게 되어, 백제가 점령했던 땅은 한강·금강·영산강·섬진강을 중심으로 비옥한 넓은 평야가 발달한, 논농사의 최적지였다. 고구려나 신라가 점령했던 땅

〈그림 16〉 백제시대의 두(豆, 논산 출토)

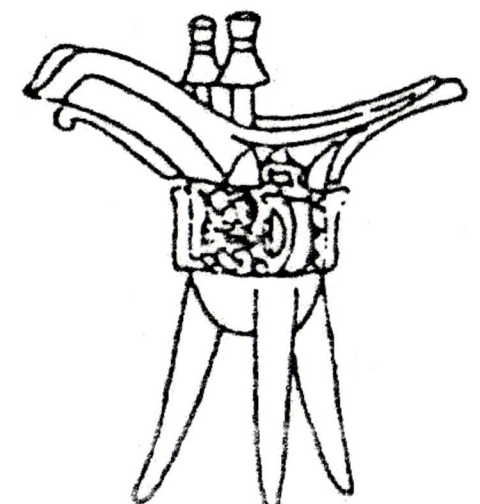

〈그림 17〉 작(爵)

49_「魏志」;「周書」;「新周書」
50_「周書」「異域傳」;「隋書」「百濟傳」;「北史」「東夷傳」: 김상보, 「한성백제 시대의 음식문화」, 『향토서울』 제 163호, 2003, 63쪽
51_ 原田信男, 『コメを選んだ日本の歴史』, 文化新書, 2006, 76쪽
52_ 『三國史記』 卷 23, 「百濟本紀」 己婁王 14년 봄 3월, 己婁王 23년 가을 8월 條: 복천박물관, 『선사고대의요리』, 2005, 72~79쪽
53_ 윤무병, 「김제벽골제발굴보고」, 『백제연구』 제 7집, 충남대학교, 1978, 67쪽

보다는 훨씬 평야지대가 발달한 곳이다. 게다가 서해안은 평평하고도 넓은 갯벌로 다른 어떤 곳보다도 소금 생산의 최적지였다.

  부여의 별종인 백제 건국세력이 -⁴⁹ 풍납토성을 중심으로 왕도(王都)를 삼은 것도 경기만을 비롯한 서해안의 소금생산과 소금길 확보를 염두에 둔 것이었다. 가장 비옥한 평야와 최고의 소금 생산지 확보는 중국 사서(史書)도 지적할 정도로 소·돼지·닭, 오곡(五穀), 밤(栗)을 비롯한 잡과(雜果), 채소, 술[酒醴]·술안주[肴饌]를 풍부하게 하였다. 또 풍부한 물산이 있기 때문에 백성들로부터 포(布)·견사(絹絲)·마(麻)·쌀[米]로 구성된 세금[賦稅]을 거두어 들일 수 있었다. -⁵⁰

  조세로서 쌀을 거둬 들일 정도로 쌀생산량이 많았다고는 하나 그 양은 현재 수확량의 1/5에도 미치지 못하는 양이었기 때문에 -⁵¹ 보리·콩·기장·좁쌀·호밀·밀·팥·녹두·삼·들깨 등도 여전히 중요한 작물이 되었다. -⁵² 비류왕 27년(330)에는 연인원 32만 2,500명이 동원되어 1,120만 여평의 김제벽골제(金堤碧骨堤)를 만드는 등의 저수지 사업을 벌여 -⁵³ 쌀 생산에 박차를 가하게 되었다.

  2) 상당한 수준에 올라 있었던 술과, 김치문화

  한나라의 유교식 밥상차림에서 보여주는 밥·국과 함께 배선되는 침채류 저(菹)는 신맛이 매우 강하다. -⁵⁴ 반면에 우리의 침채는 [채소+소금] 형태이다. 이는 앞에서 기술한 축이(젓갈)의 [생선+소금]과도 같은 맥락의 단순 소금절임 가공방법에 속한다. 이것을 530년에서 550년 사이에 중국 산동반도의 태수였던 가사협(賈思勰)이 기술한 농서(農書)인 『제민요술(齊民要術)』에서는 「함저(鹹菹)」로 분류하였다.

『제민요술』에는 당시 광범위하게 만들어 먹던 침채류로서 초저(醋菹)·함저(鹹菹) 그리고 촉인(蜀人)이 담가 먹던 침채류라 하여 [채소+소금+곡물죽]으로 만든 것을 소개하면서 이를 「촉저법(蜀菹法)」이라 하였다. 촉인을 특별히 강조한 까닭은 촉(蜀)나라란 지금의 사천(四川)을 중심으로 전개되었던 곳인데 춘추시대 이전의 사천은 중국에 속하지 않았기 때문이다. 사천은 일찍이 촉(蜀)·진(秦)·한(漢)왕조를 지탱해 주었던 곡창지대였다. 현재도 전국 제1위의 논벼 생산이 이루어지고 있을 정도로 논벼생산량이 많은 지역이었다. 게다가 질 좋은 암염이 지하에 내장되어 있어, 우물물을 퍼 올리듯이 지하에서 소금을 퍼올렸던 곳이다. 또 벼·기장·조·오이·표주박·밀·보리·평지 등과 같은 각종 작물의 전파 기착지이기도 하다.[55]

'백미 1말을 끓여 죽을 만든다. 죽에 간이 맞게 소금을 넣는다. 잘익은 과(瓜)를 씻어 항아리 안에 과와 죽을 켜켜로 넣고 항아리 주둥이를 발라 잘 봉해둔다. 이것은 촉인의 방법으로 맛이 좋다.

또 한 방법은 작은 과 100개를 취하여 시(豉, 된장) 5되와 소금 3되로 담는다. 과를 쪼개어 씨를 없앤 다음 소금을 뿌린다. 항아리 안에 시와 과를 켜켜로 담아 주둥이를 천으로 봉한다. 3일이 되어 시기(豉氣)가 삭으면 먹을수있다'(『제민요술』).

이 촉저인 [채소+소금+곡물죽]으로 만든 침채는 백제왕조에서 일하면서 발효음식을 주로 다루었던, 숙수(熟手)였을 가능성이 있는 수수허리(須須許利)가

54_『說文解字』
55_ 中尾佐助, 『栽培植物と農耕の起源』, 岩波新書, 1992, 169쪽
56_ 이성우, 「중·한·일에서 저채류의 변천과 교류에 관한 연구」, 『영남대학교 논문집 9』, 1975, 441~446쪽
57_『隋書』「百濟傳」

일본에 건너가 그 만드는 방법을 전해주었다고 되어있다. 일본은 이 침채를 수수보리지(須須保利漬)라 하였다. 수수허리는 일본에 술 만드는 방법도 전한 사람이기 때문에 현재 일본의 주신(酒神)이기도 하다.-⁵⁶ 당시 백제인들은 서해안에서 생산되는 풍부한 소금이 바탕이 되어 『제민요술』에서 소개하는 촉저를 포함한 다양한 종류의 김치문화를 공유하고 있었다.

3) 간장·된장을 사용하여 다양한 술안주를 만들어 먹다

대부분 화식(火食)하지 않았던 백제인들은-⁵⁷ 무엇을 어떻게 만들어 먹었을까. 백제사회에는 소·돼지·닭이 있었고, 토지와 논이 비옥하며 쌀과 오곡, 커다란 밤을 포함한 잡과,채소, 주례·효찬 등이 많다 하였다.

소·돼지·닭을 재료로 하여 화식하지 않고 먹는 것을 가정한다면 두가지 조리방법이 가능하다. 하나는 육회이고 다른 하나는 말려서 먹는 육포이다. 소고기육회·돼지고기육회·닭고기육회, 소고기육포·돼지고기육포·닭고기육포가 가능할 것이다. 이 중에서 돼지고기와 닭고기는 기름이 많아 말리는 과정에서 산패가 일어나서 산패취가 생기므로 포로서는 부적절한 식자재이다. 소고기 육포와 소·돼지·닭으로 만든 각종 육회는 [생선+소금]으로 만든 젓갈에 찍어 먹었을 것이다.

쌀과 오곡(수수·차조·보리·메조·대두)의 경우, 이들은 불을 가하여 조리하지 않으면 먹을 수 없는 특성을 지니고 있다. 곡식으로 만드는 밥은 찌는밥 혹은 끓여 졸이는 밥이었을 것이다. 곡식을 재료로 냉식을 만들 경우, 부여의 별종인 고구려가 장양(藏釀)은 잘하고 선호한다 하였으므로-⁵⁸ 백제 역시 고구려와 같다고 보았을 때 쌀과 오곡으로 만든 술, 대두로 만든 된장 그리고 간장을 상정할 수 있다. 고구려 덕흥리 벽화 무덤 묘지명은 이를 반영한다. 일단

장양을 하고난 술·된장·간장은 불에 통과하지 않고도 냉식할 수 있는 식자재가 될수 있다.

'무덤을 만드는데 날마다 소와 양을 잡고, 술·고기·흰쌀밥을 이루다 먹을 수가 없었다. 또 장을 담그어 먹었는데 한 창고 분이나 먹었다.'

채소를 화식이 아닌 생식으로 먹는 방법은 두가지이다. 하나는 생대로, 다른 하나는 소금에 절이는 침채류이다. 쌀과 오곡이 지에밥 또는 끓여 졸이는 밥으로 지어져 주식이 되었기 때문에 채소는 생채보다는 소금에 절이는 침채를 더 선호했을 것이다. 앞서 소개한 수수허리와 같이 김치를 전문으로 만드는 장인집단이 존재할 수 있었던 배경은 서해안에서 생산되는 소금이라는 밑받침이 있었기 때문에 가능한 일이었다. 이 소금은 [생선+소금]으로 만든 각종 젓갈과, [생선+소금+쌀밥]으로 만든 식해도 가능하게 하였다. 조선사회에 들어서서도 젓갈과 식해는 여전히 사치한 음식의 범주에 속해 있었기 때문에, 당시 젓갈과 식해는 고급 술안주감이었을 것이다.

한편 한대(漢代) 이후 제강기술의 본격적인 발달에 힘입어, 철로 만든 각종 식기들이 폭넓게 보급되었다. 풍납토성 주거지에서 철부(鐵釜, 철제솥)·등자·망치·괭이·칼·끌·바늘, 칼 가는 숫돌 등 다수의 후기(261~475년) 유물이 발견되는 것은[59] 철제솥으로 삶음·조림·볶음·튀김 등과 같은 다양한 조리방법이 가능하였을 것이라는 추론을 가능하게 해 준다.

장란형 토기의 기능을 계승한 철제솥은 회청색 경질의 경도를

58_ 「梁書」「諸夷傳」;「南史」「東夷傳」
59_ 서울역사박물관, 「풍납토성」, 2002, 38·96·100쪽
60_ 김상보, 「식생활」, 『漢城百濟史』5, 서울특별시사편찬위원회, 2008, 295쪽

갖게된 시루(〈그림 18〉)에 결합하기도 하고, 또 단독으로 사용할 수 있는 복합자비용기였다. 토기로 조리할 때보다는 열전달 효율이 뛰어난 조리기구이기 때문에 단체급식도 가능한 대량의 음식을 만들어 낼 수 있었다. 게다가 볶음·튀김·조림·삶음·찜 외에 끓여서 졸이는 형태로 짓는 밥인 취반도 가능하였다. 철제솥이 등장한 이 시기는 시루를 이용한 지에밥에서 끓여서 졸이는 밥인 취반으로 이행된 시기이며 음식의 가짓수도 다양화된 시기이다.[60]

4) 불교음식의 발달

침류왕2년(384) 동진(東晉, 317~420)으로부터 호승(胡僧) 마라난타에 의해 불교가 전래된 이후 왕은 이듬 해 385년, 10명의 백제승을 출가시켜 득도케할 정도로 백제 불교는 처음부터 왕실불교로서 발전하였다. 고구려 장수왕(長壽王, 413~491) 때 도림(道琳)이라는 승려가 첩자로 백제에 잠입하여, 백제왕을 속여 나라를 혼란에 빠트린 사건이 있었다. 이러한 사실로 미루어 한성이 고구려에 함락되던 시기에도 불교는 왕의 비호 아래 상당한 수준까지 발전해 있었을 것으로 짐작된다. 무령왕 14세 때에 한성이 함락되었으니까 소년 시절의 무령왕 역시 불교적인 왕궁문화 속에서 성장한 사람이라고 볼 수 있다. 무령왕(武寧王, 501~522) 대에 화려하고 세련된 불교문화를 꽃피운 남조(南朝) 양(梁, 502~558)나라와 돈독한 관계에 있으면서 양의 불교 문물을 배우고자 한 것은 불교적인 무령왕의 성장 배경과 무관하지 않다.[61]

양 무제(武帝, 502~549)는 재위 약 50년 동안 해외로 널리 교제하며 국력을 과시했다. 또 그의 재능은 남조의 모든 왕을 통털어 최고의 제왕이었지만, 불교에 대한 과도한 낭비가 망국의 원인 가운데 하나가 될 정도로 그는 열렬한 불교신자였다. 양나라의 수도였던 건강(현재의 南京)은 남중국에서 사원의 숫자가 가장 많아졌다. 무제는 『반야경』, 『열반경』 등을 강의하고 『어주대품반야경(御注大品般若經)』을 저술하기도 하였다.

무제 10년(511) 술과 고기를 금하는 법령을 공포하여, 동물 애호의 정신에서 시의(侍醫)가 제조하는 약재료마저 동물로 사용하는 것을 금하였다. 무제 16년(517)에는 선조의 묘에 제사지내는 행사에서도 살아있는 동물을 죽여서 바치는 희생을 금지 시키고 소채(素菜)인 밀가루·채소·과일·곡물 등만을 사용하도록 명령하였다. 우란분재를 공개적으로 거행하게 된 것도 이 무렵부터이다.[62]

양 무제와 거의 같은 시기에 생존한 종름(宗懍, 502~561)은 25세 경에 양의 왕부기실(王府記室)에서 서기관을 겸하면서 30년 가까이 양 정부와 긴밀한 관계를 유지하였다. 이 때 초(楚, 704~202 B.C)문화를 계승한 남방의 세시풍속인 『형초세시기(荊楚歲時記)』를 저술하였다. 종름은 부친 고지가 재판 도중 법을 어기자 아버지를 대신하여 평생 동안 채식만을 한 사람으로도 유명하다.[63]

당시 죄인으로 자처할 경우 정진(精進)하는 의미에서 채식하는 것이 일반적 현상이었다. 『형초세시기』속에 나타난 세시풍속이 언제 한반도에 유입되었는가에 대해서는 현재로서는 명확하지 않다. 다만 그 때까지의 세시풍속을 정리한 것이 『형초세시기』이기 때문에 『형초세기기』가 나오기 훨씬 전, 어쩌면 마한시기에 이미 초나라를 둘러싸고 있는 남방 풍속의 일부가 전래되었을 가능성이 있다.

〈표 2〉는 『형초세시기』와 헌종 15년(1849)에 홍석모(洪錫謨, 1801~?)가 쓴 『동국세시기(東國歲時記)』를 통하여 세시 때에 먹던 주요행사와 세시음식만을 발췌하여 비교한 것이다. 거의 비슷한 흐름으로 가고 있는 바, 그

61_ 이기동, 「고대동아시아 속의 백제문화」, 『백제문화를 통해서 본 고대동아시아세계』, 공주대학교 백제문화연구소, 2002, 6쪽
62_ 한경수역, 渡辺照宏著, 『불교사의 전개』, 불교시대사, 1992, 158~159쪽
63_ 상기숙역, 宗懍著, 『荊楚歲時記』, 집문당, 1996, 18~19쪽. 초나라는 사천을 중심으로 한 지역으로 촉(蜀)의 전신

	1월	2월	3월	4월	5월	6월	7월	8월	9월	10월	11월	12월
「형초세시기」	원단, (보름)	한식, (이월팔일, 팔관재회)	삼월삼일	사월팔일 ①	단오	복날	칠석, (우란분회) ②		중구	시월삭일	중동, (동지)	납향
	초백주, 도소주, 교아당, 오신반, (팥죽)	엿, 보리죽, 나물	쑥국, 시루떡		창포주, 쑥떡, 각서 (角黍)	탕병	술·포·오이·참외·수박, (백미·오과) ③		국화주, 경단	깨죽, 나물국	김장담그기, (팥죽)	
「동국세시기」	원단, (보름)	한식	삼짇날	사월팔일	단오	유두	칠석, (백종) ④	추석	중구	상달, (말달)	중동, (동지)	납향
	초백주, 도소주, (약반, 팥죽, 진산채, 오곡잡반, 유롱주	화전, 화면, 서여증식, 사마주	소찬 (素饌) 자두, 증병	쑥절편, 침장	구장, 복죽, 유두면, 수단	(오미백과)	송병, 신주 (新酒), 무시루떡, 호박시루떡	국화주, 국화전, 화채	김장담그기, 고사떡, 난로회, (팥시루떡)	동치미 담그기, 잡탕, 비빔밥, 비빔국수, (팥죽)	납육

〈표 2〉 「형초세시기」와 「동국세시기」에 나타난 주요행사 및 세시음식의 비교

① 욕불회(浴佛會)와 용화회(龍華會)를 한다.
② 우란분회(盂蘭盆會)
③ 百味五果 : 백미는 많은 음식, 오과는 배·은행·밤·대추·복숭아
④ 백종(百種)이라고도 하고 우란분절이라고도 함. 음력 7월 15일

중 고려왕조까지는 성행했으나 조선왕조에 들어서면서 없어진, 그래서 『동국세시기』에는 기록되지 않은 2월의 「팔관재계」, 7월의 「우란분회」, 그리고 『형초세시기』나 『동국세시기』에 모두 공통으로 나타나고 있는 「팥죽시식의례」에 대하여 검토해 보자.

양 무제는 국가적인 행사의 하나로 팔관재회((八關齋會)를 대대적으로 열도록 하였다. 『고려사』에 종종 나타나는 죄과(罪過)를 없애는 모임 즉 무차대회(無遮大會)도 이 때 채택되었다.[64] 종름은 양 무제 치하에서 관료로 일하면서 2월 8일에 대대적으로 연 팔관재회를『형초세시기』속에 충실히 기록으로

남겼다.

한반도에서의 팔관회에 대한 초출(初出)은 진흥왕 33년(572) 전사한 병졸들을 위하여 국가적 차원에서 전국적으로 10월에 7일 동안 행한 기록이다.[65] 신라에 이은 고려왕조도 국가적 차원에서 팔관회를 열고, 이 때 차[茶]·다식(茶食)·유밀과 등을 차려 연회하였다는 기록이 『고려사』에 꾸준히 등장한다. 신라보다 더 활발하게 양과 교류하였던 백제였기 때문에 훨씬 더 일찍 국가적 차원에서 팔관회와 우란분회를 가졌을 것으로 보지만 문헌적 자료는 유감스럽게도 없다.

'7월 15일 승(僧, 출가한 사람), 니(尼, 비구니로 출가한 여자), 도(道, 출가한 신도), 속(俗, 믿음이 깊은 남과 여)은 모두 분(盆, 음식 담은 그릇)을 마련하여 여러 부처에게 공양한다.

七月十五日 僧尼道俗 悉營盆 供諸佛' (『형초세시기』).

현재도 절에서 행해지고 있는 우란분재는 고려의 그것을 계승한 것이지만 『형초세시기』에는 요즘과 같이 우란분회 때에 비단으로 꽃잎을 정교하게 오려 조화를 만들고, 아름다운 깃발과 과일 모양으로 만든 음식(고려왕조는 이 음식을 유밀과油密果라 하였음), 그리고 과일을 포함하는 온갖 음식[백미百味, 식물성식품 즉 소채素菜만으로 만든 온갖 음식]을 그릇에 담아 공양하였을 뿐만 아니라 음악(歌皷)도 있었다고 기술하고 있다.[66] 우란분재 역시 백제 때부터의 행사일 가능성이 있다.

64_ 이기명, 『한국의 불교』, 세종대왕기념사업회, 1999
65_ 『梁書』「列傳 新羅傳」에는 무령왕 21년(521) 백제사신이 양나라에 파견될 때에 신라왕 모진(募秦)이 처음으로
  신라사신을 같이 가도록 하여 양나라에 방물을 바쳤다는 기록이 있다. 이 때에 양나라의 팔관재계가 수입되었을 가능성이 있다.
66_ 상기숙역, 宗懍著, 『荊楚歲時記』, 집문당, 1996, 131~132쪽

1월과 11월에 먹는 것으로 되어있는「팥죽시식의례」는 귀(鬼)를 쫓는 것과 관련을 갖고 있다.

'동짓날에는 해그림자를 재며 붉은 팥으로 죽을 쑤어 역귀를 쫓는다.
冬至日, 量日影, 作赤豆粥, 以禳疫'(『형초세시기』).

팥은 중국 강남의 조엽수림지대로부터 전파되었는데, 한반도 중·남부에 붉은팥의례가 생긴 시기는 팥재배방법이 전파되었을 때라는 것과, 이 때 소두(小豆)를 동반하는 농경의례 등에 붉은팥의례도 민중의 수준에서 수용되었으며, 이 수용된 의례 위에 불교와 유교사상이 뿌리를 내림으로서 이중구조의 문화를 형성하였다는 보고도 있다.[67] 이 보고를 근거로 한다면 팥전래 시기는 청동기시대가 되고[68] 붉은팥의례의 전래 시기도 청동기시대로서 초(楚, 704~202 B.C) 이후부터 삼한시대 사이의 어느 시점이 될 것이다. 따라서 『형초세시기』에 기록된 농경의례와 관련된 의례의 일부도「팥죽시식의례」 전래 시기와 비슷한 시점에 전래되었을 가능성이 있다. 그러나「팔관회」나 「우란분회」의 전래는『형초세시기』집필 연도와 무관하지 않다.

양 무제 때 동물성 식품을 배제하고 식물성 식자재 만으로 만든 음식을, 530~550년 경 산동반도의 태수였던 가사협이 쓴『제민요술(齊民要術)』에서는 「소식(素食)」이라 하였다. 전한 때 중국에 불교가 유입된 이래 500년 경에 이르자 중국대륙의 거의 모든 중국인은 불교 신자가 되어있었다.『제민요술』에 「소식」이라는 조리방법이 기술될 정도로 소채 사상 또한 파급되어 있었다. 종름이 죄인으로 자처하며 평생토록 채식만 한 것은 당시의 불교적 사회 분위기 때문이었다.

부추·박·호근(胡芹)·동아·월과·배추·순무·아욱·가지, 김, 버섯,

쌀·찹쌀이 주재료가 되고, 파·염교·생강·귤피, 후춧가루·산초가루, 초·된장·소금이 부재료가 되어서, 이들을 들기름과 참기름으로 볶거나 무침으로서 육류 맛을 대신하고자한『제민요술』의「소식」은 소선(素膳)이라고도 하였다.

법왕(法王, 599~600)은 매우 단명한 왕이었다. 즉위 원년(599) 12월 전국에 영을 내려 살생을 금하고, 민가에서 키우던 조류(鳥類)도 놓아주게 하였다. 그 뿐만 아니라 수렵도구까지도 불태우게 하였다. 그 이듬해 왕흥사(王興寺)를 짓기 시작하여 승려 30명을 배출했지만, 법왕이 돌아가자 그 아들 무왕(武王, 600~640)이 재위 35년(634)에 비로소 완공하였다.[69]

살생금지 영을 내린 법왕은 불과 1년을 살다 갔다. 그러나 사비시대의 불교는 자비를 실천하는 윤리강령을 실천하고자 하였으므로 풍왕(豊王, 661~663) 3년 백제가 망할 때까지 소선이 발달했던 시기로 상정할 수 있다. 이들 소선음식은

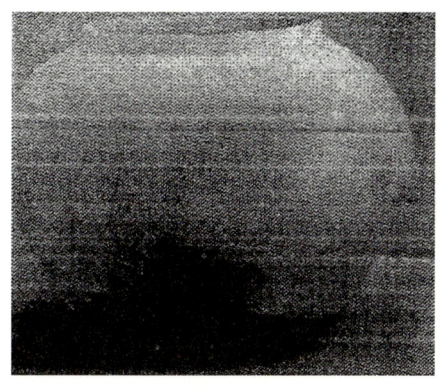
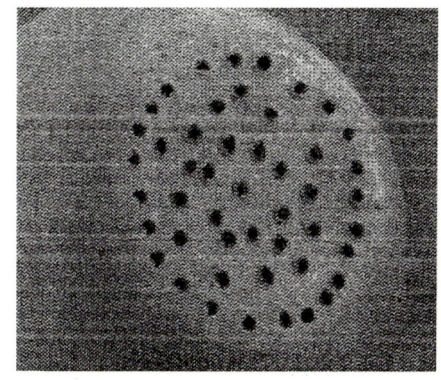

〈그림 18〉 백제, 회청색 경질시루

67_ 熊谷治,「朝鮮半島におけるアズキに關する儀禮·習俗」,『朝鮮學報』, 1979, 92쪽
68_ 小山修三,「古代中世の食事」,『世界の食べもの12』, 朝日新聞社, 1984, 173쪽
69_『三國史記』「百濟本紀」武王條
70_『三國史記』「百濟本紀 第 5」

『제민요술』의 그것을 크게 벗어나지 않는, 들기름과 참기름을 듬뿍 넣어 만드는 형태였을 것이다.

6. 고려왕조 말 육식이 부활하다

백제 법왕 원년 살생을 금하는 왕의 영이 내려지고, 그 다음 해 정월에는 크게 가물었기 때문에 왕은 칠악사(漆岳寺)에 나가 기우(祈雨) 하였다.-70

살생금지령 이후의 칠악사에서의 기우는 무엇을 의미 하는가. 이것은 당시의 불교가 주술로서 한발과 수해 방지 및 예방에 이용되고 있었음을 의미한다. 농업 피해를 최소한으로 하기 위한 국가의 중요한 정책에 육식금지령이 동원되었다. 살생을 하여 한발과 수해가 생겼기 때문에 살생을 금함으로써 한발과 수해를 방지하고자 했다. 농업국가의 최선의 방책으로 동원된 것이 살생금지령이었다. 이것은 농경이 전개되는 과정에서 행한 그 때까지의 수렵을 죄라고 생각하는 불교사상적 가치관이 성립한 것이다.

백제는 도작(稻作)이라는 생산활동을 사회의 최고 목표로 함과 동시에 외래 불교를 국가수호의 지주로 하였다. 당시의 불교는 주술로서의 요소가 강하였지만, 종래의 고유신앙에 비하면 훨씬 고도의 사상적 체계를 갖추고 있었다. 그러므로 불교는 중국으로부터 문물 및 제도를 가져오게 하였고, 전에 있었던 풍속과 습관을 변혁시켰다. 새로운 체제를 구축해 가는 과정에서 대단히 중요한 사상적 역할을 담당하였다. 살생금지 사상을 구체화시키기 위하여 행해진 것이 방생이다. 이 공덕에 의하여 국가수호 그리고 벼 및 오곡의 풍요, 더욱이 왕위의 안정이 실현된다고 생각하였다. 이러한 사상은 불교가 흥성했던 고려에까지 이어졌다.

백제 때에 있었던 살생금지는 고려 광종(光宗) 19년(968)의 도살금지령과 육선(肉膳)을 금하는 살생금지령으로 이어진다. 이러한 도살금지는 대한(大旱)으로 인하여 내려진 공민왕(恭愍王) 17년(1368)의 도살금지령으로까지 이어지고 있다.

고려는 개국 초부터 말까지 국사승(國師僧)을 두었다. 한편에서는 태조 때부터 백성의 복을 빌기 위하여 연등회를 열어 정월 보름에 불을 켜고 부처에게 복을 빌었다. 중경(中京)은 추수 이후 음력 11월, 서경(西京)은 음력 10월에 연팔관회(八關會) 때에는 등불을 켜고 술과 차·유밀과, 그리고 가무와 백희(百戲)를 베풀어 나라와 왕실의 태평을 빌었다. 이 날에는 각 고을의 벼슬아치가 글을 올려 하례하고, 외국의 상인들이 각기 방물(方物)을 바치며 축하하였다.

왕이 절에 행차하여 의식을 올릴 때 반드시 유밀과와 차가 차려지는 다연이 베풀어졌다. 그러나 소선 만으로 구성되었던 다연에 육식이 오르니, 오랫동안 지속되었던 육식 기피는 드디어 무너지게 되었다. 기록으로는 충렬왕(忠烈王) 34년(1308) 왕이 신효사(神孝寺)와 왕륜사(王輪寺)에 행차하였을 때에 육선이 올랐다고 하고 있다.[71] 이것은 원(元) 침입 이후 몽고 음식문화가 반영된 결과이다.

어쨌든 절에서의 다연이 유밀과·차·육선으로 구성될 정도로, 고려 말 육식의 부활은 대단히 빠른 속도로 진행되었다. 기존의 불교 음식문화에 몽고 육식문화가 중첩되어 유교를 표방한 조선왕조로 넘어오게 되었다. 이는 제사 희생이 강조된 조선사회에서 육식을 추구하는 사상적 가치와 몽고의 육식 음식문화가 맞아 떨어진 결과이며, 육식음식문화의 발전은 가속되었다.

원 침입 이후 국가적인 차원에서의 다연은 고려 문화를 이어받은 조선왕조 초기의 연회를 통해서 유추해 볼 수 있다. 고려의 불교문화는 다연을 구성했던 소선음식의 발달을 가져왔다. 정확한 소선 내용은 알길이 없으나 '상중소선(喪中素膳)'이라는『고려사(高麗史)』의 기록으로 미루어, 소선음식은 정진(精進) 음식으로 발달해온 것만은 틀림이 없다.

시대는 좀 내려 오지만 1634년 조선왕조 때 명나라의 사신을 접대하기 위한 연회에서 왕에게 올린 소선 내용을 보면 점(粘) · 석이(石耳) · 산약(山藥) · 표고(蘑古) · 다시마(多士麻) · 죽순(竹筍) · 연파(蓮把) · 전증(煎蒸) · 연근(蓮根) · 채(菜) · 진이(眞耳) · 병자(餠煮)였다.[72] 버섯류, 두부, 채소, 다시마, 녹두, 마, 연근, 찹쌀 등을 재료로 한 것이다. 이것으로서 고려 때 소선 식품의 유추를 가능하게 해줄 것이다.[73]

71_ 『高麗史』
72_ 김상보, 『조선왕조 궁중의궤 음식문화』, 1995, 수학사
73_ 김상보, 『생활문화속의 향토음식문화』, 신광출판사, 2005, 349~351쪽

제 2절 조선시대의 밥상문화.

1. 조선왕조의 수라를 맡았던 사람들

1) 『경국대전』을 통해서 본 조리사 직제.

조선왕조가 개국되었으나 나라를 지탱할 법령은 아직 마련되지 않았다. 이에 태조원년(1392)부터 성종15년(1484)까지 약 100년 간에 걸쳐 반포된 법령·교지·조례 및 관례 등을 총망라한 법전 편찬 작업이 시작되었다. 세조 때 착수한 것이 30년이 지난 성종 때 완성되었으니 이것이 바로 『경국대전(經國大典)』이다.

성종16년(1485) 정월 초하루에 전국적으로 공포된 『경국대전』은 그 후 여러 차례 보완을 거듭하기는 했으나 기본 골격은 유지한 채 고종 31년(1894)까지 조선왕조를 통치하는 기본 법령으로 준수된다. 즉 성종 이후에 편찬된 『대전속록(大典續錄)』 『대전후속록(大典後續錄)』 등의 후속 법전은 어디까지나 『경국대전』의 내용을 추가하거나 보완한 것에 지나지 않는다.

하지만 청일전쟁(1894~1895)이 일어나 청군이 일본군에게 완패한 1894년 11월, 일본에 의해 강제로 왕실 사무를 국정에서 분리하고 왕실 조직을 개편하는 등의 개혁안이 공포되었다. 이것이 갑오경장이다. 일본의 무력간섭에 의해 타율적으로 추진된 근대화 운동인 1894년의 갑오경장 이전에는 성종 16년부터 시행된 『경국대전』이 조선왕조의 기본 법전으로 준수되고 있었다. 갑오경장 이전 조선왕조 500년 동안 행해졌던 생활문화를 이해하기 위해서는 『경국대전』의 연구가 가장 중요한 일임은 물론이다.

궁중의 음식을 맡아 운영하는 기관이었던 사옹원을 『경국대전』을 통해 조선왕조

일상식이 궁 안에서 어떠한 조리 방법을 거쳐 올려졌는가를 살펴보기로 하자.[74]

총책임자인 제거의 지휘 하에 있었던 사옹원(司饔院)[75]은 제거 밑에 재부·선부·조부·임부·팽부가 있어서 조리 관련의 일을 담당하였다. 이들 밑에는 잡역에 동원되는 노비들로 구성된 자비[差備]들이 있었다. 자비들은 특별한 일을 맡기고자 임시로 고용된 천구(賤口, 천인)들이었다.

정3품에서 종9품까지의 제거·재부·선부·조부·임부·팽부는 원(員)이라 칭하였으니까, 원(員)·인(人)·명(名)으로 나뉘어 신분을 나타냈던 조선사회에서 이들은 중인 정도의 사회적 대접을 받고 있는 자들이었다. 대전과 왕비전 수라간을 담당한 종6품 재부는 오늘날의 주방장에 해당된다. 종7품인 선부는 부주방장, 종8품에서 종9품까지의 조부·임부·팽부는 이른바 조리사들이다. 조(調)·임(飪)·팽(烹)이 암시 하듯이 음식을 조리하고, 삶고, 끓이는 일을 맡은 책임자로 보인다. 어쨌든 이들 모두는 남성들로서 소위 숙수(熟手)라 칭했던 자들이다(〈그림 19〉). 자비였던 반감·별사옹·탕수색·상배색·적색·반공·포장·주색·다색·병공·증색·등촉색·성상·수복·수공·별감은 구(口)라 하였다. 구는 노비의 수효를 세는 단위였으므로, 가장 하층 계급에 속한 자들이다.

대전·왕비전·세자궁·문소전[76] 등에는 각각 음식을 만드는 주방인 수라간이 있었다. 또한 환관들이 모여 사는 처소였던 대전과 세자궁의 다인청(多人廳)에도 각각 주방이 있어서 이들 주방에는 사옹원 소속의 재부·선부·조부·임부·팽부·자비들이 적절히 배치되고 있었다.

다인청에 주방이 있었다면, 상궁들의 처소에도 주방이 존재하였을 것이다. 별도로 상궁을 위한 주방에 대한 기술은 없다. 하지만 상궁들 처소가 분명히

74_ 김상보, 「조선시대의 음식문화」, 가람기획, 2006, 24~25쪽
75_ 사옹원(司饔院) : 조선왕조 때 어선(御膳) 및 대궐 안의 공궤(供饋)에 관한 일을 맡아보던 관아.
   태조원년(1392)에 설치한 사옹방(司饔房)을 고친 이름으로, 고종32년에 전선사(典膳司)로 고치었음.
   주원(廚院)·상식사(尙食司)라고도 했음.
76_ 문소전(文昭殿) ;조선왕조 태조(太祖) 및 신의왕후(神懿王后) 의 혼전(魂殿)

있었고 다인청이라는 항목 속에는 '왕비전다인청'이라는 항목이 있기 때문에, 상궁들이 모여 사는 왕비전과 왕세자빈의 상궁청도 포함하여 다인청이라 하였음을 알 수 있다.

총 390구에 이르는 자비들은 번차(番次, 번을 드는 차례)를 좌우 양번으로 하였기 때문에 하루 근무한 자비의 총수는 195구였다. 문소전에 29구, 대전에 93구, 왕비전에 37구, 세자궁에 36구가 배정되었다. 이 중에서 대전, 왕비전, 세자궁에 소속된 자비들은 대전 다인청, 왕비전 다인청, 세자궁 다인청에 배정된 자비를 포함한 것이다.

자비들의 성별은 거의 남성들로 구성되었다. 세종조에는 왕이 기거하는 곳의 노비가 총 388구, 공비가 기거하는 곳은 119구, 의빈이 기거하는 곳은 83구였다. 이들 중 남성이 376구·104구·74구였고, 여성이 12구·15구·9구였으니까 남녀의 비율은 15.4 : 1 이다. 남성의 비율이 현저히 높은 까닭은 조리 업무란 것이 지극히 분업화되어서 상당히 힘들었던 때문일 것이다. 한편, 자비들은 '각기 소장하는 일을 맡아보는 자' 라는 뜻에서 각색장(各色掌)이라고도 불렸다. 이들은 반감에서부터 별감에 이르기까지 철저히 분업화되어 각자의 소임만 담당했다.[77]

제거(提擧), 사옹원의 총책임자.
재부(宰夫), 대전 수라간과 왕비전 수라간을 담당했던 주방장.
선부(膳夫), 식관(食官, 식사 담당관)의 우두머리로 문소전 수라간과
        대전 다인청을 담당했다.
조부(調夫), 조리사로 대전 수라간, 왕비전 다인청, 세자빈궁 및 세자궁
        수라간을 담당했다.

[77] 김상보, 『조선시대의 음식문화』, 가람기획, 2006, 26~29쪽

임부(飪夫), 화열(火熱)을 다루는 식관. 1원은 대전수라간, 왕비전 다인청,
　　　세자궁 및 세자빈궁 수라간을 담당했고, 1원은 대전의 은기성상
　　　(銀器城上, 임금이 쓰는 은그릇을 관리하던사람), 왕비전 수라간,
　　　문소전 수라간, 세자궁 다인청을 담당했다.

팽부(烹夫), 음식물 삶는 일을 담당하는 식관. 2원은 대전의 은기성상, 왕비전 수라간,
　　　문소전 수라간, 세자궁 다인청을 담당했고, 4원은 대전 다인청,
　　　왕비전 은기성상, 세자궁 및 세자빈궁 수라간을 담당 했으며,
　　　1원은 왕비전 다인청, 세자궁 및 세자빈궁의 은기성상을 담당하였다.

반감(飯監), 반찬 및 그 밖의 음식물을 맡아보는 노자(奴子).

별사옹(別司饔), 고기를 다루는 노자.

탕수색(湯水色), 물 끓이는 일을 하는 노자. 탕수탁반(湯水托飯)·
　　　탕수증색(湯水蒸色)·탕수수공(湯水水工)등의 명칭으로도 불렸다.

상배색(床排色), 상 차리는 일을 맡아보는 노자. 진상상배색(進上床排色)·
　　　다인상배색(多人床排色)등의 명칭으로 미루어 대전, 중궁전,
　　　세자궁 및 세자빈궁의 상 차리는 일 뿐 만 아니라 환관과 상궁을 위한
　　　상 차리는 일도 맡았음을 분명히 하고 있다.

적색(炙色), 생선 굽는 일을 하는 노자.

반공(飯工), 밥 짓는 일을 하는 노자.

포장(泡匠), 두부 만드는 일을 하는 노자.

주색(酒色), 술 빚는 일을 하는 노자.

다색(茶色), 차 끓이는 일을 하는 노자.

병공(餅工), 떡 만드는 일을 하는 노자로서 병모(餅母)라고도 했다.

증색(蒸色), 음식물 찌는 일을 하는 노자.

등촉색(燈燭色), 등촉 밝히는 일을 하는 노자.

성상(城上), 기물(器物)을 맡아 간수하는 노자 이지만, 성상의 경우 때로는
궐내 내실의 소제도 담당 하는 여성인 수사간(水賜間)도 겸직했다.

수복(守僕), 단묘(壇廟)・능침(陵寢)등의 소제를 담당하는 노자.

수공(水工), 물 긷는 일을 하는 노자.

별감(別監), 잡무에 종사하는 노자로서 내시 별감 이라고도 했다.

조리에 직접 관여했던 사람은 주방장 격인 사옹원 소속의 재부를 필두로 부주방장 격인 선부, 그리고 조리사인 조부・임부・팽부들이었다. 이들은 직책에 붙는 부(夫)라는 글자가 암시하듯 모두 남성들이었으며, 총책임자인 정3품의 제거에 의해 통솔되었다. 제거는 내시부 소속의 종2품인 상선(尙膳)에 의해 지시를 받았으리라 사료된다. 상(尙)이란 '주존(主尊)'이란 의미를 지니고 있어 '인군(人君,

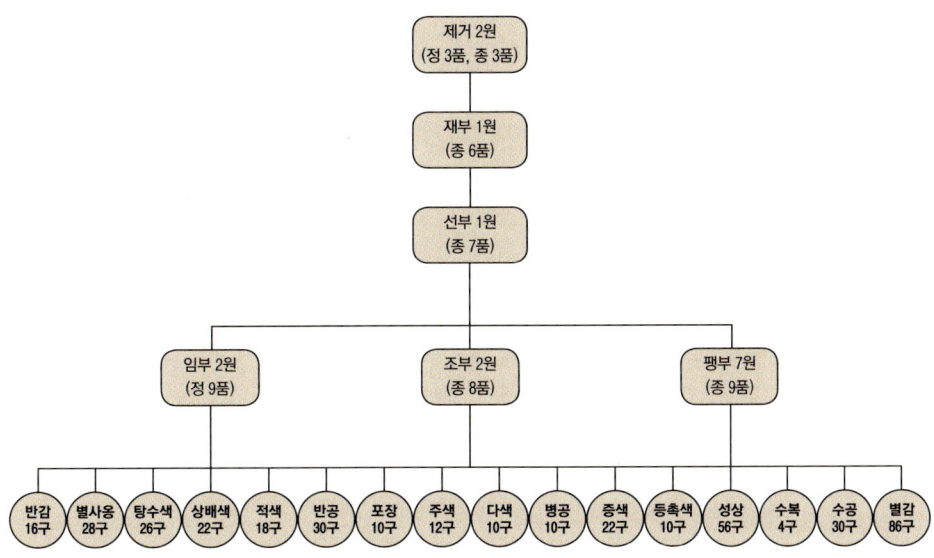

〈그림 19〉 조선왕조 사옹원에서 조리를 담당했던 사람들의 직제 구조도(『경국대전』)

임금)의 물건을 주관하는 자'라는 뜻이 내포되어 있다. 그래서 남자내시는 직급에 따라 상선, 상온(尙醞, 정3품), 상다(尙茶, 정3품), 상약(尙藥, 종3품) 등이라 하였고 여자 상궁도 직급에 따라 상궁(尙宮, 정5품), 상의(尙儀, 정5품), 상복(尙服, 종5품), 상식(尙食, 종5품), 상침(尙寢, 정6품) 등으로 불리었다. 내시부에서 가장 지위가 높았던 상선은 임금 및 중궁의 건강 상태를 고려해 식단을 계획하는 식의(食醫)였을 것이다. 중궁전과 세자궁 식찬의 총 책임자였던 여자 상궁인 상식의 의견을 청취해, 내시부의 총책임자였던 상선이 계획하고 짠 식단은 사옹원 총책임자인 제거에게 하달된다. 그러면 제거의 감독 하에 주방장 이하가 자비들로 구성된 각색장들을 데리고 음식을 장만한다. 이렇게 장만된 음식은 대전에게는 진지설리(進止薛里)-78 가, 중궁전에게는 상침이 올렸을 것이다. 안채에서 대전과 중궁전이 함께 진지를 드실 때에는 상침과 진지설리가 협동해 진지 올리는 일을 했으리라고 판단된다. 한편 내시부에는 상선 외에 술과 다과를 전적으로 관장하는 상온과 상다가 상선 밑에 배치되어 있어 술을 제조하고 다과 만드는 것을 관리·감독 하기도 하였다.

『경국대전』에는 무수리라는 단어가 나온다. 청소를 담당하던 여자종을 무수리라 하였고, 역시 청소를 담당하던 남자종을 바기(巴只)라 하였다. 무수리란 몽골어로 소녀라는 뜻인데, 고려 말에 궁중어로 정착되었다.

조리기술을 가진 중인계급에 소속시켜 월급을 주면서 고용했던 종6품에서 종9품까지의 품계를 지닌 재부·선부·임부·조부·팽부들인 숙수들은 출퇴근하면서 다른 중인들과도 폭넓게 교제하며 궁중음식을 전수하기도 하였다.

1746년에 경에 쓰여졌다고 보는 『수문사설(謏聞事說)』에는 동과증(冬瓜蒸)과 우병(芋餠)이 낙점되어 임금께 올렸는데, 이 때 숙수 박이미(朴二尾)가 만들어 올렸다는 내용이 들어있다. 이 책에는 박이미 외에도 ○사금(四金), ○이병(伊並)

78_ 진지설리(進止薛里) ; 설리란 내시부에서 어선(御膳)을 맡아보던 벼슬. 진지설리는 음식 올리는 일을 전담했던 자를 지칭함.

등 궁중에서 일했던 숙수들의 이름이 등장하고 있으며, 사옹원의 성상(城上)을 담당했던 권탑석(權榻石)이 황자계혼돈(黃雌鷄餛飩) 만드는 법을 가르쳐주었다고 기록하고 있다.

권탑석·박이미·사금·이병 등은 재부·선부·임부·조부·팽부 중 어느 하나에 소속된 숙수였을 것이다. 『수문사설』은 당시 궁중의 조리 전문직에 속했던 중인계급을 숙수라고 불렀음도 전해주고 있다. 숙수는 「조선왕조연회식의궤」에도 종종 나타난다. [79]

2) 이동식 소주방(燒廚房)을 통해서 본 조리 직제

(1) 정조대왕의 수라를 맡았던 사람들.

숙종의 아들로 태어난 영조(英祖, 재위 1724~1776)는 국가재정을 절약하고, 검소함을 추구하였던 영민한 왕이었다. 하지만 영조38년(1762) 일찍 요절한 효장(孝章)세자의 뒤를 이어 세자로 책봉 된 영조의 두 번째 아들 사도세자(思悼世子, 1735~1762)[80]가 뒤주 속에 갇혀 굶어 죽음으로서, 아버지가 아들을 죽게하는 일대 사건을 겪게 된다. 이 때 사도세자의 아들인 정조의 나이는 10세였다.

정조(正祖, 재위 1777~1800)는[81] 즉위하자 곧 아버지의 묘를 화성(華城, 지금의 수원)으로 이장하였다. 정조 19년(1795)은 사도세자와 자궁(慈宮, 혜경궁 홍씨)[82]이 갑년(甲年, 회갑년)이 되고, 자전(慈殿, 영조의 계비繼妃)이 51세가 되는 해였다. 게다가 곧 정조의 즉위 20년이 되는 등 경사가 겹침에 따라 특별한 것을 계획하게 된다. 그것은 화성에 가서 어머님과 아버님께 환갑연을 올려 드리는 일이었다.

자궁과 자전에게 존호(尊號)[83]를 올린 후, 자궁과 함께 청연군주(淸衍郡主)와 청선군주(靑璿郡主)-[84] 모두를 모시고 길을 떠난 정조 일행은 음력 2월 8일 노량에 있는 행궁(行宮)-[85]인 노량참(鷺梁站)에 도착하였다. 여기서 1박을 하고 다음날(2월9일) 아침수라를 잡수시고 떠나 시흥참으로 향하였다. 시흥의 행궁인 시흥참(始興站)에서 1박을 한 다음날 (2월10일) 아침수라를 드신 일행은 사근의 행궁인 사근참(肆覲站)으로 향하였다. 사근참에서 점심수라를 드신 다음 일박을 하지 않고 아버지의 묘가 있는 화성으로 곧바로 향하였다. 화성의 별궁 화성참(華城站)에 도착하여 저녁수라를 드시고, 2월 15일까지 5박6일동안 화성참에 머물면서 회갑연 등을 올려드리고, 환궁길에 올랐다. 2월 15일 아침 수라를 드시고, 사근참에 도착하여 점심수라, 이어서 시흥참에 도착하여 저녁수라를 잡수시고 시흥참에서 1박하였다. 다음날 2월 16일 시흥참에서 아침수라를 잡수신 일행은 노량참으로 향하여 움직였고, 노량참에서 점심수라를 드신 다음 환궁 하였다(〈표 3〉).

총 8박 9일 동안 대부대가 궁을 떠나 노량참·시흥참·사근참·화성참·원소참 (園所站, 사도세자의 묘墓인 원에 있는 별궁)에 머물면서의 행사기록이 『원행을묘정리의궤(園幸乙卯整理儀軌)』인 바, 이 책에는 이동식 소주방(燒廚房)

79_ 김상보, 『조선시대의 음식문화』, 가람기획, 2006, 35~36쪽
80_ 사도세자(思悼世子) ; 조선왕조 영조(英祖)의 제 2왕자. 부왕(父王)의 노여움을 사서 뒤주 속에 갇혀 죽었음.
　　사후에 영조에 의하여 사도세자로 시호(諡號)가 내려지고, 정조(正祖)가 즉위하자 장헌 세자(莊獻世子)로 추존 되었으나
　　광무3년(1899)에 장조(莊祖)로 추존 되었다.
81_ 정조(正祖) ; 조선왕조 제22대 왕. 사도세자의 아들. 즉위하자 벽파(僻派) 일당의 음모를 분쇄, 이를 몰아내고 탕평책(蕩平策)을
　　써서 인재를 고루 널리 등용했고, 규장각(奎章閣)을 설치하여 역대 서적을 보관하고 임진자(壬辰字)·정유자(丁酉字) 등의
　　새 활자를 만들어 자신의 문집인 홍재전서(弘齋全書)를 위시하여 많은 서적을 간행하였다. 또 공리공론(空理空論)의
　　주자학(朱子學) 대신 실사구시(實事求是)의 실학이 크게 발전하는 등 조선왕조 후기의 문화적 황금시대를 이룩하였음(1752~1800).
82_ 혜경궁홍씨(惠慶宮洪氏) ; 조선왕조 때 사도세자의 빈(嬪). 정조(正祖)의 어머니이며 홍봉한(洪鳳漢)의 딸. 부군(夫君)이 참변을
　　당하자 그 후 당시의 일을 회고(懷古)하여 지은『한중록』은 궁중문학으로 유명함. 광무3년(1899) 사도세자가 장조로 추존됨에 따라
　　경의왕후(敬懿王后)로 추존됨(1735~1815).
　　자궁(慈宮)이란 왕세자가 왕위에 오르기 전에 죽고, 왕세손(王世孫)이 즉위 하였을 때에 그 죽은 왕세자의 빈(嬪)을 지칭하는 용어.
83_ 존호(尊號) ; 왕·왕비의 덕을 칭송하는 칭호.
84_ 군주(郡主) ; 왕세자의 적녀(嫡女)를 지칭, 청연군주와 청성군주는 사도세자와 혜경궁홍씨 사이에서 태어난 딸들로
　　정조와는 남매(男妹)

을 중심으로 전개되었던 다양한 행사 기록이 있다.

이 여행 중에 올려진 정조대왕 일행에게 제공된 음식은 궁을 떠나 별궁인 행궁의 이동식 소주방에서 만들어 왕·가족·상궁·신하들에게 올렸기 때문에, 기존의 궁에 소속된 사옹원 조직과는 별개의 조직에서 행해졌다는 점에서 검토해 볼 필요가 있다.

음력	2월 9일	2월 10일	2월 11일	2월 12일	2월 13일	2월 14일	2월 15일	2월 16일
	노량참 시흥참 조수라 석수라	시흥참 사근참 화성참 조수라 주수라 석수라	화성참	죽수라 조수라 석수라	화성참 원소참 화성참 조수라 주수라 석수라	화성참	죽수라 진찬 조수라 석수라	화성참	죽수라 조수라 석수라	화성참 사근참 시흥참 조수라 주수라 석수라	시흥참 노량참 조수라 주수라

〈표 3〉 1795년의 원행(園幸)일정과 일상식(김상보,『조선왕조궁중의궤음식문화』수학사, 1995, 222쪽)
*정조대왕께 올린 수라를 중심으로 작성하였음.

① 밥 짓기는 숙수와 군인들의 몫이었다.

조선왕조의 계급 체계는 원(員) → 인(人) → 명(名) → 구(口) 로 구분되어 있었다. 최하층의 구는 노비들에 대한 호칭이었고, 그 다음 명은 장인[匠]에 속하였다. 밥 짓는 일을 전문으로 했던 군인들은 장인인 명에 소속하여 취반군(炊飯軍)이라 하였다.

취반이란 밥 짓는 것을 의미하나, 이들은 밥만 짓는 것이 아니라 일상식에 관계되는 일 을 분업화하여 반감·별사옹·탕수색·상배색·적색·반공·포장·다색·병공·증색·등촉색·성상·수공·별감·주색의 일을 담당한 것으로 보인다. 특별히 군인들로 취반군을 삼은 까닭은 사도세자묘인 원(園)에 임금이 행행(幸行)하는 특수성에 기인하였을 것이다.

밥 짓는 일을 직접 담당했던 자들이 취반군이었다면, 취반군을 통솔하여 조리에 책임진 자들은 역시 장인인 명(名)에 속하였던 숙수들의 몫이었다. 이들은

85_ 행궁(行宮) : 임금이 거동할 때에 머무는 별궁(別宮), 이궁(離宮).

재부·선부·임부·조부·팽부가 하는 일을 각각 하였을 것이다. 유독 화성참에 숙수가 많은 것은 일상식 만을 준비했던 노량참·시흥참·사근참·원소참과 달리 일상식과 연회식을 만들었던 때문이다. 취반군이나 숙수 모두는 명에 속하였지만 숙수는 취반군을 통솔하고, 궁에서 파견된 자라는 점에서 취반군보다는 계급

소속	배종(陪從)	노량참	시흥참	사근참	원소참	화성참
궁	2명(名)	15명	15명	15명	15명	15명
의정부		1명	1명	1명	1명	1명
중추부		1명	1명	1명	1명	1명
이조		1명	1명	1명	1명	1명
호조		1명	1명	1명	1명	1명
예조		1명	1명	1명	1명	1명
합계	2명	20명	20명	20명	20명	20명

〈표 4〉 별궁 등에 배정된 취반군(炊飯軍) 수(『원행을묘정리의궤』 권 5)

배종	노량참	시흥참	사근참	원소참	화성참
3명(名)	6명	10명	5명	5명	35명

〈표 5〉 별궁 등에 배정된 숙수(熟手) 수(『원행을묘정리의궤』 권4·5)

체계가 상위였을 것으로 보인다. 어찌되었든 취반군과 숙수는 수라간의 돈이나 곡식을 간수하고 출납을 맡아보던 관리인 수라간감관(水剌間監官)에 의하여 통제 받았다.[86]

② 차지(次知)가 담당했던 밥상

노량참·시흥참·사근참·원소참·화성참의 각 행궁 수라간에서 숙수와 취반군에 의하여 만들어진 음식은 차지(次知)에 의하여 상에 차려졌다. 혜경궁 홍씨와 정조대왕의 수라는 책응감관(策應監官)[87]·행부호군(行副護軍)[88]·별수가장관(別隨駕將官)[89] 등의 직책을 가진 자들이 수라차지(水剌次知)를

맡아 담당하였고, 군주(郡主)들의 진지는 전첨사(前僉使)[90]였거나 제본사패장(除本仕牌將)[91] 등으로 구성된 진지차지(進止次知)가 담당하였다.

행사가 끝난 다음 혜경궁홍씨는 각 참(站)에 소속된 수라차지와 진지차지에게 상을 내렸는데, 안성군수(安城君守) 조윤식(曺允植), 전선기장(前善騎將)[92] 이해우(李海愚), 전초관(前哨官)[93] 이광익(李光益), 감관(監官) 변세의(卞世義) 등은 수라차지의 공로로, 전첨사 장세환(張世紈), 제본사패장 최태복(崔泰福) 등은 진지차지의 공로로 상을 내렸다.[94]

③ 음식의 독(毒) 유무를 가린 찬탁검거

노량참·시흥참·사근참·원소참·화성참의 각 행궁에서 차지의 감독 하에 차려진 수라와 진지는 당상(堂上)[95]인 찬탁검거가 각 찬품 속에 독(毒)이 들어있는가 없는가를 포함하여 상차림을 살펴 범죄의 증거를 거두어 모은 다음, 최종 판단을 내리면 차지들이 자궁·정조대왕·군주들에게 음식을 올렸다.[96]

④ 휘건당상이 맡았던 진휘건

각 행궁에서 수라차지와 진지차지가 수라와 진지를 올릴 때 휘건당상은 최종적으로 휘건[97]을 올렸다. 올린 휘건을 앞가슴에 두르고 나서 왕 이하는

86_ 『園幸乙卯整理儀軌』 卷 5, 「掌標」 「陪從」.
87_ 책응감관(策應監官) ; 궁가에서 돈이나 곡식을 간수하고 출납을 맡아 보면서 도움을 주었던 관리.
88_ 행부호군(行副護軍) ; 오위도총부(五衛都摠府)에 속한 종4품 벼슬이나 관계(官階)가 높고 관직이 낮기 때문에 벼슬 이름 위에 행(行)을 붙였음.
89_ 별수가장관(別隨駕將官) ; 특별히 임금의 거둥 때 임금을 모시고 따라가는 장관.
90_ 전첨사(前僉使) ; 조선왕조 때 각 진영에 속했던 종3품 무관 벼슬이 첨사이나, 여기서는 현재는 첨사가 아니지만, 전에 첨사의 직위에서 일했던 자를 총칭함.
91_ 제본사패장(除本仕牌將) ; 공사(公事)에 장공(匠工)을 거느린 사람이지만, 겸직이 되어 한동안 본 벼슬의 사무를 면한 자임.

진지를 잡수셨다.[98] 이상 기술한 수라(일상식)에 동원된 직급 별 구성을 간단히 도표로 작성한 것이 다음과 같은 바, 혜경궁 홍씨·정조대왕·군주를 위해 취반군과 숙수들은 음식을 만들었고 차지가 밥상을 차려올리면, 찬탁검거가

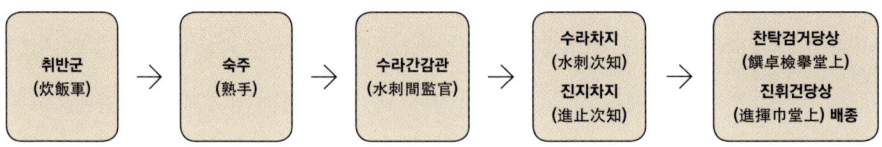

검수하고 휘건당상이 휘건을 올리는 등 음식 만드는 것부터 차려 올리는 것까지 모든 책임은 전적으로 남성들이 맡고 있었다.

(2) 상궁들의 일상식을 맡았던 나인지공차지

나인[內人]이란 입궁 한지 15년이 되어 관례(冠禮)를 치른 궁녀를 말한다. 이들은 내명부(內命婦)들로서 최측근에서 혜경궁 홍씨와 군주를 모시던 자들이다. 때문에 나인의 음식을 담당하는 총 책임자가 임명되는데, 이를 나인지공차지(內人支供次知)라 하였다. 다시 말하면 소위 상궁들인 나인은 오위장(五衛將) 급에 속하였던 지공 담당 책임자와 몇 명의 나인지공차지의 지휘 하에 취반군과 숙수들이 만든 음식을 제공 받았다. 물론 이들은 전부

92_ 전선기장(前善騎將) : 지금은 아니지만 전의 말을 잘 타는 군대의 장(將).
93_ 전초관(前哨官) : 한 초(哨)를 거느리던 각 군영의 위관(尉官)의 한사람으로 종9품의 벼슬에 있는 자이지만, 현재는 초관이 아니고 전에 초관의 직위에서 일했던 자를 총칭함.
94_ 『園幸乙卯整理儀軌』 卷5 「陪從」 「賞典」
95_ 당상(堂上) ; 문관은 정3품 명선대부(明善大夫)·봉순대부(奉順大夫)·통정대부(通政大夫) 이상, 무관은 정3품 절충장군(折衝將軍) 이상의 벼슬 계제(階梯).
96_ 『園幸乙卯整理儀軌』 卷 5 「陪從」
97_ 휘건(揮巾) : 식사할 때에 앞에 두른 일종의 napkin.
98_ 『園幸乙卯整理儀軌』 卷 5 「陪從」

남성들이었으며, 나인들은 부엌 출입을 하지 않았다.

자궁의 수라차지였던 변세의는 나인 지공차지를 겸하였다고 기록되어있기 때문에 나인도 각별히 대접 받는 계층에 속하였음을 알 수 있다.[99]

2. 일본사신 접대 밥상차림

1) 한·일 관계

1333년 일본에서는 가마쿠라[鎌倉] 막부(幕府)가 멸망하고, 1338년에는 아시카가[足利]에 의한 무로마찌 막부가 성립되었다. 1401년 무로마찌[室町, 1388~1573] 시대의 3대 쇼군[將軍, 최고 권력자]인 의만(義滿)은 명(明)에 사절을 파견하여 책봉을 받음과 동시에 중국 황제로부터 일본 국왕(國王)으로서의 국제적 인정과 무역 특권을 인정받았다. 다음 해 일본 수도인 교토[京都]에 온 명나라 사절을, 의만은 그의 별장 북산제(北山弟)에서 맞이하여 성대히 대접하였다. 의만은 1405년에 승려 주당(周棠)을 조선왕조에도 파견하였다. 수도인 한성에서 주당 일행은 「일본국왕사」로서 대접 받았으며, 1406년 이에 대한 보답의 예로서 조선왕조를 대표하는 보빙사(報聘使) 사절이 교토에 파견되었다. 이 때에도 의만은 북산제에서 성대히 조선사절을 대접하였다. 또 의만은 몽고군의 침략이 있은 후 생활이 궁핍하게 된 결과로 생겨난 일본 서국의 무사와 어민들로 구성된 왜구에 대하여, 왜구 금절을 약속하고 실행하였다.

1419년 세종이 국왕으로 즉위하였다. 세종은 왜구 금절이 일본 중앙 정권의 손으로 보장된다면 가능한 한 우호적 관계를 갖고 싶다는 생각이 강해졌다.

99_ 『園幸乙卯整理儀軌』卷 5 「陪從」
100_ 仲尾宏, 「朝鮮通信使の時代」, 『淡交』, 淡交社, 平成 4年, 26쪽.
101_ 『世宗實錄』

대마도주인 종씨(宗氏)와 조약을 체결하여 대마도가 왜구의 기지가 되지 않는 것을 보장하는 대신에 무역에 대한 특권과, 일본선의 무역 도항 허가장 발급권 및 식량 부족으로 고심하는 대마도에게 매년 쌀과 콩을 주기로 결정하기에 이른다.

한편 일본으로부터의 국왕사(國王使)는 아시카가 정권 하에서 60회 이상이나 조선 정부에 파견되었다. 8대 쇼군인 의정(義政) 때에는 무려 17회나 파견되었는데, 일본 국왕사가 한성에 도착하면 융숭하게 대접받고 국왕사는 류큐[琉球]왕국으로부터의 중계 무역품인 소목(蘇木)·후추·설탕·한약재·무구(武具)·검도 등을 바쳤으며 [100], 그 회사품(回賜品)으로서 조선정부는 대장경·불전(佛典)·마포(麻布)·면포(綿布) 등을 선물하였다. [101]

아시카가 정권 중기 이후에는 국왕사 이외에도 대내(大內)·사파(斯波)·세천(細川) 등의 다이묘[大名, 봉록이 1만석 이상인 넓은 영지를 가진 무사]와 서국(西國)지방의 작은 호족 및 대사원(大寺院)도 독자적으로 조선에 사절을 보냈고 회사품을 조선정부로부터 받아 무역하였다. 이에 조선왕조의 출혈은 심했지만, 최대한의 덕으로 일본사절을 대우함으로서 조선왕조의 예의를 일본에 알리고자 하였다. [102]

조선초 금구(禁寇)정책의 일환으로 취해진 회유정책에 의하여, 일본으로부터 막부의 사행[國王使], 영주(領主)의 사행[諸酋使], 대마도의 사객(使客)·도민(島民)·왜상(倭商) 등이 주로 장사를 목적으로 한 내왕이 빈번해졌다. 이에 따라 생겨난 군사적·경제적 문제점을 시정하기 위하여 포(浦)를 한정하여, 태종 7년(1407)에 부산포(釜山浦)와 내이포(乃而浦 熊川)가 최초로 개항되었다. [103] 이어 태종 18년(1418)에는 새로이 염포(鹽浦)와 가배량(加背梁) 두 곳을 추가로 지정하여 네 개 처가 개항되어 왜인에 대한 개방책과 후대책을 거듭하였다. [104] 그러나 왜구의 활동이 근절되지 않았기 때문에 세종 원년(1419)

대마도 정벌이 단행되었다.-¹⁰⁵ 이를 계기로 4개의 포(浦)는 폐쇄되었다. 이 폐쇄 기간 동안에도 일본의 여러 섬들로부터 사람들이 꼬리를 물고 오고 가는 통에 역참들이 견디어 내지 못하게 되자 그들이 왕래하는 길을 두 갈래로 갈라놓기도 하였다.

대마도 정벌 이후 세종 4년(1422) 9월 대마도주 종정성(宗貞盛)이 귀순해옴에 따라 완화책으로 전환하였다. 세종 5년(1423) 4월에는 부산포와 내이포를 다시 개항하였다.-¹⁰⁶ 같은해 10월에는 부산포와 내이포에 왜객의 지공(持供)을 위한 시설까지 준비하는 체제를 갖추게 된다.-¹⁰⁷ 그 후 세종 8년(1426), 대마도로부터 거제도의 전지 개간에 대한 요청이 있었다. 그러나 거제도 개간에 대한 요청을 받아들을 수 없게 되자 그 대신 염포를 열어 무역하게 함으로서, 왜인에게 도박처로서 내이포·부산포·염포를 통하여 무역하게 하였다.-¹⁰⁸

왜인들이 무제한으로 요구하는 물자 공급을 통제할 목적으로 세종 25년(1443)에는 신숙주(申叔舟)의 참여하에 대마도주와 계해약조(癸亥約條)를 맺게 하였다.-¹⁰⁹ 계해약조를 통하여 세견선(歲遣船, 무역선)의 수를 50척으로 제한하고, 매년 조정에서 도주(島主, 대마도 도주)에게 사급하는 세사미두(歲賜米豆)는 200석으로 하였다. 부득이한 경우에 조선에 약간의 특송선(特送船)을 보낼 수 있음과, 조정은 도주에게 도서(圖書 : 입국사증서)를 작성하여 주고 이것을 갖고 있지 않으면 대마도와 일본 각 처의 선박을 받아들이지 않기로 하였다. 한편 세종 25년(1443)은 신숙주가 일본에 통신사(通信使)의 일원으로서 서장관(書狀官) 자격으로 다녀온 해이기도 하다. 이 계해조약을

100_ 仲尾宏,「朝鮮通信使の時代」,『淡交』, 淡交社, 平成 4年, 26쪽.
101_『世宗實錄』.
102_『世宗實錄』;『成宗實錄』.
103_『太宗實錄』卷 14 太宗 7年 7月 戊寅條.
104_『太宗實錄』卷 35 太宗 18年 3月 壬子條.
105_『世宗實錄』卷 5 世宗 元年 9月 壬戌條.

〈그림 20〉 「조선인내조(朝鮮人來朝)」(1624). 조선통신사 일행 중 정사(正使)와 부사(副使) 모습
(국립국악원편, 「조선시대음악풍속도 Ⅱ」, 민속원, 2004, 71쪽).

바탕으로 한 대일무역은 중종 5년(1510) 삼포 왜란으로 삼포가 폐쇄될 때까지 삼포는 대일 통교의 중심지였다.

　1428년 세종대왕의 사절단은 그 때가지 보빙사(報聘使)·회례사(回禮使)로 불리고 있었던 명칭을 통신사로 고쳐 일본에 파견되었다. 이후 임진왜란(1592~1598) 전까지 약 7회(도중에 조난·중단된 것까지 포함) 교토로 파견되었는데－110 통신사란 서로 친분을 교류한다는 의미이면서, 한·일 양국의 평화적·우호적 선린관계를 상징하는 명칭이다.

　이와같은 한·일 간의 신의(信義)를 가진 선린 관계의 성립은 풍신수길(豊臣秀吉)이 일으킨 임진왜란으로 깨졌으나, 이후 조선무역과 조선으로부터의 식량 조달에 의하여 경제를 유지해 왔던 대마도

106_ 「世宗實錄」卷 17 世宗 4年 9月 丙寅條.
107_ 「世宗實錄」卷 20 世宗 5年 4月 丙寅條.
108_ 「世宗實錄」卷 22 世宗 5年 10月 壬申條.
109_ 「增正交隣志」卷 4 「約條」

종씨(宗氏)의 노력에 의하여, 선조 38년(1605) 적극적인 개국·무역론자이었던 덕천가강(德川家康)과의 회견을 출발점으로, 한·일 관계는 다시 궤도에 올라 선조 40년(1607)부터 본격적인 에도시대[江戶 時代, 1603~1867] 조선통신사의 막이 오르게 된다.

선조 40년(1607)부터 순조 11년(1811)까지 12회의 조선통신사 중 1회에서 3회까지인 1607·1617·1624년의 회답겸쇄환사는 국교재개기이고, 4회에서 7회까지인 1636년·1643년·1655년·1682년의 통신사는 국교안정 전기이며, 8회인 1711년의 통신사는 개변기, 9회에서 11회 까지인 1719년·1748년·1764년의 통신사는 국교안정 후기, 12회인 1811년 통신사는 쇠퇴기로 분류되고 있다.[111]

에도시대 12회에 달하는 조선통신사의 공식적인 사명은 수호(修好)와 쇼군의 즉위를 축하하는 것으로, 2회 째인 1617년의 최종 목적지는 교토의 후시미(伏見)까지였다. 12회째인 1811년의 최종 목적지는 대마도까지였지만, 그 이외에는 에도[江戶, 지금의 도쿄]가 최종 목적지였다. 수백명에 달하는 통신사 파견은 단순히 수호와 쇼군의 즉위를 축하하기 위한 것만은 물론 아니었다. 남쪽의 대외관계를 보다 안정적인 것으로 해 두고 싶다는 외교적인 배려와 동시에 일본 사정을 자세히 파악해 두고자하는 목적도 있었다.

덕천(德川) 막부는 쇄국 정책을 펴고 있었으나, 특례로서 나가사키[長崎]에서 네델란드 및 중국과 무역을 하고 있었으며 대마도에서는 조선과 무역을 했다. 덕천막부가 조선통신사를 맞이한 목적은 조선무역에 의하여 막부의 재정을 풍부하게 함과 동시에, 쇼군의 위광을 천하에 과시하여 정권의 안태를 백성에게 알려 주는 것, 그리고 통신사 접대에 드는 여러 비용 등을 다이묘들에게 부담시켜 교묘하게 이들의 경제력을 소모시키고자 함도 있었다.[112]

110_ 仲尾宏, 「朝鮮通信使の時代」, 『淡交』, 淡交社, 平成 4年, 24~26쪽.
111_ 김세민 外 3인譯, 三宅英利著, 『조선통신사와 일본』, 지성의샘, 1996, 64쪽.

이러한 이유에 의하여 덕천막부가 조선통신사의 대사절을 맞이하는 데에는 막대한 경비를 필요로 하였다. 1711년의 견적으로는 1회 내빙에 총액 100만냥, 동원된 사람은 합계 33만명이었다고 기록되고 있다.-113 현재의 금액으로 환산하면 약 500억엔(円)이 되어 후에 막부의 재정이 위협받게 되었다. 1709년 막부의 세입이 76-77만냥이었기 때문에, 1711년의 100만냥은 엄청난 액수이다.-114

　덕천의 5대 쇼군 강길(綱吉) 때에는 많은 사원(寺院)의 건축과 낭비, 나가사키무역 및 조선무역에 의한 금·은·동의 국외 유출이 문제되어 막부재정은 위기를 맞이하기 시작하였다. 1711년에는 6대 쇼군 가선(家宣) 대에 등용된 신정백석(新井白石)에 의하여 화폐개혁·나가사키무역제한·의례 등의 정비를 행하는 등 재정 정립을 시도하였다. 조선통신사의 빙례 비용도 60만냥으로 감축하였다. 8대 쇼군 길종(吉宗)은 1719년 개혁보다 더 많은 종류의 개혁을 행하고 여러 경비의 절감을 실시하였으나, 통신사 접대는 막부의 위신과 관련된 문제였기 때문에 다시 환원되어 어쩔 수 없이 1719년의 접대도 1682년의 접대 규모로 하였다.-115

　막부는 은 유출을 막기 위하여 조선과의 무역을 점차 제한하였다. 그 때문에 조선인삼과 생사 수입을 감소시켜 숙종 45년(1719) 이후부터 조선과의 무역은 쇠퇴의 길로 들어선다. 드디어 순조 11년(1811)에는 조선통신사를 에도까지 맞이하는 경제력이 없어져, 빙례는 대마도에서 그쳤다. 비용 또한 23만냥으로 줄었다. 하지만 일반 서민에게 조선통신사를 맞이하는 행사를 알려줄 수 없는 등 막부의 위신이 걸려있었기 때문에 13회째인 통신사 빙례는 오사카[大坂]에서 행하도록 결정하였지만 거듭 연기되었다. 이 사이에 덕천막부는 붕괴되어 조선통신사의 막은 내렸다.-116 조선통신사 영접 때마다 막부로부터 임무 수행의

112_ 高正晴子, 「朝鮮通信使の 饗應について」, 『日本家政學會誌』, Vol46, No11, 1995, 1064쪽.
113_ 仲尾宏, 「朝鮮通信使の時代」, 「淡交」, 淡交社, 平成 4年, 30~31쪽.
114_ 高正晴子, 「朝鮮通信使の 饗應について」, 『日本家政學會誌』, Vol46, No11, 1995, 1064쪽.
115_ 高正晴子, 「朝鮮通信使の 饗應について」, 『日本家政學會誌』, Vol46, No11, 1995, 1065~1066쪽.

대역으로서 다액의 보수를 받아온 대마번으로서는 통신사의 도중 하차가 사활이 걸린 문제였다. 대마도는 1800년대 말까지도 통신사 내빙의 일을 계획하였지만 막말(幕末)의 정치적 격동 탓에 환상으로 끝이 났다.[117]

한편 오랫동안 거주하는 왜인[恒居倭人]에게 행한 심한 사역과 그들에게 베푼 접대에 대한 불만으로 비롯된 중종 5년(1510)의 삼포왜란은, 임신약조(壬申約條, 1512)에 의하여 표면상 일단락 되고 대마도와의 통교가 복구되었다.

임신약조의 주요 골자는 세종25년(1443)에 맺어서 삼포왜란 전까지 시행해 왔던 계해약조보다 훨씬 불리한 조건이었다. 삼포에서의 항거왜인 폐지와 도주 세견선 50척을 반감하여 25척으로 한다는 것, 도주에게 사급하는 세사미두(歲賜米豆, 해마다 사급하던 쌀과 콩)를 200석에서 100석으로 반감하는 것, 일본의 사송선(使送船) 포소(浦所)를 제포 한 곳만으로 한정시킨다는 것이다. 그러나 중종16년(1516)에는 제포 및 부산포에 정수 외의 왜선이 다수 왔기 때문에, 부산포 13척 제포 12척으로 나누어 정박할 것을 허락하였다.[118] 중종18년(1523)에는 도주 세견선을 30척으로 다시 증액하였다.[119]

중종39년(1544)에 사량진에서 왜변이 일어남에 따라 중종18년에 추증한 30척을 삭감하여 25척으로 환원하였다. 이 삭감은 명종2년(1547)의 정미약조(丁未約條)에 의한 것이다.[120] 정미약조의 주요 골자는 30척을 25척으로 삭감하는 외에, 제포를 폐지하고 부산포 만을 포소로서 입박을 허용한다는 것이다. 즉 부산포가 유일한 개항지로서 등장하게 되었다.

조선을 가교로 명나라까지 정복하겠다는 야심 하에 일으킨 임진왜란은

116_ 高正晴子,「朝鮮通信使の饗應について」,「日本家政學會誌」, Vol46, No11, 1995, 1066쪽
117_ 仲尾宏,「朝鮮通信使の時代」,「淡交」, 淡交社, 平成 4年, 34쪽
118_ 하우봉·홍성덕역,「국역증정교린지」, 민족문화추진회, 126-127쪽
119_「中宗實錄」卷49, 中宗 18年 9月 庚午條
120_「明宗實錄」卷4, 明宗 2年 2月 乙未條

풍신수길의 사망에 따라 선조31년(1598) 7년 간의 긴 전쟁의 종결을 고하게 되었다. 선조37년(1604) 조선통신사 파견의 계기로 국교가 회복된 이후 광해군 원년(1609)에 기유약조(己酉約條)가 체결됨으로서 20여년 동안의 혼란했던 일본과의 관계는 정상화되었다.

   기유약조의 주요 내용은 도주 세견선을 줄여서 17척으로 하고 특송선을 합하여 모두 20척으로 한다는 것, 도주에게 사급하는 세사미두(歲賜米豆)를 100석으로 하고, 일본사신이 부산왜관에 머무는 날자의 기한을 도주의 특송(特送)은 110일, 세견선(歲遣船, 사송무역선使送貿易船)은 85일, 차왜(差倭, 대마도 도주가 파견하는 기유약조에 규정된 연례송사 외에 오는 일체의 사신)는 55일로 하며, 왜관에서의 접대는 국왕사・도주특송사・대마도수직인(受職人, 조선의 관직을 얻어 우대를 받은 일본사람, 수직왜인)으로 나누는 것과, 과해량(過海糧, 입조入朝한 일본사람에게 그들이 돌아갈 때에 소요되는 일수日數에 따라 지급한 식량)은 대마도 사람이나 도주특송인은 5일 양을 더 지급하고 국왕사신은 20일 양을 지급한다는 것이다.[121] 이 기유약조 이후 일본사신의 영접은 한양에서 행하지 않고 부산왜관에서 전적으로 하였다. 해마다 정기적으로 기유약조에 나타나 있는 세견선을 타고 오는 일본인을 연례입국왜인이라 하였는데 다음과 같이 구성되고 있었다.

   국왕사선(國王使船, 幕府使船)
   대마도 도주의 세견선
   수도서인선(受圖書人船)
   수직인선(受職人船)

   국왕사선은 국왕 즉 관백(關白)의 사송선(使送船)을 말한다. 후에 국왕이 사신을 보내는 예는 없어지고, 대마도 도주가 관백의 뜻을 전하는 대차왜(大差倭)로 대신하였다.

연례송사선이라고도 불리었던 대마도 도주의 세견선에는 기유약조의 규정에 의하여 20척으로 제한하였다. 제1특송선·제2특송선·제3특송선·세견제1선·세견제2선·세견제3선까지는 대선(大船), 세견제4선부터 제10선까지는 중선(中船), 세견제11선에서 제17선까지는 소선(小船)으로 하였다.

수도서인선이란 조선정부로부터 도서(圖書, 證印)를 받은 일본인의 송사선으로서, 기유약조 체결 당시에는 기유약조에 관계하였던 일본 국사(國師)인 중[僧] 현소(玄蘇)와 대마도 도주[宗義知]의 가신인 유천조신(柳川調信)뿐이었다. 그 후 만송원송사선(萬松院送使船, 기유약조의 체결에 공을 세운 대마도 도주 종의지宗儀智가 죽은 후 종벽산鍾碧山에 원당院堂을 지어 만송원萬松院이라 이름하고, 조선을 위하여 성심으로 제사를 받든다고 하면서 광해군 14년에 서계書契를 예조에 보내어 세견선 허용을 간절히 요청하여 왔으므로, 이것을 허가하여 준 데서 생겨난 것이다. 선박 수는 정선 1척, 수목선 1척, 가환재도선 1척으로서 도합 3척이었으며 건너오는 시기는 6월이다)·유방원송사선(流芳院送使船, 유천조신柳川調信의 세견선이다. 광해군 3년에 그의 아들이 아버지가 죽은 후에 사당을 지어 유방원이라 하고, 제사의 비용을 보충하기 위해 유방원이란 증인證印을 내려 주기를 간청하므로 이를 허가함에 따라 생겨난 것이다. 그러나 유천조신의 손자가 대마도 도주 집안과 세력을 다투다가 패하자, 인조 14년에는 도주의 요청에 따라 이미 만들어 주었던 도서를 도로 반환하기까지 하였으나, 2년 후에는 다시 돌려주게 하였지만 곧 없어졌다. 대마도 도주 종의성宗義成의 요청에 따라 인조18년부터는 그 이름을 부특송사선副特送使船이라 고쳐 정선 1척, 부선 1척, 수목선 1척, 가환재도선

121_ 하우봉·홍성덕역,「국역증정교린지」, 민족문화추진회, 127-129쪽.

2척이 해마다 8월에 정기적으로 부산에 건너왔다)·이정암송사선(以酊庵送使船, 광해군 3년에 기유약조를 채결할 때 일본 쪽의 대표로 활약한 바 있는 현소玄蘇가 대마도의 할려산瞎驢山에 이정암이라는 암자를 지었다. 그가 죽은 후 조선정부로부터 이정암이라는 도서를 받아서 해마다 2월에 정기적으로 송사선을 파견한 데서 유래한 것이다. 건너오는 배는 정선 1척, 가환재도선 1척이다)·평언삼송사선(平彥三送使船, 대마도 도주의 아명으로 증인을 받아 매년 한 번씩 건너오던 송사선이다)을 말한다.

수직인선(受職人船)은 조선정부로부터 관직을 받은 일본인이 연례적으로 타고 오는 선박이다. 조선 중기에 관직을 받은 사람으로는 등영정藤永正, 세이소世伊所, 마감칠馬勘七, 평지길平智吉, 평신시平信時 등 5명이 있었다. 이들은 임진왜란 후에 공로가 있다는 인정을 받아 상호군上護軍 또는 부호군副護軍의 무관직을 받은 사람들로서 매년 한 차례씩 의무적으로 본인이 직접 와야 하며, 다른 사람을 대리로 보낼 수는 없게 되어 있었다. 그후 수직인선의 도래는 어떤 사고로 말미암아 한 때 단절되기도 하였으나, 겸대제兼帶制가 실시될 때 다시 겸대송사선 안에 포함되었다. 이것이 소위 중절5선中絶五船이다. 이것은 순조 9년 이후 영구히 폐지되었다. 이상의 정례적으로 오는 선박 중에서 연례송사선이었던 대마도 도주의 세견선·수도서인선·수직인선을 중심으로 하여 연례 입국 왜인의 숫자를 검토해 보자.

세견 제1선 : 정관 1인, 도선주(都船主) 1인, 봉진압물(封進押物) 1인, 반종(伴從) 3명, 격왜(格倭) 40명, 수목선격왜(水木船格倭) 15명

세견 제2선에서 제3선 : 정관 1인, 반종 1명, 격왜 40명

세견 제4선에서 제10선 : 정관 1인, 반종 1명, 격왜 30명

세견 제11선에서 제17선 : 정관 1인, 반종 1명, 격왜 20명

1특송사선에서 3특송사선 : 정관 1인, 도선주 1인, 2선주 1인, 봉진압물 1인,

　　　사복압물(私卜押物) 1인, 시봉(侍奉) 1인, 반종 7명, 격왜 40명,

　　　부선격왜 30명, 수목선격왜 20명

부특송사선 : 정관 1인, 부관 1인, 도선주 1인, 2선주 1인, 유선주(留船主) 1인,

　　　봉진압물 1인, 사복압물 1인, 시봉 1인, 반종 7명, 격왜 40명,

　　　부선격왜 30명, 수목선격왜 20명

만송원 송사선 : 정관 1인, 도선주 1인, 봉진압물 1인, 반종 3명, 격왜 40명,

　　　수목선격왜 15명

이정암 송사선 : 정관 1인, 반종 2명, 격왜 40명

평언삼 송사선 : 정관 1인, 봉진압물 1인, 반종 3명, 격왜 40명

중절 5선 : 정관1인, 반종 1명, 격왜 ?명

공식적으로 입국한 왜인이 약 1500명 정도이니까 이 숫자는 조선 전기의 공식적 연례 입국 왜인 수와 거의 비슷한 수준이다. 그러나 인조 13년(1635)에는 접대에 드는 막대한 비용 때문에 세견선의 겸대제(兼帶制)가 실시되어, 1특송사선이 2특송사선과 3특송사선을 겸하고 세견제4선이 제5선 이하 제17선까지를 겸함에 따라 정규적으로 입국하는 왜인 숫자는 줄어들게 되었으나, 비정규적으로 오는 사신인 차왜의 빈번한 내왕에 의하여, 오히려 그 숫자는 증가하였다.

　차왜란 대마도 도주가 기유약조에 규정된 연례송사 외에 파견하는 일체의 사신을 말한다. 기유약조가 체결되었던 당시에는 차왜란 없었고 연례송사 만이 있었다. 세견선 겸대제가 실시된 인조13년(1635) 이후 20여종이 넘는 차왜의 빈번한 내왕이 있었다.[122] 사절의 임무를 띠고 건너오는 차왜의 수는 임시로 필요한 때마다 왔기 때문에 그 정확한 숫자를 파악하는 것은 불가능하다. 관백고부차왜의 경우로 예를 들면 본선 1척·견선 1척·각선(脚船) 1척·수목선 1척이 한 팀이

되어 왔고, 본선에는 정관 1인, 도선주 1인, 봉진압물 1인, 시봉 2인, 반종 16명, 격왜 70명이, 견선·각선·수목선에는 각각 격왜가 20명이었으므로 한번에 온 일행의 총 숫자는 151명이었다.[123]

2) 1400년대의 일본사신 접대 일상식

조선 전기(前期) 일본으로부터 조선에 들어오는 사신은 삼포(三浦, 제포·부산포·염포)[124]에서 정박하였다. 일부는 한양으로 올라가기도 했지만, 그 숫자는 제한되었다.

일단 사신 일행이 삼포에 나뉘어져 분박(分泊)하거나, 한양에 올라오면 이들은 조선정부로부터 『해동제국기』에 기록된 규례대로 음식을 접대 받았다.

『해동제국기』는 신숙주 등이 왕명을 받고 선왕(先王)의 구례(舊例)에 의거하여 성종(成宗, 재위 1469~1494)조에 찬진한 책이기 때문에 적어도 조선 개국 이후부터 성종조까지 상황을 기록으로 남긴 것이다. 어쨌든 당시 『해동제국기』가 나온 배경은, 기록으로 남겨 일본사신 접대의 모범적 규례로서 적용하고자 함에 있었으며, 그 목적은 『해동제국기』 서(序)에 잘 나타나 있다.

'그들은 도리대로 잘 어루만져 주면 예절을 차려 조빙(朝聘)하고, 그렇지 못하면 문득 함부로 표략(剽掠) 하였던 것입니다. 고려 말기에 국정이 문란하여 잘 어루만져 주지 못하자. 드디어 그들의 침략을 받아 연해(沿海) 수 천리의 땅이 황폐하게 되었습니다.'

도리대로 접대하기 위한 방편의 하나였던 일상식은, 막부에서 보낸 사신인 상관인(上官人)에게는 「7첩상」을, 8도에서 보낸 사신인 정관(正官)에게는 「5첩상」을 아침밥과 저녁밥으로 배정하고 있고, 점심밥[點心]은 조(朝)·석(夕)과 달리 약간 간소하게 하여 상관인에게는「5첩상」을, 정관에게는「3첩상」을 배정하고 있다(〈그림 21 - 24〉, 〈표 6〉).⁻¹²⁵

지위에 따라 또는 시간에 따라 3첩상 · 5첩상 · 7첩상을 제공한 이들의 찬품(饌品) 내용은 반(飯, 밥) · 갱(羹, 국) · 탕(湯, 조치류) · 적(炙, 구이)으로 구성되었다. 어떤 재료로 조리되었는가는, 사신 일행이 숙공(熟供) 형태가 아니라 재료로서 받길 원할 경우 한 사람 마다 5일에 한번씩 도급(都給, 어떠한 일에 든 모든 비용을 미리 정하고 도맡아 하게 하는 일, 청부請負)한 식료(食料) 구성을 봄으로서 유추가 가능하다.

	대상	상종류	반(飯)	갱(羹)	탕(湯)	적(炙)	해(醢)	침채(沈菜)	음식합계
조석반 (朝夕飯)	막부의 정사와 부사	7첩상 (七楪床)	1	1	2	2		1	7
	8도의 정사	5첩상 (五楪床)	1	1	2	1			5
점심 (占心)	막부의 정사와 부사 8도의 정사	5첩상	1	1	1		1	1	5
	사신수행원	3첩상	1	1	1				3

〈표 6〉『해동제국기』(1471)에 기록된 손님접대 일상식.

주식		어패류		젓갈		해채류		조미료		기타	
중미(中米)	2말	조기	5마리	새우젓	3되	미역	10냥	소금	5홉	차(茶)	1홉
밀가루(眞末)	7되	준치	2마리					장(醬)	3되	황두(黃豆)	6말
		청어	20마리					참기름	2홉	청주	3병
		생선(生鮮)	5마리					초	1 1/2홉		
		건전복	150개					겨자	2홉		

〈표 7〉막부의 정사와 부사가 원할 경우 5일에 한번씩 제공된 식료, 1인분

122_ 하우봉 · 홍성덕역, 『국역증정교린지』, 민족문화추진회, 52~94쪽.
123_ 하우봉 · 홍성덕역, 『국역증정교린지』, 민족문화추진회, 53~56쪽.
124_ 제포는 웅포, 부산포는 동래, 염포는 울산에 있었음.

〈표 7〉은 막부에서 보낸 정사와 부사에게 5일마다 한번씩 제공된 1인분 식재료이다. 주식(중미·밀가루), 어패류(조기·준치·청어·건전복· 생선), 젓갈(새우젓), 해채류(미역), 조미료(소금·장·참기름·초·겨자), 기타(차·황두·청주) 등으로 구성되고 있음으로, 어패류가 다량 포함된 점을 통하여 당시 일본인들의 육류 기피현상이 파악된다. 혹시 사신 중에 승려가 있을 경우 어패류와 젓갈은 빼고 대신 참버섯[眞茸] 표고버섯[蔈古]·죽순(竹筍)·오해조(五海召, 김·다시마·파래·가사리·청태)를 각각 5홉씩으로 하여 대체하였다. 또 밀가루[眞末]는 귀했기 때문에 절도사나 대마도 특송사들에게는 메밀[木麥末]로 대체하였다.[126]

중미(中米)는 밥 재료로, 밀가루와 메밀가루는 국수 재료로, 조기·준치·청어·생선·건전복·미역은 갱과 탕·구이 재료로 쓰였을 것이다. 그러나 민물고기류를 지칭했던 생선(生鮮)은[127] 회(膾) 감으로, 중미의 일부는 떡으로, 황두는 콩나물·청국장·떡의 소로 쓰였을 가능성도 있다.

조선 전기(前期) 갱과 탕은 엄격히 구분되고 있었다. 갱은 국에 속하였고, 탕은 잡탕·찜 등을 가리켰다.[128] 그러니까 〈표 6〉과, 〈그림 21〉부터 〈그림 24〉까지에서 보여주는 탕이란 조선왕조 후기의 조치(助致)류(〈그림 26~그림 30〉)로 보는 것이 타당하다.

막부에서 보낸 가장 높은 일본 손님에게 제공된 〈그림 22〉의 「5첩상」은, 궁중에서도 사치스러운 밥상차림으로 간주되고 있었다. 왕명을 받고 태종의

125_ 당시의 일본은 막부(幕府) 치하로서 일본의 국토는 8도(기내畿內·동산도東山道·동해도東海道·산양도山陽道·남해도南海道·북륙도北陸道·산음도山陰道·서해도西海道), 대마도(對馬島)·일기도(壹岐島)로 나뉘어 있어서, 이들 각 지에서는 사신들을 조선정부로 보내왔다. 그래서 조선정부는 사신들을 크게 4종류로 분류하여 접대하였는데, 상관인(上官人)이란 막부(幕府)의 정사이고, 부상관인(副上官人)이란 막부의 부사이며, 8도에서 보낸 정사를 정관(正官)이라 하였다.
126_ 申叔舟,「海東諸國記」, 1471.
127_ 김상보,「한국의 음식생활문화사」, 광문각, 1997, 357쪽.
128_ 「國朝續五禮儀」「饌實尊罍圖說」
129_ 「世宗實錄」券16 世宗4年 5月 癸酉條.

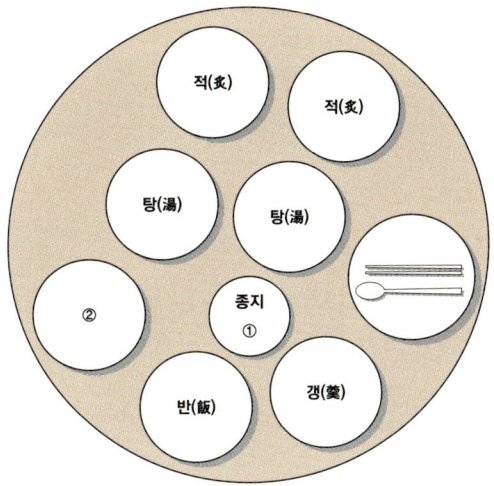

〈그림 21〉 일본막부의 정사[上官人]와 부사[副官人]에게 조석반(朝夕飯)으로 제공되었던 「7첩상(七楪床)」 (신숙주,「해동제국기」, 1471).
①의 종지는「해동제국기」에는 나와있지 않으나 필자가 삽입한 것임.
②의 찬품명은 제시되지 않아 비워 놓았음. 해(醢, 젓갈) 또는 침채(沈菜)라고 판단됨.

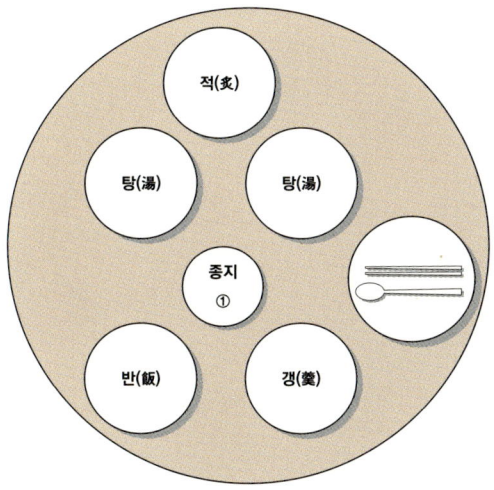

〈그림 22〉 일본 8도의 정사[正官]와 수행원에게 조석반(朝夕飯)으로 제공되었던 「5첩상(五楪床)」 (신숙주,「해동제국기」, 1471).
①의 종지는「해동제국기」에는 나와있지 않으나 필자가 삽입한 것임.

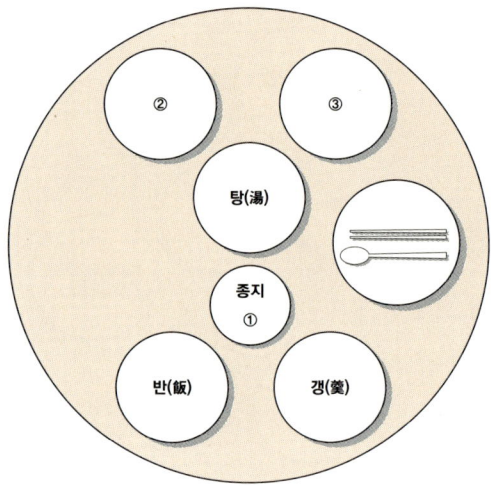

〈그림 23〉 일본막부의 정사와 부사, 8도의 정사에게 점심으로 제공 되었던 「5첩상」
(신숙주,「해동제국기」, 1471).
①의 종지는「해동제국기」에는 나와있지 않으나 필자가 삽입한 것임.
②와 ③의 찬품명은 제시되지 않아 비워 놓았음. 침채(沈菜)와 젓갈일 것으로 판단됨.

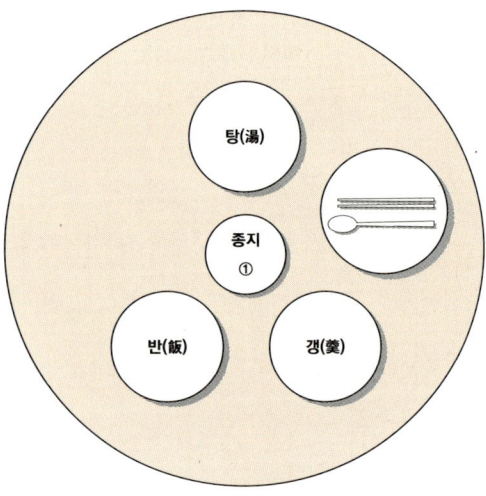

〈그림 24〉 일본사신 수행원에게 점심으로 제공 되었던 「3첩상(三楪床)」(신숙주,「해동제국기」, 1471).
①의 종지는「해동제국기」에는 나와있지 않으나 필자가 삽입한 것임

수륙재를 주관했던 도승지에게도 「5첩상」을 넘지않게 차릴 것을 예조는 세종에게 간곡히 건의 하고 있다.-129

'태상왕을 위하여 수륙재를 올릴 때에는 임금의 집안 사람이나 본 예조의 관리 모두는 과거에 규정해 놓은 인원 숫자대로 대언(代言, 왕명을 하달하는 벼슬. 중추원中樞院의 도승지都承旨 이하 다섯 사람. 정종 2년에 중추원을 승정원承政院이라 하고 다섯 사람의 승지를 두었음) 1명, 각 궁전의 속고적(速古赤, 원元에서 온 제도로 임금의 옷을 맡은 숙위宿衛. 속고치, 속고지)은 모두 8명, 별감과 어린 내시는 모두 10명, 향불 피우는 관리, 임금의 집안 사람, 본 예조의 당상관 · 당하관 · 축문 읽는 관리는 각각 1명으로 할 것입니다. 대언과 속고적 이외에는 밥상은 제공하지 말고, 밥상은 5첩을 넘지 못하게 하며, 명정과 부처님께 올리는 것 그리고 중에게 대접하는 것 이외에는 만두 · 국수 · 떡과

주식		어패류		젓갈		해채류		조미료		과일류		기타	
쌀	4되	대구	1마리	백합젓	6작	미역	2냥	장태(醬太)	5홉	황율	3홉	대두	1말 2되
병미(餠米)	3되	광어	4조(條)					초미(醋米)	4작	대추	3홉	주미(酒米)	3되 2홉
찹쌀	1되	청어	4마리					꿀	5작	곶감	2곶	산닭	1/2 마리
밀가루	2되	생선(生鮮)	1마리					참기름	1홉 8작	생율	1되	달걀	3개
메밀	1되	전복	1곶(串)					소금	3홉	홍시	3개		
소두	1되	건어	5마리					겨자	4작				
		상어	4조(條)										
		문어	1조										
		해삼	5홉										

〈표 8〉 1600년대 이후 1특송사의 정관에게 매일 제공된 식료 1인분(「증정교린지」)

130_ 하우봉 · 홍성덕역, 「국역증정교린지」, 민족문화추진회, 100~120쪽.
131_ 조선시대에는 초조반(初朝飯)을 조반(早飯)이라 하였다. 상류층은 하루 4식을 먹었는데, 초조반이란 새벽에 먹는 죽을 위주로 한 죽상.
132_ 숙공(熟供) : 조선정부에서 조리하여 대접함을 뜻함.
133_ 申叔舟,「海東諸國記」, 1471

같은 사치한 음식은 일체 금지하게 할 것입니다'

「7첩상」·만두·국수·떡은 사치한 것이기 때문에 태종의 수륙재라도 왕명을 받고 일하는 대언과 소고적에게만 만두·국수·떡을 제외한 「5첩상」을 차리되

〈그림 25〉「동래부사접왜사도(東萊府使接倭使圖)」(18세기)
(서인화·진준현, 「조선시대음악풍속도Ⅰ」, 민속원, 2002, 49쪽).

이 「5첩상」역시 사치한 밥상차림이므로 대언과 속고적 이외에는 주지 말 것을 언급하고 있다. 「5첩상」역시 사치한 밥상에 속하였던 것이다.

3) 1600년대 이후의 일본사신 접대 일상식

〈표 8〉은 1600년대 이후 1특송사의 정관에게 지급된 일상식을 위한 하루의 식품재료와 분량인데 -[130] 전기에 비하여 훨씬 많은 재료들이 등장하고 있다. 1특송사보다는 국왕의 사신이 계급이 높은 것으로 생각됨에도 불구하고, 이와같이 풍성해진 까닭은 〈표 7〉에서 보여주는 조선 전기에서 지급한 재료들은 조반을 제외한 조석반과 주점심(晝點心)을 위한 재료였기 때문이다. 조선 전기에는 식품으로 그냥 받기를 원할 경우 조반(朝飯)-[131] 은 숙공(熟供)-[132] 하였고, 조석반과 주점심 만을 제공하였으나 -[133] 조선 중기 이후는 조반을 포함한 조석반과 주점심 재료 모두를 지급하였다.

이러한 사실에 근거하여 메밀·병미·찹쌀·소두·꿀·황율·대추·곶감·생율·홍시·광어·전복·대구·상어·문어·해삼·닭·달걀 등이 1600년대 이후의 조반에 사용된 식품재료로 유추할 수 있다.

생선을 즐겨 먹는 일본인들의 기호를 생각해서일까. 생선류가 식자재로서 많이 취급되고 있다. 생선류는 전유어·생선회·탕·찜·죽 등의 재료로 쓰였을 것이다. 초조반(初朝飯)인 조반은 비록 죽을 위주로 하는 죽상이지만 일종의 다연(茶宴)적 성격의 의례용을 겸한 격을 높인 상이었으므로 술 5순배가 진행되었다. -[134] 이 초조반에 올랐던 식자재를 제외한다면 〈표 7〉과 거의 유사한 식료구성이 된다. 그러므로 1600년대 이후 1특송사 정관에게 조석반과 주점심을 숙공하였다면 전기와 마찬가지로 「5첩상」「7첩상」이었을 것이다.

134_『通文館誌』卷5「交隣」

일상식 접대는 아니지만 18세기 초량왜관에서 동래부사가 일본사신을 위해 환영연을 베푸는 모습이 그려져 있는「동래부사접왜사도(東萊府使接倭使圖)」가 있다. 환영연임에도 불구하고 소박한 연회상차림을 엿볼 수 있다.

연대청(宴大廳)에서 열린 이 연회는 기녀 2명과 동기(童妓) 2명이 중앙에서 춤추고 있다. 이들은 관기(官妓)일지도 모른다. 기녀를 사이에 두고 우측에는 동래부사 일행이 앉고 좌측에는 일본사신 일행이 앉아 있는데 각자의 앞에는 음식 4기를 차린 사각탁자가 놓여 있다. 북쪽에서 남향하여 술단주[酒尊] 2기가 놓여있는 붉은 칠을 한 주정(酒亭) 2탁(卓)이 보인다. 1탁은 동래부사 일행을 위한 술단지이고, 나머지 1탁은 일본사신 일행을 위한 술단지이다. 술단지가 북쪽에서 남향하고 있는 것은 왕이 하사한 술을 상징하는 듯 하다.

춤추고 있는 기생의 우측에는 춤을 추기 위하여 다음 차례를 기다리고 있는 기생 3명이 앉아 있고, 그 우측과 앞에는 전립을 쓴 남자악공들이 악기를 연주하고 있는 모습이 보인다. 손님을 접대하는 연향의 의미를 술과 술안주 그리고 풍악의 삼위일체로서 잘 함축한 그림이다(〈그림 25〉).

3.『원행을묘정리의궤』를 통해서 본 일상식

『세종실록』에 가끔 등장하는 찬품의 하나에 '거식車食'이 있다. 당시 거식은 상차림의 규모를 나타내는 중요한 단어였다. 신숙주가 쓴『해동제국기』에는 일본사신을 접대하기 위한 여러 종류의 음식상이 나열되어 있는데 「거식칠과상(車食七果床)」「거식오과상(車食五果床)」 등이 그것이다. 이들 음식상에는 점점과(點點果), 유밀과(油蜜果), 실과, 나물, 대육 등을 차렸다. 『세종실록』에는 또 수륙재 때 '꽃핀 모양의 거식'을 공양물로서 올린다는 기록이 있다. 이상의 기록으로 미루어「거식」이란 다분히 절편류 또는 유밀과의 하나이거나, 또는 이들을 총칭하여 「거식」이라 했을 가능성이 있다. 이 「거식」은 필자가 아는 한 임진왜란 이후 등장하지 않는다. 「거식오과상」이나 「거식칠과상」에 올랐던 「점점과」는 인조 21년(1643) 조선왕조가 중국사신을 접대했을 때 등장하는 것이 마지막 기록이다.

임진왜란과 병자호란을 겪고난 이후 효종, 숙종 대에 걸친 오랫동안의 흉년으로 재정적 고갈이 생겼다. 이에 보다 현실적이 된 숙종·영조·정조대는 검소를 미덕으로 삼게 된다. 실제적으로 조선조 전기에 내연(內宴)으로 치루어졌던 대규모의 「풍정연(豊呈宴)」도 숙종조 이후 영원히 사라지게 되고, 「풍정연」 대신 「진연」, 「진찬연」, 「진작연」으로 치루어졌으니까 「점점과」 등을 포함한 화려한 궁중음식문화는 점차 자취를 감추게 된 것이다. 화려한 것, 사치한 것을 버리고 검소한 것을 추구한 까닭이다.

궁중음식문화에 영향을 준 요인으로는 임진왜란 이후 개시된 일본에 보낸 사절단 조선통신사와 병자호란 이후 빈번해진 청나라 사절단 연행사들에 의하여 일본과 청나라로부터 많은 물자가 유입된 것도 꼽을 수 있다. 일본과의 교역을 통하여는 후추·사탕·용안·여지·왜감자·왜찬합이 들어왔다. 1600년대 초 중국의 복건(福建)과 류큐(琉球) 등에서는 후추·사탕·용안·여지 등을 가지고 나가사키[長崎]에 가서 일본과 무역하였기 때문에 일본에서 이들은 이미 흔한 물자가 되어 있었다. 물론 후추·설탕·귤·국수는 조선전기 일본사신 내왕에 의하여 이미 유입되고 있었지만, 임진왜란 이후에 보다 다량 유입되는 물자가 되었다. 한편 청나라로의 연행은, 관무역(官貿易)과 사무역(私貿易)을 성행하게 하였다. 조선과 청 국경에서는 와시(瓦市)가 형성되어 있었다. 조선으로부터는 소금·해태·후추·차·인삼 등이 나갔고, 청나라에서 들여오는 것은 고급사치품이었다.

135_ 「迎接都監儀軌」, 1643.

매년 행해진 연행을 통한 문물도입은 청조문화가 유입되었고 조선 문화에 많은 변화를 가져다 주었다. 강희(康熙, 1662~1722)와 건륭(乾隆, 1736~1795)의 영명한 통치로 청조는 황금시대를 맞이하고 있었고, 이 때에 조선에서는 북학(北學)이라 불리는 일류파(一流派)가 생겨나게 된다.

연경(燕京)을 통한 중국문화 및 서양문화의 유입에 따른 북학의 등장은 다른 여러 가지 요인과 더불어 실학파(實學派)에 의하여 형성된 실학사상이 등장하게끔 되었으며, 효종·현종·숙종·경종·영조대를 맹아기(萌芽期)라 한다면 정조대는 전성기이다.

정조임금이 어머님을 모시고 아버지의 원(園)에 가서 어머님 환갑연을 치루어드렸던 정조 19년(1795)은 바로 이상과 같은 분위기 속에서 행사를 치루었던 해이다. 원행(園幸) 중에 정조대왕과 혜경궁 홍씨에게 올렸던 수라와 내빈을 비롯한 행사장에 모인 사람들에게 접대한 찬품(饌品, 음식) 등을 기록한 『원행을묘정리의궤(園幸乙卯整理儀軌)』(1795) 속에 내재되어 있는 다양한 문화적 산물도 당시의 역사적 상황이 녹아있는 문화산물임은 말할 것도 없다.

1) 정조대왕의 수라, 「7첩상」

음력 2월 9일부터 2월 16일 동안 정조대왕께 올린 「수라」 18회, 「죽수라」 3회 모두는 한결같이 「7첩상」으로 구성되어 있음을 알려준다. 「수라」 18회 모두는 장(醬, 간장·초장·즙장·고초장 등)을 제외하고 음식 담은 그릇 숫자에 의하여 「7기」라고 명명하였으니까, 이것은 『해동제국기』에서 보여주는 일본에서 온 최고의 손님에게 접대한 「7첩상」과도 같은 맥락이다. 7그릇을 차린 밥상 「7기(七器)」 곧

136_ 황혜성, 『한국의 요리, 궁중음식』, 삼성당, 1988
137_ 李用基, 『朝鮮無雙新式料理製法』, 永昌書館, 1924, 196쪽
138_ 김상보, 『조선왕조 궁중의궤 음식문화』, 수학사, 1995, 225~232쪽.

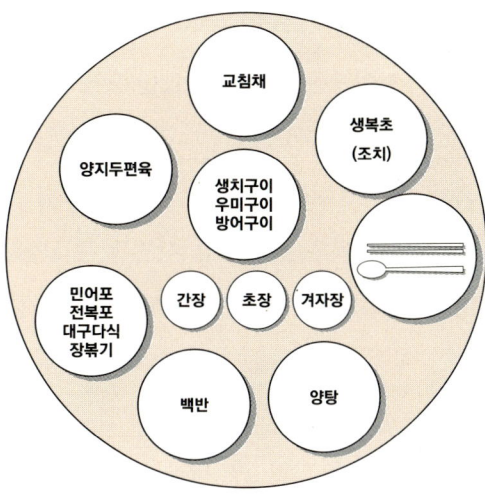

〈그림 26〉 정조대왕께 해경궁 홍씨 환갑연 때(2월 10일) 올린 저녁수라, 「7첩상」(「원행을묘정리의궤, 1795」)

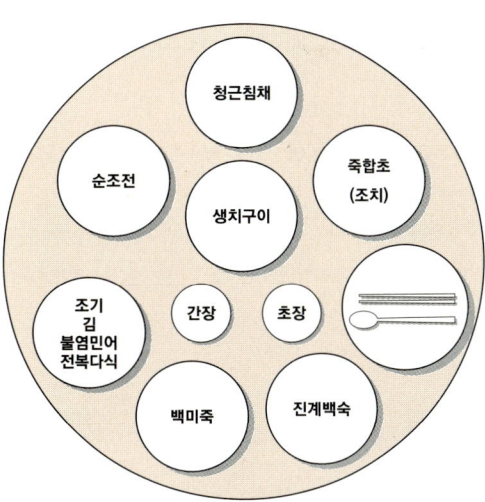

〈그림 27〉 정조대왕께 해경궁 홍씨 환갑연 때(2월 11일) 올린 죽수라, 「7첩상」
 (「원행을묘정리의궤, 1795」)

「7첩상」은 1400년대와 마찬가지로 가장 잘 차린 일상식이란 「7첩상」이었음을 뜻한다. 따라서 조선왕조에서 보여주는 제일 잘 차렸을 때에 「7첩상」을 대접한다는 논리는, 문헌에 나타난 것만 놓고 보아도 어쩌면 전기(全期)일지도 모르지만 약 400년 동안 지속된 왕조가 지닌 일상식에 대한 관념이었다〈그림 26〉.

정조대왕의 모후인 혜경궁 홍씨의 환갑연을 사이에 두고 올린 정조대왕의 일상식인 점을 감안한다면, 평소 궁에서 드셨던 일상식보다는 잘 차렸을 것이기 때문에 평소에는 「5첩상」 이하로 차렸을 것이다. 「7첩상」은 「죽수라」에서도 나타난다. 수라와 찬품구성은 같지만, 초조반으로 하여 밥 대신에 죽이 오를 경우 이를 「죽수라」라 하였다. 2월 11일, 2월 13일, 2월 14일 3일 동안 3회에 걸쳐서 올려진 「죽수라」 역시 「7첩상」이었다〈그림 27〉.

탕·찜·전·초·볶기(卜只)·자(煮)를 포함한 조치(助致)류는 『해동제국기』에서 탕(湯)이라 지칭했던 것이다. 정조 19년(1795)에 『원행을묘정리의궤』가 나왔으니까 『해동제국기』와는 약 400년 간의 시간차가 있었던 셈이다. 이 기간 동안 명칭 변화가 일어난 것이다. 탕에서 분화 발전된 찜·전·초·볶기·자를 '조치란 찌개의 궁중용어에 지나지 않는다'고 한 말은,[136] 분명 성립될 수 없을 것 같다. 오히려 '탕은 국물이 가장 많고, 지짐이는 국물이 바특하며, 초는 국물이 더 바특하여 찜보다 조금 국물이 있는 것이다' 라고 설명한 것에서[137] 조치(助致)의 정의를 내릴 수 있을 것 같다. 다시 말하면 탕과 같이 만들되 국물의 양에 따라 찜·전·초·볶기·자라고 나누어 놓은 것들을 조치의 범주에 넣지 않았나 하는 것이다.

18회의 「수라」와 3회의 「죽수라」를 구성했던 구체적 찬품은 반·갱·조치·구이·자반·편육·해·채·회·침채·담침채·찜·만두·전과 적·장류로 구성되었다.[138]

대략 15종류의 음식으로 다양한 찬품을 활용하여 「7첩상」으로 올린 정조대왕의

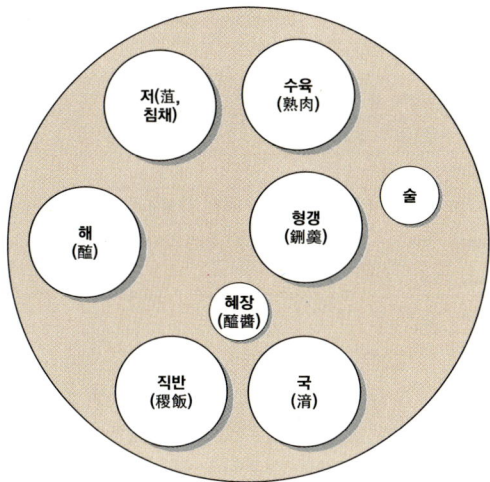

[「공식대부례」의 정찬]

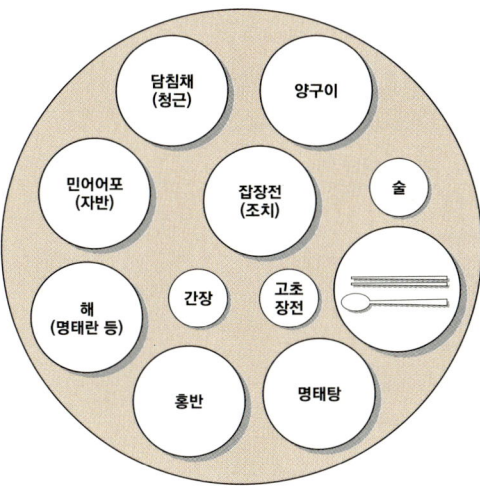

[정조대왕의 석수라(2월 9일), 7첩상]

〈그림 28〉「의례」「공식대부례」의 정찬과, 정조대왕 수라「7첩상」의 상차림 비교

	죽수라와 수라(水刺)		죽수라 · 조수라(아침수라) · 주수라(점심수라) · 석수라(저녁수라)
1	밥[飯]과 죽		백반 · 홍반(紅飯, 팥밥), 백미죽
2	갱(羹)	어류	어장탕 · 명태탕 · 숭어탕 · 대구탕 · 눌어탕
		육류	골탕 · 양탕 · 잡탕 · 골만두
		조류	생치연포 · 진계백숙 · 생치숙
		채류	토련탕 · 제채탕 · 백채탕(배추탕) · 애탕(쑥탕) · 태포탕(두부국) · 소로장탕
3	조치(助致)	어류	생복증 · 붕어잡장 · 생복초 · 낙제초 · 생복만두탕 · 토화초(굴초) · 숭어장자 · 숭어잡장 · 죽합초
		육류	골탕 · 양봊기 · 골봊기 · 저포초
		조류	봉충증 · 연계증
		기타	잡장전 · 잡장자 · 수잔지
4	구이(灸伊)	어류	금린어구이 · 생복구이 · 숭어구이 · 연어구이 · 생계구이 · 붕어구이 · 방어구이 · 천어구이 · 침방어구이 · 은어구이 · 농어구이
		육류	황육구이 · 돼지갈비구이 · 요골구이 · 연저구이 · 우족구이 · 갈비구이 · 설야적 · 우미구이 · 양구이 · 잡산적 · 곤자손구이 · 우심육(牛心肉)구이 · 콩팥[됴太]구이
		조류	연계구이 · 생치구이 · 순조구이
5	자반(佐飯)	어류	민어포 · 전복포 · 불염민어 · 대구다식 · 민어전 · 하란 · 어란 · 광어다식 · 전복다식 · 건청어 · 숭어포 · 반건대구 · 담염민어 · 하설다식 · 감복 · 석어 · 반건전복 · 대하
		육류	약포 · 염포 · 황육다식 · 잡육병 · 우육봊기 · 육병 · 편포 · 우포다식
		조류	약건치 · 건치포 · 염건치 · 생치다식 · 생치약포 · 생치편포
		기타	육장 · 세장 · 감장초 · 장봊기 · 김
6	편육(片肉)		양지두편육 · 족병
7	해(醢)	어패류	생복해 · 석화해 · 합해 · 게해 · 세하해 · 왜방어해
		알류	하란 · 명태란 · 대구란 · 연어란해
		조류	계란해
8	회(膾)	어류	생복해
		육류	육채 · 육회
9	찜[蒸]	어패류	붕어증 · 생복증 · 숙복증
		육류	연저증 · 저포증 · 황육증 · 저육증
		조류	전치증 · 연계증 · 생치증
10	전(煎)과 적(炙)		각색화양적 · 순조전
11	만두(饅頭)		각색만두
12	채류		박고지 · 수근(미나리) · 길경(도라지) · 무순 · 죽순 · 파순 · 오이
13	침채(沈菜)		교침채 · 청근 · 청과
14	담침채(淡沈菜)		백채 · 청근 · 수근 · 산개
15	장(醬)류		간장 · 증감장 · 고초장전 · 수장증 · 개자 · 즙장 · 초장 · 고초장 · 게장[蟹醬]

〈표 9〉 혜경궁 홍씨 환갑연때 정조대왕의 수라를 구성했던 찬품류. (『원행을묘정리의궤』, 1795)

수라는 약 3000년 전의 상차림 예법인 『의례』「공식대부례」의 정찬차림과 비교시 상당한 유사성이 있음이 발견된다(〈그림 28〉).

  직반(稷飯) → 홍반

  국[淯] → 명태탕

  혜장(醯醬) → 초장(간장 등이 대신함)

  형갱(鉶羹) → 조치

  해(醯) → 해(젓갈)

  저(菹) → 침채

  수육[熟肉] → 편육(양구이가 편육의 역할을 함)

약간의 변화가 보이기는 하지만 3000년의 시대차를 감안한다면 정조대왕의 「7첩상」은 「공식대부례」의 정찬을 수용한 결과임에는 틀림없다.

 2) 의례식(儀禮食)인 혜경궁 홍씨의 수라, 「15첩상」

현륭원에서 환갑연을 올리는 전후 8일 동안에 올린 수라 18회와 죽수라 3회에서 「15첩상」을 13회, 「14첩상」을 4회, 「13첩상」을 4회로 하여 올렸다. 이 상차림은 원반(元盤)과 협반(俠盤)으로 나뉘어져, 원반에는 은기(銀器)에 음식을 담아 차렸고 협반에는 화기(畵器)에 음식을 담아 21회 모두 3기로 차리고 있다. 원반과 협반으로 나뉘어진 상차림 구성은 『의례』「공식대부례」에서 정찬과 가찬으로 나뉘어 차린 것과 같은 형식을 취한 것이다(〈그림31〉).

 은기에 담아 차린 원반의 정찬만으로도 충분하지만 공경스러운 마음을

139_ 김상보,『한국의 음식생활문화사』, 광문각, 1997, 319쪽.

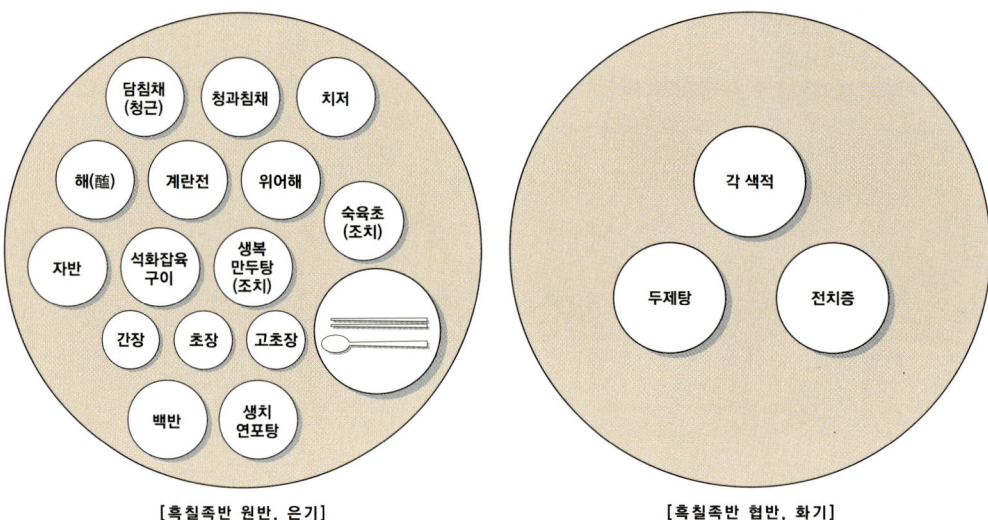

〈그림 29〉 혜경궁 홍씨에게 환갑연 때(2월 13일) 올린 아침수라[朝水刺], 「15첩상」
(「원행을묘정리의궤」, 1795)

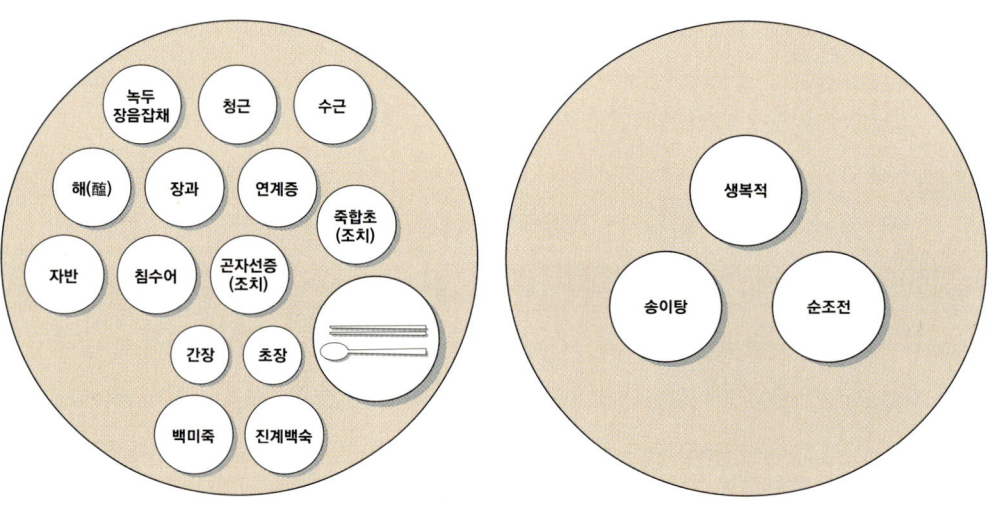

〈그림 30〉 혜경궁 홍씨에게 환갑연 때(2월 11일) 초조반(初朝飯)으로 올린 죽수라(粥水刺),
「15첩상」(「원행을묘정리의궤」, 1795)

	2월 9일		2월 10일			2월 11일		2월 12일		2월 13일		2월 14일		2월 15일			2월 16일	
	조	석	조	주	석	조	석	조	석	조	석	조	석	조	주	석	조	석
원반	10	11	11	10	12	12	12	12	12	12	12	12	12	12	10	11	11	10
협반	3	3	3	3	3	3	3	3	3	3	3	3	3	3	3	3	3	3
총 그릇수	13	14	14	13	15	15	15	15	15	15	15	15	15	15	13	14	14	13

〈표 10〉 혜경궁 홍씨 환갑연 때 혜경궁 홍씨의 수라구성. (「원행을묘정리의궤」, 1795)

나타내고자 가찬 3기를 화기에 담아 협반에 올렸다. 혜경궁 홍씨 환갑연 때의 수라인 점을 고려한다면, 가장 경사스러운 날 예의를 다하고자 정찬에 가찬을 더하여 유교적 의례에 맞게 고심한 결과이므로 엄밀히 말하면 죽수라「15첩상」을 포함하여 원반(정찬)과 협반(가찬)으로 구성된 수라 모두는 일상식이라기 보다는 의례식(儀禮食)이라고 보는 것이 타당하다.[139]

아침수라[朝水刺]·점심수라[晝水刺]·저녁수라[夕水刺]와 찬품구성은 같지만 밥 대신에 죽을 올려 초조반으로 할 경우 이를 죽수라라 하였다. 2월 11일, 2월 13일, 2월 14일, 3일 동안 3회에 걸쳐 정찬인 원반에는 은기에 음식을 담아 12기, 가찬인 협반에는 화기에 음식을 담아 3기로 하여「15첩상」을 올림으로서「수라」와 마찬가지로 의례식 형태를 취하고 있다. 다시 말하면 혜경궁홍씨께 올린「수라」「죽수라」모두는 정조대왕께 올린「7첩상」과 같은 일상식으로 보아서는 안된다고 보며, 조선왕조에서 추구하는 검박한 상차림을 벗어나 굳이 15첩이나 되는 상차림을 정찬과 가찬으로 나누어 의례식화 한 까닭은 환갑연을 맞은 주인공에게 올린 수라라는 사실에서 그 해답을 찾아야 할 것 같다.[140] (〈그림 29, 30〉).

140_ 김상보, 「조선왕조 궁중의궤 음식문화」, 수학사, 1995, 225~232쪽
141_ 「園幸乙卯整理儀軌」卷4 「饌品」
142_ 김상보, 「한국의 반상에 대한 고찰」, 「동아시아식생활학회」, Vol7, No1, 1997.

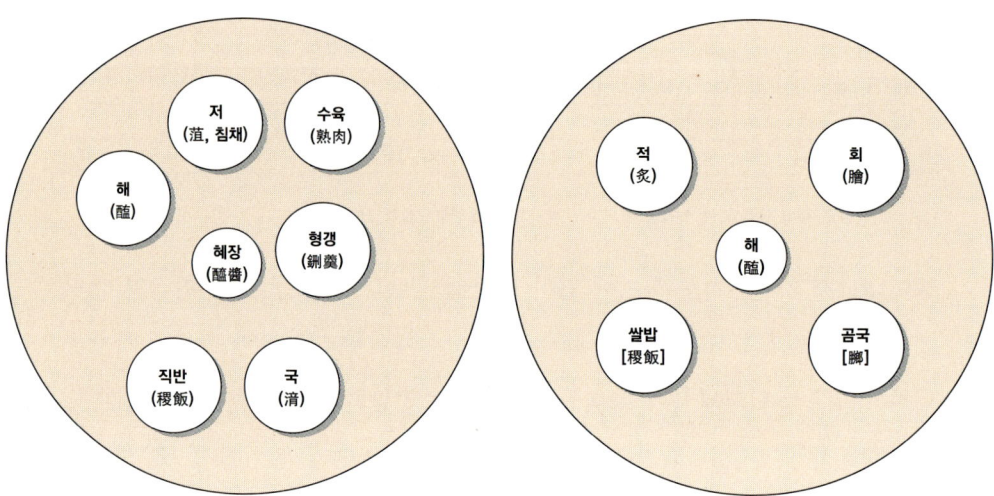

[「의례」「공식대부례」의 정찬과 가찬]

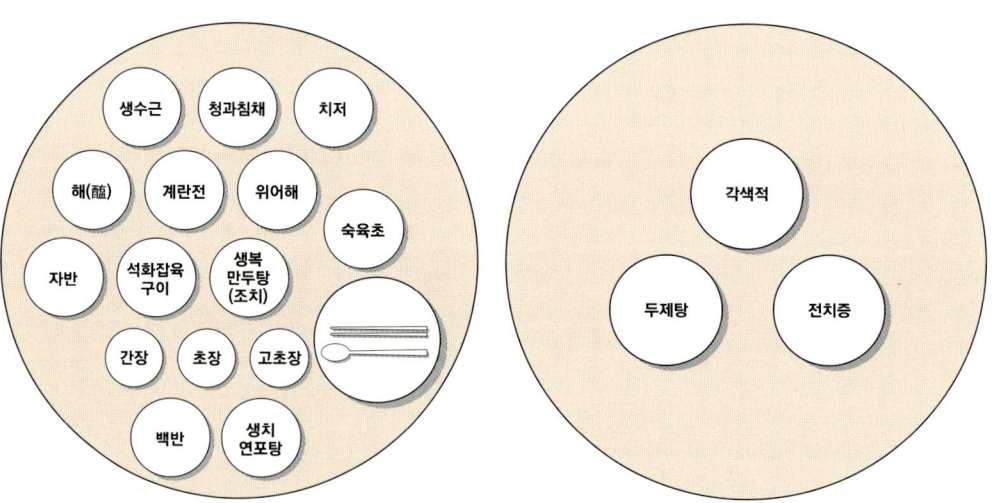

[혜경궁홍씨의 아침수라, 2월 13일, 원반과 협반]

〈그림 31〉 「의례」「공식대부례」의 정찬과 가찬 및, 혜경궁홍씨 수라 「15첩상」의 상차림 비교

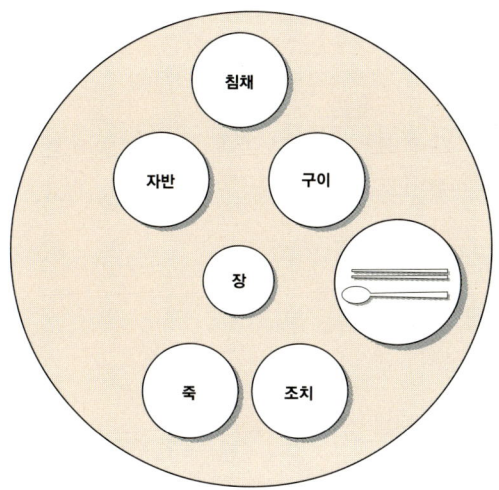

[흑칠족반, 유기]

〈그림 32〉 내빈(內賓, 왕족)에게 혜경궁 홍씨 환갑연 때 베푼, 조죽(朝粥), 「5첩상」(『원행을묘정리의궤』, 1795)

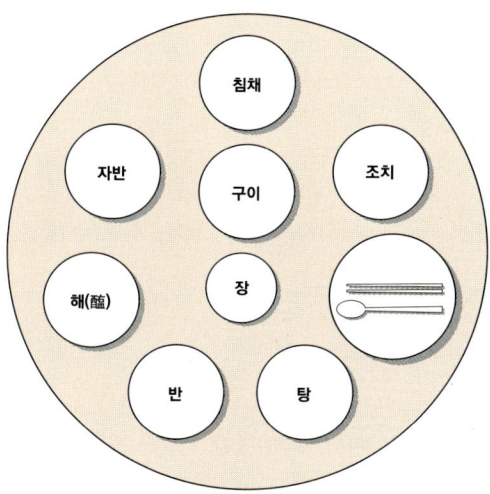

[흑칠족반, 유기]

〈그림 33〉 내빈(內賓, 왕족)에게 혜경궁 홍씨 환갑연 때 베푼, 조반(朝飯)·주반(晝飯)·석반(夕飯) 「7첩상」(『원행을묘정리의궤』, 1795).

3) 내빈의 일상식, 「5첩상」 「7첩상」

내빈이란 왕족에 속한 손님을 말한다. 하루 네끼로 구성된 조죽·조반·주반·석반이 내빈에게 제공되었다.

조죽(朝粥, 초조반)(《그림 32》)
조반(朝飯, 아침밥)(《그림 33》)
주반(晝飯, 점심밥)(《그림 33》)
석반(夕飯, 저녁밥)(《그림 33》)

5첩상으로 구성되었던 조죽과 7첩상으로 차렸던 조반·주반·석반은 당시 최상류 귀족층이 가장 잘 차려 먹었을 때의 하루 식생활의 전형이었다고 보면 무리가 없다. 그런데 『원행을묘정리의궤』는 이들 밥상 중 「7첩상」을 다음과 같이 제시하고 있다.[141]

반(飯)   1기
탕(湯)   1기
조치(助致)   1기
침채(沈菜)   1기
장(醬)   1기
찬(饌)   3기; 적(炙) 1기, 자반(佐飯) 1기, 해(醢) 1기

장(醬)을 제외하고 「7기(7첩상)」로 하지만, 반·탕·조치·침채는 찬(饌)으로 넣지 않고, 적·자반·해 만을 특별히 찬이라고 기록하고 있는 것이다. 그러니까

조반·주반·석반의 「7첩상」은 결국 「찬3기」가 되고 조죽의 「5첩상」은 「찬2기」가 되는 셈인데, 이러한 「찬3기」 「찬2기」와 같은 표현방식은 그로부터 100년 후 1800년대 말에 이르러서 『시의전서』에서는 「찬3기」를 3첩반상, 「찬5기」를 5첩반상 식으로 왜곡 변질하여 나타나게 된다. 이 한말에 기록된 『시의전서』식의 밥상차림은 현재의 반상차림법에도 막대한 영향을 미치게 되는 결정적 요인을 제공해주는 계기가 되었으므로 뒤에서 자세히 기록하기로 한다.-142

4) 원(員)의 일상식, 「2첩상」 「4첩상」

외빈을 비롯한 정3품의 통정대부(通政大夫)이상의 관직을 지칭하는 당상(堂上)에서부터 검서관까지를 포함하여 원에 해당하였던 이들에 대한 일상식은 내빈의 일상식보다 훨씬 더 간단하다. 내빈에게는 흑칠족반에 독상으로 차렸던 것과는 달리 대우판(大隅板, 큰 귓판)이나 소우판에 겸상 또는 독상으로

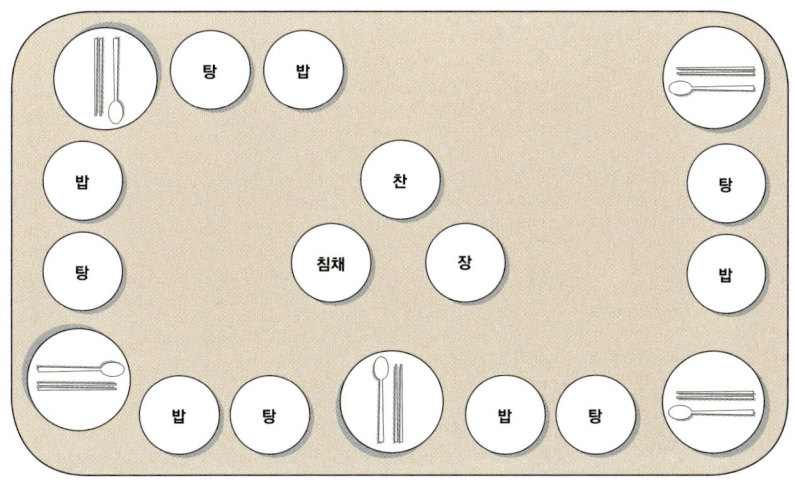

〈그림 34〉 1795년, 조선왕조에서 베푼 혜경궁 홍씨 환갑연회에서 외빈 5원(員)의 상차림. 밥과 탕은 유기, 찬은 자기에 담아 대우판에 차렸음.
(「원행을묘정리의궤」: 김상보, 「한국의 음식생활문화사」, 광문각, 1997, 325쪽)

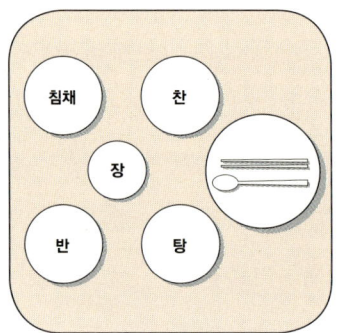 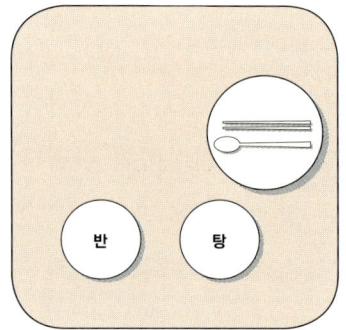

본소당상 6원·낭청 2원·각신3원·장용영제조 1원·도총관 1원에게 혜경궁 홍씨 환갑연 때 베푼 조반·주반·석반(밥과 갱은 유기에 담고 찬은 자기에 담아 합하여 소우판에 담았음)

내외책응감관 2원·검서관 2원·각리(閣吏) 2인에게 혜경궁 홍씨 환갑연 때 베푼 조반·주반·석반(소우판, 유기).

〈그림 35〉 원의 일상식 상차림(『원행을묘정리의궤』, 1795).

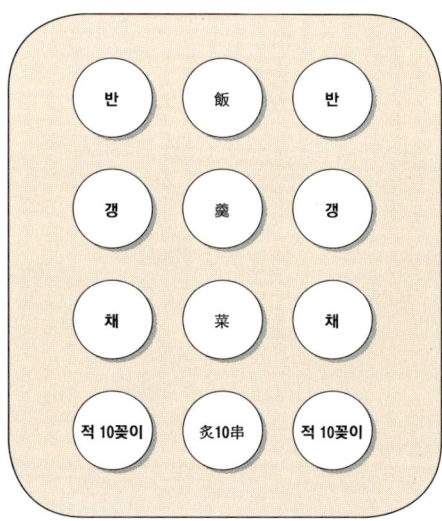

〈그림 36〉 궁인 30인에게 혜경궁 홍씨 환갑연 때 베푼 조반·주반·석반 (유합에 음식을 담아 대우판에 차렸음)(원행을묘정리의궤, 1795).

차리고 있고, 초조반인 조죽이 없으며 조반·주반·석반 만으로 구성되고 있다(〈그림 34, 35〉).

	밥	죽	갱	조치	자반	구이	해	침채		
조반·주반·석반	○		○	○	○	○	○	○	찬3	7첩상
조죽		○		○	○	○		○	찬2	5첩상
					찬	찬	찬			

〈표 11〉 「시의전서」에 영향을 미친 「원행을묘정리의궤」에 나타난 찬(饌)표기

일반적으로 반 1기·탕 1기·찬 1기·침채 1기·장 1기인 「4첩상」으로 차렸는데, 과거에는 관직에 있었으나 현재에는 없지만 초빙된 외빈에게는 커다란 상 하나에 다섯사람 분을 겸상하여 차리되 밥과 탕만은 개인개인에게 놓아주고, 찬·침채·장은 공동으로 먹도록 배선하였다(〈그림 34〉). 그러나 현재 진찬소당상 등을 포함한 직위가 높은 사람에게는 「4첩상」을 독상으로 받도록 하였다. 같은 원에 해당되는 사람이라 할지라도 직위가 낮은 내외책응감관(內外策應監官)이나 검서관(檢書官)에게는 반 1기와 탕 1기인 「2첩상」으로 소우판에 담고 있다. 조선왕조의 관직제도를 더 연구하여야 되겠지만, 상차림 만으로 본다면 아전은 인에 해당되는 데에도 불구하고, 규장각의 아전에 해당하는 각리(閣吏)는 원인 내외책응감관과 같이 반 1기·탕 1기를 대접하고 있다. 이는 규장각의 아전을 특별히 대우한 결과일 것이다(〈그림 35〉).

143_ 「園幸乙卯整理儀軌」 卷4 「饌器」
144_ 「華城城役儀軌」, 卷2 「犒饋」
145_ 「園幸乙卯整理儀軌」, 卷4 「饌品」
146_ 「禮記」 「內則」

〈그림 37〉 「기산풍속도(箕山風俗圖)」 중 「밥푸고 상놓는 모양」(19세기 말). 소박한 밥상을 차리고 있는 모습이다.
(조흥윤, 「민속에 대한 기산의 지극한 관심」, 민속원, 2004, 145쪽)

5) 인(人)과 명(名)의 일상식

각 관아의 문서를 관장하던 아전인 서리(書吏)에서부터 궁인에 이르기까지 인에 해당하였던 서리 16인·서사(書寫) 1인·고지기[庫直, 창고지기] 3명에게 제공된 조반·주반·석반은 각각 반 2행(行, 운반할 '행', 반 2행이란 운반해가지고 가는 밥이 둘로 해석됨)·담탕(擔湯, 어깨에 메고 다니는 탕) 1동해(東海, 모양이 일정치 않으나 대체로 배가 좀 부르고 주둥이가 넓으며 운두가 나지막하고 밑바닥이 편편함. 양 옆에 손잡이가 달려있음)이며, 궁인 30인을 위한 조반·주반·석반은 각각 반 3행·갱 3합·채 3합·적 30꽂을 유합(鍮盒, 뚜껑이 있는 유기식기)에 담아 대우판에 차려 제공하였다. 즉 밥은 10명 당 1행, 국과 채는 10명 당 1합, 적은 1명 당 1꽂이(串)가 제공되었다(〈그림 36〉).-143

서리 등에게 밥과 탕 만을 제공한 것에 반하여 궁인에게는 밥·탕·채·적을 제공한 것은, 궁인이란 왕의 가장 가까운 곳에서 일하는 사람으로서의 배려일 것이다. 한편 고지기와 석수·목수·야장·와벽장·이장 등과 같은 장인(匠人)인 명(名)에 속한 자-144들에게도 인과 마찬가지로 역시 밥과 탕이 제공되었다.-145

밥상도 없이 1개의 동해에다 음식을 담아 그 자리에 모인 사람들이 둘러 앉아 밥과 국만으로 아침과 점심·저녁 밥을 먹었던 인 이하의 사람들에서부터, 흑칠원족반인 원반과 협반에 은기와 화기에 15품의 음식을 담아 잡수셨던 자궁에 이르기까지, 다양한 형태의 모습을 『원행을묘정리의궤』에서는 보여주고 있으나 밥과 국이 한 조가 된 식생활은 왕에서부터 서민에 이르기까지 똑같았다.

『예기』「내칙(內則)」-146에 '식(食)과 갱(羹)은 제후에서부터 서민에 이르기까지 똑같고' 라든가, 『맹자』의 「고자」와 「진심」-147에 '단(簞)의 식, 두(豆)의 갱' 및

147_「孟子」「告子」「盡心」「梁惠王下」
148_「戰國策」「韓策」

『전국책』「한책」-¹⁴⁸에서의 '두의 반(飯)과 곽갱(藿羹, 미역국)' 등의 기술은 춘추전국시대에 밥과 국이 한 조가 되어 차려졌던 상차림의 모습을 보여준다. 이 밥과 국이 한 조가 된 차림은 공(公)이 손님인 대부(大夫)를 위하여 밥상을 차릴 때, 공 스스로가 밥과 국을 진설함으로서 밥과 국의 중요함을 강조하고 있는 『의례』「공식대부례」로 거슬러 올라간다. 조선왕조 전기(全期)는 『의례』가 나왔을 시절에서부터 약 3000년을 뛰어 넘어 밥과 국이 밥상차림에서 가장 핵심적인 한 조가 되어 여전히 군림하고 있었으며, 이 식생활은 현재에도 이어지고 있다.

4. 1800년대 말 왕의 수라와 사대부의 밥상차림

조선왕조는 잘 알려진 바와 같이 유교를 기본으로 하는 덕치(德治)를 행하고자 하였다. 인·의·예·지·신의 오륜은 겸손·신의·충효·인을 근간으로 예를 실행하고자 한 것이다. 따라서 왕의 애민(愛民)사상은 덕치의 가장 필수 조건이었으며, 그것은 근검절약 정신으로 이어졌다.

조선왕조를 지탱하고 있었던 유학은 지나친 사치를 경계하는 금욕주의적인 면이 강하였다. 식생활도 예외가 아니어서 검박한 식생활이 강조되었다. 천도(天道)에 의하여 지도(地道)가 드러나고, 지도 안에 인도(人道)가 들어있으므로 천지지도(天地之道)는 곧 음식지도(飮食之道)이었다. 검소한 식생활은 하늘의 뜻인 천도를 따르는 도이다.

천도에 따라 청렴결백하고 사치하지 않으며 검박함을 추구하는 유학자 군자(君子)는 음식을 통하여 천도 즉 음양의 이치를 자각하는 자들이었다. 음식이란 유학에서 추구하는 이상적 인물인 군자들의 생명을 유지시켜 주는 도였다. 게다가 양생론(養生論)적 사고는 내노경신(耐老輕身)을 위하여 가능한 한 적고 가볍게 먹는 것이었다.

문헌적으로 나타난 것만으로 보더라도 조선왕조 초기부터 정조 19년(1795)까지 약 400년동안 임금의 일상음식은 가장 잘 차렸을 때가 밥·국·김치를 포함하는 7기를 넘지 않았고, 「7기」를 「칠첩반상」이라고도 하였다. 그러니까 궁중 일상식에서의 「7첩반상」이란 외국사신 접대 또는 생일날에 차렸던 가장 화려한 상차림이다.

유교의 오륜정신은 선비인 소위 사(士)에게도 적용되었다. 진실로 유학자란 물질보다는 정신을 중요시하는 자들로서, 가난을 미덕으로 삼았다. 앞서도 살펴보았지만 궁중의 환갑연에서 당시의 가장 고위층 신하인 당상에게 밥·국·김치를 포함하는 4기 「4첩상」을 소우판에 담아 차렸고, 중인계급에게는 밥과 국 만을 소우판에 차려 이를 2기 또는 「2첩」이라 하였다.

이렇듯 검박한 근검절약 정신은 임진왜란 이후 서서히 조짐을 보이더니 1800년 대 초부터 무너지기 시작하였다. 임진왜란 이후 통신사 및 연행사들에 의한 역관무역은 역관을 중심으로한 중인들로 하여금 막대한 부를 축적하게 하였다. 양반들은 점차 잘 사는 중인들을 부러워하고 경우에 따라서는 양반들이 나서서 데리고 사는 솔거노비에게 장사를 시키는 일까지 생겨났다. 1800년 대에 들어서서는 인삼과 담배의 인기로 사상(私商) 규모가 점차 커짐에 따라 각 지에 장시가 들어섰고 등짐장수와 봇짐장수가 늘어났다. 이들은 역관자본과의 경쟁에서도 서서히 우위를 차지했다. 이 무렵에는 양반들이 소유하고 있던 외거노비들도 끊임없이 도망쳐서 장사를 시작했다. 그리하여 부를 축적한 중인·양인·천민 등은 관리를 매수해 호적을 뜯어고침으로서 가짜 양반·가짜 유학자가 속출했다. 특히 정도가 심했던 것이 순조와 철종 연간이었다. 드디어 1800년대 말, 구한말이 되면 양반의 숫자가 전체 인구의 70%를 차지하기에 이르게 되었다.[149]

이때 쯤 쓰여진 『시의전서(是議全書)』는 화려하게 변질된 일상식 상차림을 반영한다. 조선왕조의 상차림 법대로 적용한다면 무려 12첩에 해당되는 것을 「7첩반상」이라고 하였다(〈그림 38〉). 그러니까 밥·갱·조치·김치·장을 첩 반상에서 제외시키고 있는 것으로 밥·갱·조치·김치·장을 상차림의 기본으로 삼아 기본 외의 찬 가짓수로 첩 반상을 책정하고 있는 형태이다. 이것은 『원행을묘정리의궤』에서 반·탕·조치·침채는 찬(饌)으로 넣지 않고 그 밖의 찬품을 찬으로 넣으면서, 「찬3기」를 「7첩상」으로 하고 「찬2기」를 「5첩상」으로 했던 형태를 잘못 받아들여 「찬3기」를 「3첩상」 등으로 왜곡하여 잘못 받아들였던 결과다. 격동의 한말은 이렇게 시대부의 밥상차림까지도 임금이 잡수셨던 상차림 보다 더 화려한 상차림으로 변질시켜 버렸다.

1894년 갑오경장을 겪고 1910년 한일합방을 겪게 된 전후 치욕스러운 이 기간 동안 「손님접대상차림」을 포함하여 우리의 음식문화는 많이 왜곡 변질되었다. 「조선왕조 임금의 일상식은 12첩 반상」이란 설의 근원도 왜곡 변질의 하나로서 이 때 형성된 것이 아닌가 생각된다.

어머님이신 혜경궁 홍씨의 환갑연 때 정조대왕께서 가장 잘 차려 드신 일상식이 장(醬)을 제외시킨 7기(器) 「7첩반상」이었다. 그런데 현재 조선왕조 임금의 일상식은 장을 제외하고 21기를 차렸다는 것이 통용되고 있으며, 이를 「12첩반상」이라고 한다. 「12첩반상」이란 『시의전서』에서 나타난 기본을 제외하고 찬이 12종류라는 논리에서 나온 『시의전서』식 첩반상이다.

		반상	밥	갱	조치	자반	구이	해	침채	장	나물	수육	쌈	회	찬
정조대왕	『원행을묘정리의궤』(1795)	7첩상	○	○	○	(○)	(○)	(○)	○	○					3
민중	『시의전서』(1800년대 말)	7첩상	○	○	○	(○)	(○)	○	○	(○)	(○)	(○)	(○)		7

〈표 12〉 정조대왕의 「7첩상」과 「시의전서」에 기록된 사대부의 「7첩상」 비교

149_ 김상보, 『조선시대의 음식문화』, 가람기획, 2006, 69쪽
150_ 김상보, 『조선시대의 음식문화』, 가람기획, 2006, 71~72쪽

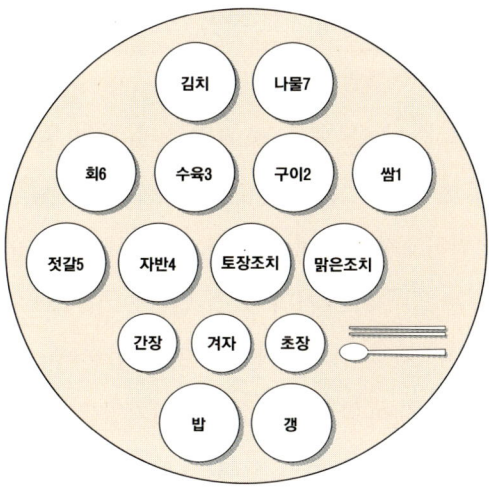

〈그림 38〉 『시의전서』(1800년대 말)에서 나타난 민중의 일상식, 7첩반상

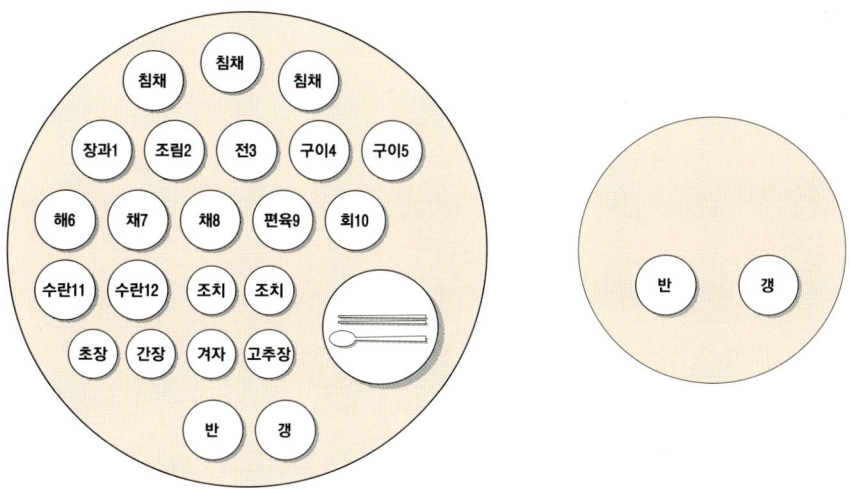

〈그림 39〉 한말에 탄생했을 것으로 보이는 조선왕조 임금의 일상식, 조반·주반·석반, 「12첩반상(21기)」
(황혜성, 『한국의 식』, 평범사, 1988)

밥2 · 갱2 · 장(간장 · 초장 · 겨자 · 고추장) · 조치2 · 침채3을 제외하고 찬의 가짓수가 12기라는 것이다(〈그림 39〉).

21기로 차린 「12첩 반상」은 현재 조선왕조 임금의 일상식의 표본으로서 여전히 박물관에도 전시되고 있다. 단언하지만 21기의 일상식은 근검절약과 애민사상을 몸소 실천하고자 했으며, 인군(人君)으로서 군자이고자 한 왕의 통치철학 자체를 부정하는 일이다. 21기의 「12첩 반상」이 어디에서 유래 되었는지는 문헌적 근거나 사실적 자료가 전혀 없다. 만일 일본에 의해 강제로 개혁이 이루어졌던 갑오경장(1894) 이후 왕의 일상식이 21기였다면 이는 한말의 예외적인 경우이다. 마치 조선왕조 500년 전기(全期) 동안 임금님이 21기를 차린 수라를 잡수신 것으로 규정하는 것은 한말에 왜곡 변질된 음식문화를 조선왕조가 지닌 음식지도(飮食之道)로 삼는 죄를 지을 뿐만 아니라, 후손에게 잘못된 역사적 사실을 계승하는 결과가 초래되는 우를 범하는 것이다.[150]

제 3절 1900년대 이후의 밥상문화

1. 밥상차림

1894년은 일본에 의해 강제로 개혁이 이루어졌던 갑오경장으로 널리 알려져 있지만, 한양에 일본요릿집이 생긴 것은 9년 앞선 1885년의 일이었다. 청일전쟁(1894~1895)이 시작되고 한양에 체류하는 일본인이 늘어남에 따라 요릿집 수도 증가하였다. 1888년에 화월(花月)이라는 일본요릿집에서 오사카로부터 게이샤(藝者, 기생)를 데리고 와서 근무시킨 것이 계기가 되어, 1895년 가을에는 게이샤 두는 것을 공식적으로 허락받게 됨에 따라

34명의 게이샤가 들어왔다. 러일전쟁(1904~1905)을 겪으면서 2단계 발전을 한 일본요릿집은 한일합방(1910) 이후 조선총독부가 설치되고 나서는 3단계의 발전을 거듭하였다. 하월루·국취루·청화정·송엽정·명월루·광승루가 당시 유명한 일본요릿집이었고, 이 밖에 12개소가 더 있었다.

  일본요릿집의 영향과 시대적 필요성에 맞물려 조선식 요릿집이 세워졌다. 유명한 명월관(明月館)이 그것이다. 명월관은 궁중에서 어선과 향연을 담당했던 안순환이 갑오경장 이후 퇴출당하여 1909년 세종로에 세운 조선요릿집이다. 그해 관기 제도가 폐지되었다. 일본요릿집에 게이샤를 두듯이 자연스럽게 관기들은 명월관에 모여들었다. 명월관의 호황으로 명월관지점을 위시해 봉천관·영흥관·혜천관·세심관·장춘관·식도원·국일관 등과 같은 조선요릿집이 생겨났다. 갑오경장 이후 궁중재정을 합리화한다는 명목으로 감축되어 퇴출 당한 이들은 제2·제3의 명월관에서 화려하지만 인스탄트화한, 요릿집식의 궁중음식을 만들어 보급하였다. 1928년경에는 이 궁중음식에 일본풍과 서양풍도 가미되고 보다 대중화되었다.-151

  이 해에 명월관은-152 본관에 양제 및 조선제로 지점을 더하여 확장하고, 그 넓이는 무려 2만여 평이 되게끔 넓혔다. 1909년에 한양의 귀빈 전용 연회장으로 개관했던 고급요릿집이 지점까지 둘 정도로 대중화되었다. 당시 이들 조선요릿집에서 무엇을 취급했는가는 식도원(食道園)-153에서 1928년 1월 1일에 내보낸 광고를 통해서 알 수 있다.-154

  '궁중식 명물 순조선요리

  서화·무용·가곡·일류예기(藝妓)

  송별·환영·만서유(慢敍幽) 정연회(情宴會)-155

  순조선토산 식료 증답품(贈答品)

혼례·수연·고배상·독상(獨床)·겸상(兼床)

대소연회, 신식 구식 서양요리

대원유회·운동회 막의점

순조선식건물 200여평

양식루상 1동 100평'

　명월관이든 식도원이든 조선식과 양식건물을 갖추고 궁중식 명물요리를 팔고 있는 것으로 보아 대체로 요릿집 분위기는 이런 류로 젖어 있었던 것 같다. 식도원은 조선식량품평회 요리 1등상을 받은 경력이 있는 명월관에 버금가는 요릿집으로 부상하고 있었다. 광고문에 '순조선요리' '순조선토산식료' '궁중식명물 순조선요리'라는 문구가 자주 등장함은, 다른 요릿집은 대체로 궁중음식을 포함한 조선요리가 일본풍과 서양풍이 가미되어 있었기 때문에 식도원만은 조선식요리와 궁중요리의 원조임을 강조한 대목이라고 보여진다.

　식도원이 광고를 낸 해인 1928년 경성여행사에 근무하고 있었던 청수성구(淸水星丘)라는 일본인이, 조선요릿집에서 조선요리를 먹고 기록한 글에는 상차림의 내용을 다음과 같이 소개하고 있다.[156]

　건교자(乾交子, 술을 마시기 위한 요리)와 식교자(食交子, 밥을 먹기 위한 요리)가 있다. 한 테이블에는 4인분을 차린다. 가격은 4원(圓)에서 15원 정도이다. 중국요리의 질음과 일본요리가 가진 담백함의 중간에 해당하는 것이 조선요리의 특징이다. 테이블은

151_ 김상보, 『조선시대의 음식문화』, 가람기획, 2006, 167~168쪽
152_ 명월관(明月館) 본점은 경성 돈의동 145번지에 있었고, 지점은 경성 서린동 137번지에 소재하였다.
153_ 식도원(食道園)은 경성 남대문통 116번지에 소재하였다.
154_ 김상보, 「20세기 조선왕조 궁중연향 음식문화」, 『조선후기 궁중연향문화 권 3』, 민속원, 2005, 430·431쪽
155_ 만서유(幔敍幽) 정연회(情宴會) ; 휘장을 두른 그윽한 방에서의 정이 넘치는 연회
156_ 淸水星丘, 『朝鮮料理を前にして』, 京城旅行案內社, 1928

백포(白布)로 깔고 그 위에 각종 대소의 식기에 담은 요리가 차려진다. 곳곳에 성화(盛花, 그릇에 담겨진 꽃)가 놓여 있다.

식기는 은젓가락·은숟가락·은술잔·도기로 만든 작은 접시 등이다. 요리 중에서 가장 눈에 띄는 것은 신선로(神仙爐)이다. 이것은 중앙에 연통이 있고 그 속에 숯불이 들어 있기 때문에 연통 주위에 음식이 끓는 작은 냄비이다. 주문하면 한 사람 앞에 한 개의 신선로가 나온다. 신선로 안의 내용물은 소고기·튀김·은행·호두·죽순·버섯·잣·밤·달걀·두부이다. 유기나 도기에 담아 나오는 신선로 외의 요리는,

편육(片肉, 돼지고기나 소고기로 만든 일종의 냉육冷肉)에서 돼지고기 편육은 새우젓에 소고기 편육은 초장에 찍어 먹는다.

전유어(煎油魚), 튀김의 일종이다.

계증(鷄蒸), 삶은 통닭으로 여름요리이다.

달걀구이, 일본과 같다.

편[餠], 꿀에 찍어 먹는다.

약식(藥食), 약밥이라고도 한다. 찹쌀에 꿀·잣·밤·대추를 넣어서 찐 밥이다. 일본의 오코와와 비슷하다.

건포(乾脯), 소고기와 전복 등으로 말린 것이다.

정과(正果), 연근·생강·행인·청매에 꿀을 넣고 만든 밀지(蜜漬)이다.

국수[麵], 밀가루국수와 비슷한 메밀국수

화채(花菜), 꿀물에 과일을 얇게 썰어 띄운 것.

생전복(生鰒), 생전복회이다.

육회(肉膾), 소고기 생육(生肉)을 채로 썰어 회로 한 것.

어회(魚膾), 어육 생육을 채로 썰어 회로 한 것. 어회와 육회는 초고추장에 찍어 먹는다.

통조림풍의 과일과 전복류, 생과일·바나나·비파·사과

껍질을 벗겨 8각형 또는 10각형으로 깎은 밤을 솜씨 좋게 쌓아 올린 것.

김치, 이것은 유명한 조선지(朝鮮漬)이다.

조선주(朝鮮酒, 藥酒), 일본주(日本酒), 양주·소주 등이 있다. 약주는 여름에 마시지 않는다.

1인용 신선로[157]를 위시하여 편육·전유아·계증·달걀찜·떡과 꿀·약식·포·정과·국수·화채·전복회·육회·어회·김치·약주·일본술·소주·양주·과일류로 구성된 점으로 미루어 고급 조선요릿집의 건교자(술상차림) 내용을 소개한 것이다.

이상의 청수성구가 소개한 건교자 내용과 거의 일치된 것을 「4인 손님접대 상차림법」으로 소개한 글이, 신문관(新文館)에서 출판된 방신영의 『조선요리제법』에 실려 있다. 이 책에서 소개한 교자상을 사용한 상차림법(〈그림 40〉)은 명월관 등과 같은 조선요릿집에서 청수성구가 먹었던 음식상을 대변한 것으로 보아도 무리가 없다. 교자상이란 원래 궁중연회 때 임금이 음식을 사찬하면, 그 사찬 음식을 차려 먹는 상이었다. 계급이 높은 신하에게는 독상차림을 사찬하는데 반하여 계급이 낮은 신하들에게는 음식 만을 사찬하였기 때문에 교자상에 사찬 음식을 차려 빙둘러 앉아 먹도록 배려한 것이다.[158]

이 교자상이 명월관 등의 요릿집에서 궁중요리를 내놓는 손님접대상으로 변질되어, 화려하게 보이도록 많이 차리던 것이 일반 민중에게도 파급되었던 것이다. 상다리가 휘어질 정도의 상차림이 등장한 배경은 분명히 조선요릿집의 손님접대상이 일반 민중에게도 전해진 결과이지만, 조선시대의 유학 중심의

157_ 신선로(神仙爐)라는 명칭은 신설로(新設爐, 열구자탕)라는 궁중음식이 대중화 되는 과정에서 생겨난 것
158_ 김상보, 「19세기 조선왕조 궁중연향 음식문화」, 『조선후기 궁중연향문화 권2』, 민속원, 2005, 302쪽
159_ 방신영이 쓴 『조선요리제법』은 초판이 1917년에 나왔고, 그 후 1939년까지 9판이 나왔다.
　　따라서 〈그림 40〉의 정확한 기록 연도는 9판 전체에 대한 수집이 곤란하여 현재로서는 알 길이 없으나, 대략 1930년 이후로봄.

사고인 적게, 검박하게 먹는 것에 대한 ambivalance(반대양립감정)에서 파생된 문화가 요릿집을 중심으로 급부상하여 민간에서도 이를 받아들인 면이 있을 것이다. 이 유학적사고와 상반되는 상차림문화는 현재도 계속 이어져서 일반 가정집은 물론 외식산업체에도 적용되고 있는 실정이다.

　전통문화가 기반이 되어 이를 계승하여 발전시키는 것이 바람직한 현대화라고 한다면, 현재 한국의 현대화는 분명 많은 우여곡절을 겪었다. 거의 반세기 이상 일본인 치하에서 문화가 유린당하였고, 해방 후에도 순탄치 않아 6·25전쟁으로 초토화 되었다. 그 이후 경제개발이라는 명분 아래 전통문화에 대한 자각이 상실된 채 근 30년을 허비하였다. 약 100년의 문화적 공백기가 있었던 셈이다.

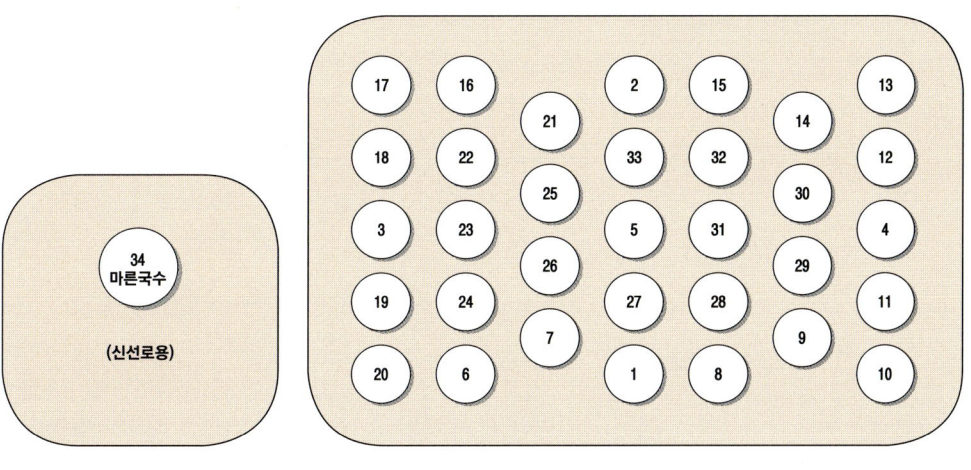

1-4_ 국수	10_ 강정	16_ 전유어	22_	28_ 잡탕
5_ 신선로	11_ 정과	17_ 생율	23_ 수정과	29_ 과자
6_ 대추	12_ 약식	18_ 과즐	24_ 곶감	30_ 수란
7_ 식혜	13_ 시루편	19_ 경단	25_ 어채	31_ 떡볶이
8_ 편육	14_ 꿀	20_ 누름이	26_ 초장	32_ 겨자
9_ 다식	15_ 배	21_ 귤	27_ 김치	33_

〈그림 40〉 1917년, 4인 손님접대 상차리는 법(방신영, 「조선요리제법」, 신문관,1939) _ [159]

식생활문화도 예외가 아니다. 전통음식문화에 대한 총체적인 이해 없이는 음식문화 발전은 요원하다. 각 민족과 지역 문화가 지닌 역량들이 서로 경쟁하며 새로운 주도 세력으로 성장 발전해가면서, 각 문화의 차별성을 얼마나 전통에 기초하여 표출해 내고 현대화시키는가는 21세기에 중요한 부가가치로 등장한다. 21세기의 음식은 종합적인 측면에서 응축된 전통문화의 형태로 표출되어야 만 음식문화 경쟁에서 이길 수 있다.

우리가 현재 당면하고 있는 문제는 상다리가 휘어질 정도로 많이 차리는 상차림문화이다. 엄청난 양의 음식쓰레기 문제를 떠안고 있을 뿐 만 아니라, 그로 인한 재정적·자원적·시간적 낭비는 심각하다. 분명히 말할 수 있는 것은 적어도 조선왕조의 유교철학을 대변하는 우리의 전통 밥상차림은 근검절약 정신이 배어 있는 검소한 상차림이었다.

현재의 상차림과 먹는 예절의 뿌리는 유교에 바탕을 두고 있다. 조선왕조 이후 국교가 된 유교는 더욱더 식사예절을 의례화하였다. 음양오행사상을 기본으로 하는 유교적 가치관은 상차림에서도 예외가 될 수 없어서, 밥이 있으면 반드시 국이 있어야 하는 음과 양의 서로 대칭되는 결합이었다.

밥은 왼편에 국은 오른편에, 종지는 밥과 국의 뒷편에 등등으로 배열되는 상차림법은 물론 『예기』에 그 근거를 두고 있지만, 잡수시는 사람의 입장에서 편안한 마음가짐으로 드시게 하기 위하여 배려한 결과이다. 이것은 곧 상차림법이 되었다. 유교식 전통과 예의를 갖춘 검소한 상차림으로의 복귀는 한말 이전의 전통 상차림으로 돌아가는 것이다.

조선왕조시대 양반의 윤리는 '손에는 돈을 쥐는 일이 없고 쌀값은 묻지 말아야 하는' 돈이나 권세·물정에 초연하는 자질을 지니는 것이었다. 순조임금 이후부터 한말 일본 침략에 의한 민족적 굴욕과 그 침략 과정을 겪으면서 붕괴되는 신분 몰락에 따른 계급 해체는 갑자기 부상하는 새로운 양반계급을 양산하였고,

그들은 자기 신분의 과시로서 『시의전서』식의 화려한 반상문화를 잉태시켰다. 『시의전서』식의 반상차림법은 방신영으로 이어졌고 그대로 지금도 적용되고 있는 실정이다.

일본 통감정치 때에 한 천민 출신인 길영수(吉永洙)라는 자가 새로운 시대 조류를 타고 육군 참령(소령)으로까지 승진을 하자 '양반없소'라는 다음과 같은 민요가 유행하기도 하였다.

내주머니 양반(兩半은 한兩 닷돈) 중
길영수가 닷돈 먹고
일진회가 닷돈 먹고
쪽발이가 닷돈 먹어
양반은 없소

검박한 식사를 미덕으로 알았던 조선왕조와 양반들의 상차림은 이와 같이 철저히 붕괴되는 과정은 겪었다.

계급 붕괴가 가져온 유교적 가치관의 몰락을 겪은 한국민에게 또 하나의 시련이 있었으니, 6·25 전쟁 이후 급격히 들어온 서양문화가 그것이다. 서구주의란 개인주의·자유주의·박애주의·평등주의로 크게 대별된다. 이러한 서구주의가 잉태되고 꽃을 피우기까지 그들은 많은 희생을 치루었고 그 역사는 깊다.

개인주의·자유주의·박애주의의 역사가 없는 한반도에 6·25 전쟁을 계기로 서구문화가 물밀듯이 들어옴으로써, 개인주의는 독선, 자유주의는 방종, 기독교의 박애주의는 구원의 종교로 받아들이게 되었다. 게다가 자신들이 갖고 있는 전통문화에 대한 불신마저 갖기에 이른다. 한마디로 방향감각을 상실한 채 표류하는 돛단배가 되어, 서양문화는 우리것보다 우월하다는 인식하에 아무 비판

없이 서양의 그것을 받아들였다. 서양의 합리주의적 가치관이 한국의 유교적 가치관과 부딪쳤을 때 오는 갈등의 해결 방안을 조금도 모색하지 않았던 것이다. 음과 양이 조화된 상차림법과, 잡숫는 분의 입장을 고려하여 정성을 다하여 배려하는 상차림법은 물론 붕괴되고 있다.

 술과 관련된 제사문화를 예로들어 언급하면 제사란 길례(吉禮)에 속하는 것으로 슬픈 의례가 아니라 즐거운 의례 중의 하나이다. 제삿날을 대비하여 한[大] 항아리의 술을 빚어 제삿날 조상님께 올리고, 가족들은 제사를 지내고 나서 그 한 항아리의 술을 나누어 마시게 된다. 우리는 이것을 음복(飮福)이라고 이야기하고 있다. 그러나 한 항아리의 술은 조상신과 가족 모두가 함께 마시는 술이며, 곧 가족의 결속을 다지는 행위이다. 조선왕조가 유교를 표방한 것은 제사를 통하여 가정·사회·국가를 결속시키고자 함에 있었다. 가족의 결속에서 가장 중심적 역할을 하였던 제사문화는 기독교가 들어옴으로써 서서히 붕괴되고 있다. 물론 일부분이겠지만 서구의 박애주의를 밑바탕에 둔 기독교 문화는 한국에 들어와 구원의 종교로 화하면서 유교적 가치관의 핵심적 요소인 제사를 우상숭배로 이야기하는 경우도 있다.[160]

2. 검박한 반상차림으로의 복귀는 우리의 과제이다

 식사예절의 본질은 생명과 직결되고 있으면서, 식색(食色)은 곧 성품이라고 하는데에서 찾을 수 있다.[161] 따라서 아무리 시대가 급속히 변한다 할지라도 음식지도(飮食之道)가 갖고 있는 기본적 본질은 변할 수 없다. 생명·정성·상호간의 배려로 요약되는 것이 동·서 고금을 막론한 식사예절의

160_ 김상보, 『생활문화속의 향토음식문화』, 신광출판사, 2004, 128~138쪽.
161_ 許筠, 『屠門大嚼』, 1611.

본질이다.

  현대는 너무도 급격히 변하고 있다. 이 지식의 홍수 속에서 우리 모두는 여유 있게 밥 먹을 시간조차 할애하지 못한 채 하루하루를 살아가고 있다. 복잡하고 바쁜 일상에서,『시의전서』식의 세계에서 유래가 없는 복잡한 밥상차림을 어떻게 매일의 식탁에다 벌려 놓고 먹을 수 있겠는가. 또 이러한 상차림은 우리 식사예절의 근간을 뒤흔드는 것이다.『시의전서』식 반상차림법이 현재까지 통용되고 있는 것은 우리의 반상차림에 대한 학문적 검증도 없었고 자신이 속한 전통음식문화에 무관심했던 결과의 산물이다.

  조선왕조 시대로 돌아간다는 것은 어패가 있으나 반상문화에 대한 왜곡 변질을 바로 잡아 현대화시키는 작업은 21세기의 음식문화 발전에 대비한 커다란 과제가 될 것이다.

제 3장 술상문화

제1절 술상차림

술이 식탁 위로 올라온 역사는 상당히 길다.『의례』「공식대부례」에서 공(公)이 대부(大夫)에게 식사 대접을 할 때 정찬 속에는 밥·국·초장·찌개·김치·수육과 함께 술이 포함되어 있었으며, 정찬7에 해당되었다(제 2장 참조). 이 정찬 속의 술은, 그로부터 3000년의 세월이 흘러 정조19년(1795) 경이 되자 밥상과는 별도로 술상이라는 개념 아래 탕에 국수를 곁들여 한 조가 되게끔하는 문화로 정착되어 있었다. 그러니까 '술상문화'라는 독특한 조선왕조만이 가진 음식문화로 재정립된 셈이다.

밥상이 밥과 국으로 기본을 삼았다면 술상은 면(麵)과 탕(湯)을 기본으로 하였다. 그래서 탕을 '술국'이라고 말한다. 술을 마시면서 술안주로 탕을 먹고, 마지막에 국수를 탕에 말아 먹음으로서 속을 푸는 것이다. 밀가루를 진말(眞末)이라고 할

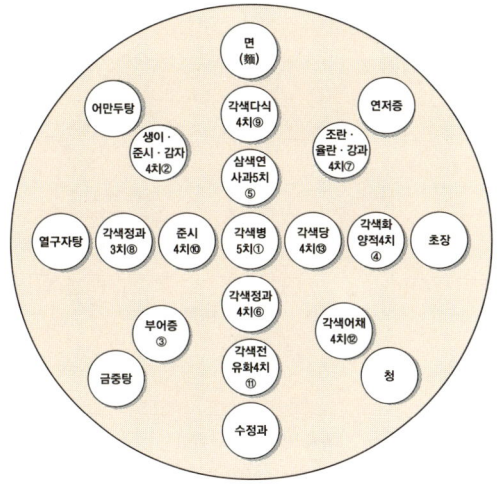

〈그림 1〉 혜경궁홍씨께 환갑연 때 올린 조다소반과(早茶小盤果)(「원행을묘정리의궤」, 1795)

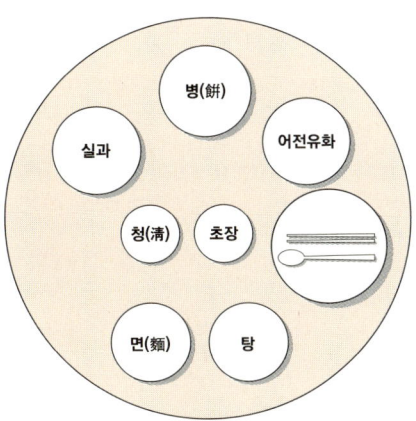

〈그림 2〉 내빈(內賓, 왕족)에게 혜경궁홍씨 환갑연 때 베푼, 주찬(晝饌),「5첩상」
       (「원행을묘정리의궤」, 1795)

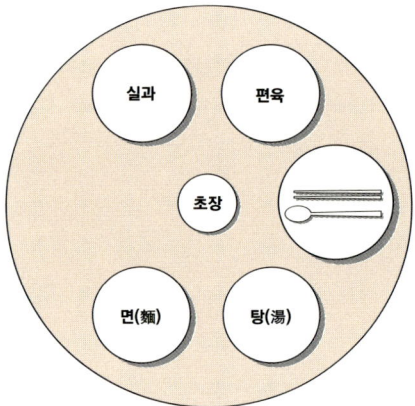

[흑칠족반, 유기, 4기]

〈그림 3〉 내빈(왕족)에게 혜경궁홍씨 환갑연 때 베푼 야찬(夜饌), 「4첩상」(「원행을묘정리의궤」, 1795)

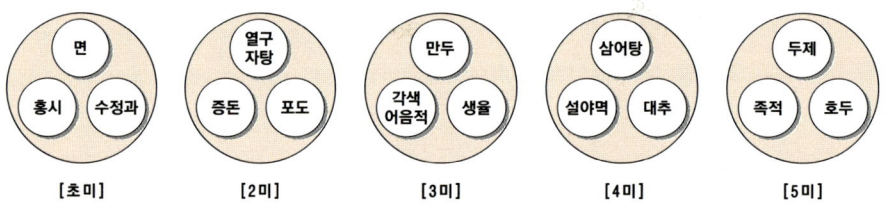

〈그림 4〉 1719년 외진연 때 외선상(「진연의궤」, 1719)

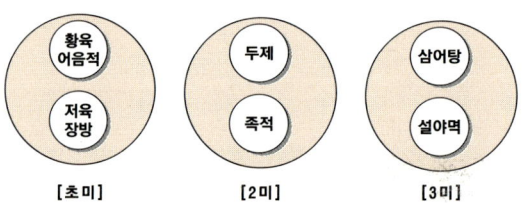

〈그림 5〉 1765년 외연 때 외선상(「수작의궤」, 1765)

정도로 쌀보다는 밀가루가 훨씬 비쌌던 조선사회였기 때문에 대부분의 민중들은 밀국수 대신에 메밀국수를 먹었지만, 이러한 양상은 궁중에서도 예외가 아니어서 대체적으로 메밀국수가 주류를 이루었다. 따라서 국수를 만들어 탕에 넣어서 먹되, 추운 겨울에는 탕이 식으면 안되기 때문에 즉석에서 끓여 술안주로 떠서 먹는 탕, 즉 신설로라고 흔히 이야기하는 열구자탕이 정조19년 이후 술안주의 대표로서 전국적으로 급속히 퍼져나갔다.

원래 열구자탕(悅口子湯, 입을 즐겁게 하는 탕)은 중국에서는 훠궈쯔[火鍋子]라 하여 당시 청나라 대륙을 전국적으로 휩쓸었던 인기있는 음식이었다. 이것이 한반도에 들어와(다분히 중국사신으로 다녀온 연행사 일행이 들여 왔을 것으로 추측됨) 조선왕조에서「열구자탕」으로 재탄생되어 고급 탕의 하나로 부상되었던 것이지만, 이 궁중음식은 급속히 사대부가로 퍼져 나갔다. 급기야 한 말이 되자 전국의 내로라 하는 술집에서 대표적인 술안주로 자리매김을 하고 있었다.

정조대왕의 어머님이신 혜경궁 홍씨를 위해 아침에 차려드린 술상인「조다소반과(早茶小盤果)」에서도「열구자탕」이 면과 한 조가 되어 등장한다(〈그림 1〉). 면과 열구자탕을 중심으로 19기가 오른「조다소반과」는 조선왕조에서 환갑을 맞이한 혜경궁 홍씨께 올렸던 간단하게 차린 술상차림이다. 정식 연회 때 올리는 술상차림은 보다 더 화려하였다. 그럼에도 불구하고 왕족이었던 내빈에게 올린 〈그림 3〉과 〈그림 4〉에 비하면 훨씬 화려한 모습을 보여준다. 총 19기 중 13기는 자기에 음식을 3치[寸]에서 5치까지 높게 고임음식으로 담아 소수파련(小水波蓮)을 위시해 홍도간화(紅桃間花)·홍도별삼지화(紅桃別三枝花)·지간화(紙間花)·홍도건화(紅桃健花) 등의 상화를 꽂았다. 그러나 혜경궁 홍씨 환갑연 때에 베풀었던 왕족인 내빈에게는 5기로 구성된「5첩상」과 4기로 구성된「4첩상」이 면과 탕을 중심으로 차려지고 있다. 왕족은 앞서 기술한 바 있듯이 정조대왕과 마찬가지로 일상식에서「7첩상」을 제공했던 최고의 지위계층에 있었던 사람들인데, 「4첩상」과 「5첩상」인 것에 주목할 필요가 있다(〈그림 2, 3〉).

이번에는 왕과 군신을 중심으로 열렸던 국가적 행사이자 공식적인 외연(外宴)에서의 술상차림을 살펴보자. 숙종 45년(1719)의 외연인 「진연(進宴)」때 가장 높은 대신들에게 베푼 술상차림의 기본은 3기를 차린 「3첩상」이었고, 영조 41년(1765)은 「2첩상」이었다(〈그림 4, 5〉). ⁻¹⁶² 물론 진연 때 상차림은 순조 이후 점점 화려해져, 고종대에 이르면 사치한 모습을 드러내지만, 〈그림 4〉와 〈그림 5〉는 1800년대 이전까지 「외연」에서의 대체적인 술상차림이라고 보아도 좋다. 술행주의 순서에 맞추어 술안주 5상, 술안주 3상을 점진적으로 배선하는 초미(初味)·2미(二味)·3미(三味)·4미(四味)·5미(五味) 등과 같은 시계열형(時系列型) 배선은 『의례』를 기준한 보다 격이 높은 국가적 행사에서 주법(酒法)에 맞추어 행해진 것이기 때문에 각각의 미수(味數)를 구성한 3기와 2기, 즉 「3첩상」과 「2첩상」을 기본상차림으로 보아야 한다.

궁중에서 행해지는 공식적인 연회는 아니지만, 임금이 대신들을 위해 연회를 할 수 있도록 물자를 대주는, 즉 사연(賜宴)하는 경우가 기록물에 종종 등장한다. 이들에 대한 검토를 통하여 궁중 외연에 올랐던 〈그림 4〉와 〈그림 5〉가 비교될 것이다.

중종(재위 1506~1544)이 중종 30년(1535)이 되던 해 왕세자 교육을 담당하던 서연관(書筵官) ⁻¹⁶³ 을 비롯하여 세자시강원(世子侍講院) ⁻¹⁶⁴ · 경연관(經筵官) ⁻¹⁶⁵ · 춘추관(春秋館) ⁻¹⁶⁶ 관원 39명에게, 경복궁 근정전 앞 좌측 뜰에 깔자리를 깔고 장막을 쳐서 자리를 마련한 다음 연회를 베풀었다. 〈그림 6〉은 이 때의

162_ 김상보, 「17·18세기 조선왕조 궁중연향 음식문화」, 『조선후기 궁중연향문화 권1』, 민속원, 2003, 352·367쪽
163_ 서연관(書筵官) : 서연이란 왕세자 앞에서 경서를 강론하는 자리이고, 서연관은 서연에 참례하는 벼슬아치를 말함
164_ 세자시강원(世子侍講院) : 왕세자에게 경사(經史)를 시강하여 도의(道義)로서 규간(規諫)하는 일을 맡았던 관청
165_ 경연관(經筵官) : 경연이란 임금 앞에서 경서를 강론하는 자리이고 경연관이란 경연에 참여하는 관원
166_ 춘추관(春秋館) : 시정(時政)의 기록을 맡은 관아

〈그림 6〉「중묘조서연관사연도(中廟朝書筵官賜宴圖)」(1535). (박정혜외 2人, 『조선왕실의 행사그림과 옛지도』 민속원, 2005, 128쪽)

사연도(賜宴圖)이다.

근정전이 북쪽에 자리하고 맞은편 남쪽은 근정문이며, 동쪽은 일화문(日華門) 서쪽은 월화문(月華門)이다. 근정전 가까운 장막 아래에는 주탁(酒卓)을 담당한 사옹원 소속의 관원 세명이 서서 술을 배선하기 위하여 대기하고 있다. 주탁에는 술단지 준(尊)과 술병·술잔 등이 놓여있다. 근정문 가까이에는 6명의 악공이 앉아 악기를 연주하고 있고, 악공들 앞에는 관기인 듯한 6명의 여성들이 다음 차례의 춤을 추기 위하여 대기중이다. 이들 앞에 2명의 한삼을 입은 관기가 춤추고 있다. 23명의 관원들은 각자 음식상 하나씩을 앞에 받고 앉아있다. 상은 흑칠원족반(黑漆圓足盤)이다. 북쪽에 앉은 관원이 지위가 가장 높을 것이다. 상위에는 상화(床花)가 꽂혀져 있는 높게 고인 고임음식 1기(약과일지도 모르겠다)를 중심으로 탕과 면일 가능성이 있는 2기에서 3기가 더 차려져 있다. 연회는 이미 절정에 올라 우측으로 퇴장하는 관원도 보인다. 한 명은 술에 취하여 부축을 받고 있다. 근정문 가까이 좌측에도 만취되어 걸음 조차 걸을 수 없는 듯 부축을 받고 연회장을 막 나오고 있다.

이 「중묘조서연관사연도(中廟朝書筵官賜宴圖)」는 1500년대 중반 나라에서 중신들에게 베푼 연회의 규모와 분위기를 알게 해주는 중요한 자료이다. 사옹원 관리들이 담당했던 주탁이 근정전 가깝게 놓여져 있는 것은 사온서(司醞署)-[167] 에서 만든, 임금이 선온(宣醞, 임금이 신하에게 술을 하사함)하신 술을 상징하는 것이다. 주탁은 보통의 주탁이 아니라 중종의 상징이기도 했다. 선온하신 술과 풍악 그리고 술안주가 삼위일체가 되어 벌어지고 있기는 하지만, 요즘의 관점으로 보아서 술안주 3~4기를 차려놓고 벌어진 이 때의 연회는 결코 화려한 연회는 아니었다.

선조 36년(1603) 9월에 형조참판이 된 이거(李遽, 1532~1608)의 모친 채씨는 이 해에 100세가 되었다. 이 보고를 받은 선조(재위 1567~1608)는 이거의 부친을 이조참판으로 추증하고 채씨를 정부인(貞夫人)으로 봉하였다. 선조 38년(1605)에는 정부인 채씨가 102세가 되던 해로, 4월에 서평부원군 한준겸(韓浚謙, 1557~1627)의 제의로 70세 이상 노모를 모시고 있는 13명이 계(契)를 결성하였다. 이를 알게된 선조는 특령(特令)을 내려 잔치에 드는 비용을 보조하게 하고 연회를 열도록 사(賜)하였다.

연회 당일 진시(辰時, 오전 7~9시)에 계원들은 대부인(大夫人, 어머니)들을 모시고 연회장에 도착하였고 자제들은 이에 앞서 해가 뜰 무렵에 행사장에

167_ 사온서(司醞署) : 궁중에서 사용하는 술을 바치던 관아

〈그림 7〉「선묘조제재재경수연도(宣廟朝諸宰慶壽宴圖)」(1605). (박정혜 외 2人, 「조선왕실의 행사그림과 옛지도」 민속원, 2005, 133쪽)

도착하였다. 대부인들이 이르자 상견례를 하고 차부인(次夫人, 며느리)들로부터 절을 받고는 치사(致詞, 경사가 있을 때 올리는 송덕頌德)를 올린 다음 상수연(上壽宴)을 하였다.

　손님이 많은 듯 음식을 준비하기 위하여 임시로 만든 가가(假家) 부엌에는 임시로 설치한 대형 탕 끓이는 가마가 5군데나 있고, 수육[熟肉]이 담겨 있을 법한 커다란 솥[鼎]도 부엌 벽을 끼고 바로 좌측에 3개가 놓여 있다. 부엌 안에는 행사장에 보낼 준비가 다 되어있는 음식이 차려진 원족반 12개가 놓여있는데, 위에는 상화를 꽂은 음식과 그 밖에 탕과 면이 한 조가 되고, 한 그릇이 더 올랐다면 수육일 가능성이 있는 음식이 담겨있다. 남자 시동들이 음식을 나르기 위해 분주하게 오고가고 있다. 부엌 맞은편에는 임시로 가설한 막차(幕次)가 있다. 병풍을 둘러 연석을 마련한 그 안에는 11명의 남자 손님들이 각자 원족반 음식상을 앞에 놓고 앉아 있다. 기생 한 명은 악기를 연주하고 앞 쪽의 기생은 술단지와 술병을 담당하는 듯 술을 올리기 위하여 대기하고 있다(〈그림 7〉).

　〈그림 8〉 역시 임시로 가설한 막차에 병풍을 둘러 연회석으로 삼았다. 그 날의 가장 중심에 있었던 행사장면도이다. 붉은 탁자 위에는 꽃을 꽂은 2개의 준화(尊花)가 놓여져 있다. 당(堂) 위 가장 북쪽에 남향하여 앉은 여인이 102세 정부인 채씨이며, 채씨의 바로 앞 우측에 명부(命婦) 중 가장 품계가 높은 강신(姜紳, 1543~1615)의 모친 정경부인(貞敬夫人) 파평윤씨(83세)를 중심으로 9명의 대부인들이 앉았다. 대부인들 뒤에는 계원들의 부인인 차부인(次夫人, 며느리)들이 좌정하고 있다. 각자의 앞에는 원족반 음식상이 놓여있다.

　기생 한 명이 춤을 추고 있는 뒤에는 한 명의 자손이 엎드려 절을 올리는 모습이 보인다. 아마 13명이 차례 차례로 올라가 절하였을 것이다. 당 아래 뜰에는 2명의 기생이 악기를 연주하고 있으며, 맞은 편에 술단지와 술병들 몇 개가 올라있는 주탁이 보인다. 주탁담당 기생들은 술을 따르기 위하여 대기하고 있다. 주탁 앞

〈그림8〉 「선묘조제재경수연도(宣廟朝諸宰慶壽宴圖)」(1605). (박정혜 외 2人, 『조선왕실의 행사그림과 옛지도』 민속원, 2005, 136쪽)

편에 늘어선 기생들은 춤추기 위하여 차례가 오기를 기다리는 듯하다. 문에는 2명의 기생이 음식을 나르고 있는데 절을 마친 자손인 듯한 2명의 남자가 짝을 이루어 춤추는 모습이 보인다. 당시의 경로사상과 임금이 내리신 사연의 모습을 엿볼 수 있는 그림이다.[168]

〈그림 9〉 역시 선조 38년에 행한 경수연도이다. 강신(姜紳)·박동량(朴東亮, 1569~1635)·윤돈(尹暾, 1551~1612) 등 13명이 계원의 중심인물이고 벼슬하는 자제 7명도 계원에 합해졌다. 중심계원 등은 진시(辰時, 7~9시)까지 대부인을 모시고 행사장에 도착하였다. 자제들은 이에 앞서 해가 뜰 무렵에 도착하였다. 강신의 대부인 정경부인 파평윤씨(83세), 홍이상 대부인 정부인 인천채씨(103세), 박동량 대부인 정경부인 선산임씨(75세), 윤돈 대부인 정경부인 고성남씨(80세) 등 대부인 10명에게 차부인 10명을 배석시킨 가운데 연회를 열어 드렸다.

건물 안에 병풍이 둘러쳐져 있고 북쪽에서 남향하여 강신의 대부인과

〈그림 9〉 「경수연도(慶壽宴圖)」(1605). (서인화·진준현, 『조선시대음악풍속도 1』 민속원, 2002, 101쪽)

홍이상의 대부인을 비롯한 4명이 머리에 꽃을 꽂은 채 남쪽으로 향하여 앉았다. 동쪽과 서쪽에도 역시 머리에 꽃을 꽂고 서로 마주 보고 겹줄로 앉아 있는데 앞줄은 대부인들이고 뒷줄은 차부인들이다. 이들 모두 앞에는 3기(器)를 차린 주칠원족반(朱漆圓足盤)이 한 상씩 놓여 있다. 가운데에는 한 명의 자손이 엎드려 절을 올리는 모습이 보인다. 절을 마친 자손인 듯한 2명의 남자가 머리에 꽃을 꽂은 채 짝을 이루어 춤추고 있다. 〈그림 8〉에서도 이와 똑같이 짝을 이루어 춤추는 모습이 보이는 바, 당시에는 짝을 지어 춤추는 것이 의례였는지 모르겠다.

짝을 이루어 춤추는 우측 하단에는 유밀과인 듯한 것을 고여 담은 음식에 연꽃상화가 꽂힌 고임음식 4기(器)가 차려진 주칠고족상(朱漆高足床)이 놓여져 있다. 간반(看盤)이다. 간반 하단에는 머리에 꽃을 꽂은 기생들이 춤 출 차례를 기다리며 앉아 있다. 건물 좌측에는 내외를 엄격하게 가린 탓에 악공들의 시야를 차단하기 위하여 장막을 쳐서 내부와 격리시켰다. 격리된 이 장소에서 남자 악공들이 음악을 연주하는 것이다. 여성들을 위한 연회에서 장막으로 남자악공을 차단시킨 철저한 내외 법도를 엿보게 한다.

물론 탐관오리들 중에는 연회 때 진수성찬을 차려 놓고 하는 경우도 있었을 것이지만, 이상에서 살펴본 바와 같이 정도를 밟으며 살았던 군자이고자 한 조선시대의 유학자 대부분은 검박하게 연회를 치루었다. 그러나 눈에 보이지 않는 최고의 손님이었던 조상신을 대접하는 향연(젯상)에서는 예외로 하지 않으면 안 된다.

어찌되었든 위로는 궁중에서부터 아래로는 일반 민중에 이르기까지 술상차림에서의 기본은 탕이었다. 그래서 1800년대 중엽 홍석모(洪錫謨)도 술을 빚어놓고 먹는 음식의 대표는 열구자탕(悅口子湯)이라 하였다.[169] 궁중에서도 가장 잘 차렸을 때가 「5첩상」이었던 술상차림은 한말이 되자 그대로 탕과 국수가

168_ 박정혜 외 2人, 「조선왕실의 행사그림과 옛지도」, 민속원, 2005, 127~130쪽

주류를 이루는 가운데 전개되었다. 그러나 1909년 명월관 개관 이후 상다리가 부러질 정도의 차림새로 변하였다. 이것은 당시의 음식문화에도 크게 반영되어 1939년 경의 방신영의 상차림법에도 반영되었던 것이며 현재에 이르고 있다.

제 2절 술

술과 안주인 효(肴)에 대한 기록의 초출(初出)은 삼한시대이다. 영고(迎鼓)·동맹(東盟)·무천(舞天) 등과 같은 제천(祭天) 의식 때에 밤낮으로 군집하여 술을 마시면서[飮酒] 춤을 추고 노래하였다[歌舞]는 것이다.[170] 이 때의 음주가무란 다름 아닌 신을 맞아 음복(飮福) 하면서 그 기쁨을 노래와 춤으로 표현한 것으로 보지만, 엄밀하게 말하면 눈에 보이지 않는 큰 손님인 신에게 연회를 베푸는 것이 제천의식이기 때문에, 눈에 보이는 손님을 위해서 연회를 베푸는 술상차림과도 일맥 상통하는 밀접한 관계가 있다.

음복이란 신과 인간이 공음공식(共飮共食) 하는 것이다. 고대로부터 조선왕조 말까지 궁중에서 연회를 할 때에는 인간끼리의 연회에 앞서 신에게 음식을 먼저 드리는 행위가 수반되었다. 그리고 나서 음복한 다음 본격적인 인간의 연회가 시작되었다. 그래서 연회의 끝부분에서는 연회장에 강림하신 신의 길을 열어드리는 처용무와 같은 춤을 춤으로서 연회장을 정화시키는 절차가 있었다.[171] 연회나 제사는 같은 맥락에서 출발한다. 연회에서 빠질 수 없는 것이 술이다. 본디 술이란 ethyl alcohol을 함유한 치취성(致醉性) 음료로서, 마시면 감각과 이성이 마비되고 황홀한 경지에 빠지게 된다. 고대에는 이 치취성 음료가 주는 황홀한 경지를 초자연적인 힘이 작용한 신들린 경지라고 생각하였다. 왕이 곧 박수무당이었던 시절, 왕은 신의 힘을 빌려 비올 것을 기도하는 등의 영험한 존재가 되어야 했다. 이 때 황홀한 신들린 경지에 들어가 신과 합체되어 신의 말씀을 계시받는 것이다. 연회장에서도 신과 합체가 되어 복을 받기 위해서는 음복을 통하여 신들린 경지에 빠질 필요가 있다. 연회장에 반드시 존재하는 춤과 노래는 그 기쁨을 표현하는 수단 이었다.

삼국시대 초기부터는 중국의 사서가 아닌『삼국사기』를 통하여 당시의 문화를 알 수있는데-[172] 농작물의 수확에 따라 금주령이 반복되면서 조선왕조 말까지 이어졌다. -[173] 술이 수반되는 크고 작은 연회는 인간의 삶을 동반하는 역사 속에서는 빠질 수 없는 것이었다. 백제인 수수보리(須須保利)는 일본의 응신천황(應神天皇, 270~312) 때 일본으로 건너가 천황을 위하여 누룩을 이용한 새로운 방법으로 술을 빚어 주었다. 그는 이 술을 마시고 취하여 다음과 같은 노래를 불렀다고 한다. -[174]

수수보리가 빚어 준 술에 내가 취했네
마음을 달래주는 술 웃음을 주는 술에 내가 취했네

수수보리는 그후 일본의 주신(酒神)이 되었다.『연희식(延喜式)』(927)에 의하면 술 8말[斗]을 빚는데 쌀 1섬[石]·누룩 4말·물 9말이 들어가고, 예주(醴酒) 6되[升]를 만드는데 쌀 4되·누룩 2되·술 3되 를 쓴다고 기록하고 있으므로

169_ 洪錫謨,『東國歲時記』, 1849
170_ 『魏志』「東夷傳」
171_ 김상보,「20세기 조선왕조 궁중연향 음식문화」,『조선후기 궁중연향문화 권 3』, 민속원, 2005, 416쪽
172_ 『三國史記』「高句麗本紀」大武神王 11년(28) 條에는 맛좋은 술을 뜻하는 지주(旨酒)란 말이 등장함
173_ 『三國史記』;『高麗史』;『朝鮮王朝實錄』
174_ 이성우,『한국식품 사회사』, 교문사, 1995, 198~199쪽
175_ 초(酢) 란 뜻은 손님[客] 이 주인(主人)에게 술잔을 돌려 준다는 의미.
176_ 행주(行酒) 란 술을 돌린다는 의미.
177_ 김상보,『음양오행사상으로 본 조선왕조의 제사음식문화』, 수학사, 1995, 51쪽.

이들이 수수보리가 가르쳐 준 술 빚는 비법인지도 모르겠다.

조선왕조에 들어서서 『의례(儀禮)』의 유교식 주법(酒法)이 정착하게 되었다.

손님과 주인이 재배(再拜, 절을 두번함).
주인이 손님에게 1잔의 술을 권함, 헌작(獻爵).
주인이 손님에게 안주[肴]를 권함.
손님이 주인에게 1잔의 술을 권함, 초작(酢爵).-175
주인이 손님에게 1잔의 술을 돌림, 수작(酬爵).
수작 이후 일동에게 행주(行酒).-176, 177

헌작·초작·수작 이후 행주하게 되는 이 주법은 각 마을의 향음주례(鄕飮酒禮)에서 널리 채택되었다. 결국 제례에서 '술3헌'이 나오게 된 배경도 헌작·초작·수작 개념에서 나온 결과이다. 향음주례·제례·연회 등에서 정식으로 헌작·초작·수작 그리고 행주가 채택됨에 따라 술제조와 술안주, 술상차림법 등이 정례화됨은 물론, 주도(酒道)가 생겨났다. 주도 안에는 술을 둘러싸고 형성된 다양한 문화적 요소가 들어있고 이것을 쉽게 표현하여 풍류(風流)라 부르게 되었다.

조선시대 술은 크게 세종류가 있었다. 막걸리(탁주)와 청주(약주) 그리고 소주이다. 멥쌀밥 또는 죽에 삼복 한 여름에 만든 누룩가루와 물을 넣고 1차 발효시킨 다음(이것을 밑술이라 하였다), 여기에 찹쌀밥과 물 그리고 누룩가루를 화합하는 것이다(이것을 덧술이라 하였다). 보통 막걸리는 밑술 단계에서 끝내는 술이지만 청주는 밑술과 덧술 단계를 거쳐서 완성되는 술이다. 덧술할 때 진달래꽃·배꽃·국화꽃·소나무잎순 등을 넣게 되면 약주(藥酒)라고 불렀다. 청주를 소주고리로 증류한 것을 소주(燒酒)라 하였다.

술을 빨리 만들어 먹기 위하여 이미 만들어놓은 술에 누룩가루와 밥(죽)을 혼합하여 양조하기도 하였다. 이것을 과하주(過夏酒) 라 하였다. 더운 여름철 술을 저장할 수 없으므로 생겨난 술로서, 이 술을 시급주(時急酒)·일일주(1日酒)·칠일주(7日酒)·하절삼일주(夏節3日酒) 라고도 하였다.

청주(약주)에도 다양한 종류가 있었다. 소국주(小麴酒)·두견주(杜鵑酒)·도화주(桃花酒)·송순주(松笋酒)·행화춘주(杏花春酒)·향온주(香醞酒)·송화주(松花酒)·이화주(梨花酒)·죽엽주(竹葉酒)·오가피주(五加皮酒)·감향주(甘香酒)·유하주(流霞酒)·백화주(百花酒)·벽향주·등양주·녹파주·두강주·별주·부의주·황금주·점감주·화양주·절주·삼해주(三亥酒) 등이 그것이다.

한편 소주는 지역에 따라 독특한 맛을 내는 지역적 명주로 발달하여 관서(평양)에는 「감홍로(甘紅露)」, 해서(황해도)는 「이강고(梨薑膏)」, 호남(담양)은 「죽력고(竹瀝膏)」라는 소주로 이름을 날렸다. 물론 호서와 경기에도 비록 소주는 아니지만 「청명주」와 「태상주」란 명주가 있어서 지역을 대표 하였다.[178]

한말에 술 중의 술로서 인식되어져 연회와 제사 때에 필수적인 술로서 자리했던 약주는 과실주와 유사한 맛을 내고 황적색을 띄고 있었다 한다.[179] 황해도 이남, 특히 한양 근처에서 많이 마셔서, 10월 말에 양조를 시작하여 다음 해 5월 말에 끝냈다. 술집은 물론 상류층에서도 양조하였다. 자가용 약주(가양주家釀酒)에는 몇 종류의 향료와 계피 등을 첨가하는 것이 통상적인 방법이었다. 양반집에서는 십수년 동안 저장하여 진중하게 사용 하기도 하였고, 부패를 막기 위하여 솔잎으로 뚜껑을 덮고 육계피를 넣기도 하였다. 약주의 산지로 가장 유명한 곳은 한양과 김천 그리고 공주였다.[180]

소주는 누룩·멥쌀·찹쌀·기장·소맥(밀) 등으로 양조하였다. 각 지방에서

178_ 김상보, 『한국의 음식생활문화사』, 광문각, 1997, 432~435쪽 : 유득공(1747~1800), 『京都雜志』: 『閨閤叢書』: 『飮食知味方』
179_ 朝鮮總督府, 『朝鮮事情』, 1922
180_ 村上唯吉, 『朝鮮人の衣食住』, 大和商會圖書出版部, 1916.

마셨으나 북쪽은 알코올 도수가 50도 가량, 남쪽은 30도 정도였다.⁻¹⁸¹ 사계절 음용 되었지만 가장 많이 마시는 시기는 6월에서 8월까지로 북쪽보다는 남쪽이 많이 마셨다. 품질은 평양산이 가장 좋았다. 소주에 꿀·설탕·홍국(紅麴)을 혼합하여 마시기도 하였다.⁻¹⁸² 탁주는 [밀가루죽+누룩+물] 또는 [찐찹쌀밥과 멥쌀밥+누룩+물]로 양조한 것을 여과시킨 흰색의 탁한 액체로 일반 민중의 기호음료로서 수요량이 많았다. 부패하기 쉽기 때문에 사계절 내내 양조하였다. 그러나 가장 수요가 많았던 시기는 2월에서 8월까지였다. 알코올 도수는 17도 또는 7도 정도였다. 노동자의 대부분은 탁주를 간식 대용으로 하였다.

이 밖에 소주가 기본이 되어 여기에 당이나 꿀 등을 첨가한 혼성주인 홍주·감홍로·이강주 및 약주와 탁주의 혼합물을 물에 희석한 백주, [찹쌀+소맥국+엿기름+소주]로 양조한 과하주류가 있었다.⁻¹⁸³,¹⁸⁴ 가장 수요가 많은 것은 역시 약주·소주·탁주였다. 그 가격과 판매를 보면 약주 1되에 한양 38전, 금천 36전, 조치원 27전 5리, 공주 77전, 목포 30전, 군산 13전이었는데, 이들의 가격 차이는 품질 때문이었다. 판매고는 12월부터 다음 3월까지가 가장 높았고, 하루에 한양은 7말에서 1말 5되, 금천은 6말에서 1섬, 조치원은 8말, 공주는 1섬 3말에서 1섬 4말을 판매하였다.

탁주는 1말에 1원이었다. 소주는 1되에 평양 75전(錢), 남쪽은 1원(圓) 50전에서 1원 60전, 원산은 2원이었다. 이들 술은 양조업자와 판매업자가 따로 있거나, 양조업자가 판매업을 겸하기도 하였다.⁻¹⁸⁵

181_ 朝鮮總督府, 『朝鮮事情』, 1922
182_ 村上唯吉, 『朝鮮人の衣食住』, 大和商會圖書出版部, 1916
183_ 村上唯吉 『朝鮮人の衣食住』, 大和商會圖書出版部, 1916
184_ 朝鮮總督府, 『朝鮮事情』, 1922
185_ 村上唯吉 『朝鮮人の衣食住』, 大和商會圖書出版部, 1916.

헌주가(獻酒家) : 대규모의 양조업을 하는 곳.

집주가(執酒家) : 소규모의 양조업을 하는 곳.

내외주가(內外酒家) : 자양(自釀) 하면서 몇 종류의 술을 팔고 주객을 초빙하여
　　　　　　　　　안주를 제공 하는 곳.

목석주가(木石酒家) : 일반 술집.

색주가(色酒家) : 작부가 손님을 위해 접대하는 곳.

모주가(母酒家) : 모주를 파는 곳.

탁주가(濁酒家) : 탁주를 파는 곳.

소주가(燒酒家) : 소주를 제조하여 판매 하는 곳.

병주가(甁酒家) : 병술집으로 소매 하는 곳.

주막(酒幕) : 행객(行客) 에게 음식과 술을 소매 하는 곳.

목로(木櫨) 술집 : 목로를 차려놓고 술파는 곳, 선술집.

제 3절 한말(韓末) 의 술집

　목석주가를 위시한 한말의 술집 풍경은 어떠하였을까.
　대규모로 약주를 만들어 팔았던 헌주가는 도매를 주로 했지만 소매도 하였다. 제조장의 규모는 작을 경우 2섬[石] 들이 커다란 독 60개 정도를 갖춘 곳이다. 1907년의 통계자료에 의하면 4홉[合] 들이 사발로 20잔이 들어가는 9되[升]들이 독에 넣어 독 째로 판매하였는데 가격은 1원 80전이었다. 한양에는 100집 정도의 헌주가가 있었다. 1년 동안 1만섬[石] 정도 만들어 팔았다.
　소주를 제조·판매하는 곳으로는 큰 독 100개 정도 갖춘 소주가가 있었다. 한양은 공덕리(孔德里, 공덕동)에 60집 정도, 기타 다른 곳에 40집 정도가

있어서 이들이 합해서 1년 동안에 2,500섬 정도를 만들어 팔았다. 한편 평안북도 의주(義州)에는 배갈[高粱酒]을 만들어 파는 집이 5집에서 6집 가량 있었다.

　탁주·백주(白酒)·과하주·소주를 헌주가나 소주가에서 사다가 병에 술을 담아 소매하는 곳이 병주가이다. 문에 병을 그려 붙이고 중간에 바침술집이라고 써놓고 술을 팔았기 때문에 병술집 또는 바침술집이라고도 하였다. 장국밥집에서는 술을 팔지 않았으므로 손님이 술을 마시려면 근처 병술집에서 사다가 마셨다. 병술집은 세월이 약간 지나 되술집이라고도 하였다.[186]

　주막 입구 좌판에 소머리 등을 늘어놓고(〈그림 10〉), 지붕 위로 솟은 바지랑대에 용수를 높이 매달아 놓고는 주막임을 나타내었다. 용수를 세워 놓는 이유는 용수가 술을 뜰 때에 사용되기 때문이었다. 새로 만든 신주(新酒)가 있을 때는 세죽(笹竹)을 세웠다.[187] 이 술집은 술파는 여인[酒婆]이 있어서 약주는 대략 3작(勺) 들이 술잔, 소주와 과하주는 2작들이 술잔, 탁주는 1홉 5작들이 사발에 술을 따라 손님에게 접대하였는데 손님이 원할 경우 소머리국밥도 겸하여 팔았다(〈그림 11〉).

어디든지 멀찌감치 통한다는

길 옆 주막

그 수없이 입술이 닿은

이 빠진 낡은 사발에

나도 입술을 댄다.

흡사 정 처럼 옮아오는

막걸리 맛 (김영호, 『酒幕에서』)

186_ 이성우, 『한국식품사회사』, 교문사, 1995, 284~289쪽
187_ 朝鮮總督府, 『朝鮮事情』, 1922

〈그림 10〉 주막 또는 소머리 국밥집 앞에 진열해 놓은 소머리(薄田斬雲 · 鳥越靜岐,『朝鮮漫畫』, 日韓書房, 1909)

1894년 경에 이르면 주막은 때로 여인숙을 겸하기도 하였다. '모석상두첨주전(莫惜床頭沽酒錢)'이라고 문에 글을 써놓은 주막에서는 명태·돼지고기·김치뿐인 안주와 술을 팔고, 음식값만 지불하면 잠을 잘 수도 있었다. 숙박료는 받지 않았지만 1실에서 수십 명 씩 묵거나 때로는 방에 메주덩어리를 천장에 매달아 놓는 집도 있었다.-188 1915년 쯤 되면 식사만 파는 집을 국밥집[湯飯屋], 약주만 파는 집을 약주집[藥酒屋], 탁주 만을 파는 집을 주막, 하등의 음식점을

〈그림 11〉「주막」(김홍도金弘道, 1745~1806년 이후,「단원풍속화첩」)

〈그림 12〉 「기산풍속도(箕山風俗圖)」 중 「촌가녀막」(19세기 말). 시골의 주막이다. 술을 팔고 여인숙을 겸한 집을 그렸다(조흥윤, 「민속에 대한 지극한 관심」, 민속원, 2004, 169쪽).

전골집[煎骨家]이라 하여 분업화 되는 경향을 보이지만 여전히 주막에서는 음식도 팔고 숙박을 겸하였다(〈그림 12〉).[189] 그러나 주막은 이후 밥집과 술집으로 완전히 분업화되는 양상을 보여준다.

'조선인의 술집은 조선인의 생명이라고 말할 정도이다. 술집은 집 뒤에 긴 대를 세워서

188_ 如因居士, 「朝鮮雜記」, 春祥堂, 1894
189_ 岡助, 「京城繁昌記」, 博文社, 1915
190_ 內藤八十八, 「古蹟と風俗」, 朝鮮事業及經濟社, 1927

그 끝에 기름종이로 바른 장방형의 제등(提燈)을 밤낮 구별 없이 높이 매달고 있다. 밤에는 납촉을 점화한다. 이 술집은 거의 하등 사회의 조선인을 대상으로 하는 것으로 양반은 절대로 드나들지 않는다. 술은 한잔에 5전이고, 이것은 안주를 포함한 값이다. 2~3잔 마시면 배가 나온다. 밥집은 그다지 큰 집이 아니고 대로에 높직이 제등을 매달지도 않는다. 돗자리 한 사람 사이에 토방을 세워서 짐꾼과 시골사람이 식사하는 곳이다. 밥에 고기국물을 넣었다. 여기에는 콩나물과 그 밖의 것도 들어 있다. 김치도 곁들여 진다. 또 불고기도 있다. 술집에는 문을 단 큰 집도 있지만 밥집에는 문이 있는 집이 거의 없다. 밥은 커다란 밥그릇으로 한 그릇에 10전 정도이다.'—190

한편 주막에서 술과 겸하여 판 소머리국밥은 영양가가 풍부한 자양식품으로도 인식되어 있었다.

'노동자 취향의 조선음식점 앞의 광경이다. 우도(牛刀)를 막대기 식으로 잡은 주인의 모습이 재미있다. 끓인 냄새가 말할 수 없이 코를 찌르고, 눈을 돌리면 옆집에서는 커다란 대 위에 익히지 않은 날것인 소머리가 얹혀져 있다. 국물을 내기 위한 소머리가 장식물로 얹혀져 있는 것이다. 피가 흐르고 파리가 몰려든다. 조선인은 공기에 몇 번이나 밥을 덜어 먹는 일이 없다. 일본 밥공기의 3배 정도 크기에 수북히 담아서 낸다. 젓가락은 사용하지 않고 숟가락으로 먹는다. 진수성찬은 소고기와 야채가 들어간 국이다. 커다란 솥에 소머리·뼈·껍질·우족을 넣어서 서서히 끓인 것이 국물로서, 별도의 작은 솥에 국물을 퍼담아 간장으로 맛을 내고 고춧가루를 얹는다. 의사의 감정에 의하면 소머리국은 정말로 좋은 것으로서 닭국물이나 우유에 비길 바가 아니다. 커다란 솥을 1년 내내 걸어놓고 씻는 일도 없이 매일 뼈를 바꾸어 가며 물을 보충하면서 끓여낸다. 이 국은 매일 끓이니까 여름에도 결코 부패하지 않는다. 이것을 정제하면 아마도 세계에서 둘도 없는 자양품이 될 것이다. 지금의 소머리국은 통조림으로 되어 한국 특유의 수출품으로서 상용될 것임에 틀림없다.'

개고기를 팔고 있지 않다는 간판으로서 소머리를 통 째로 가게 앞에 진열해 놓고,-191 국밥을 팔고 있는 광경에 대한 글이다. 아마도 1900년대 초에는 개고기가 소고기보다 가격이 쌌음이 틀림 없다. 소머리국의 자양품으로서 가진 가치를 칭찬하고 있는 것을 보면 일본인의 입장에서 역시 부러움의 대상이 되었던 음식이었던 것 같다. 국물과 건더기 고기는 별도로 사용하는 경우가 많아서 국물은 소금을 첨가하여 국으로서 사용했지만, 또 다른 음식을 조리하는 데에도 사용하였다. 국물 낸 고기는 간장에 찍어 먹거나 다른 요리에 이용되었다. 무릎뼈·꼬리·소의 위도 푹 고아서 국을 만들어 소금과 후추가루를 넣어서 먹고, 이것의 건더기는 별도로 간장에 찍어 먹기도 하였다.-192

주막과 비슷하지만 술만을 전문으로 파는 목로술집도 있었다. 목로(木櫨)란 술잔을 늘어놓는 탁상을 말하는데, 목로를 벌여놓고 술파는 집을 목로술집·목로주점, 또는 선술집·대포집이라고도 했다. 서울의 유명한 목로술집은 동대문 밖「흔코집」, 종로의「동양루」, 안국동의 「골탕집」, 송현동의 「황추탕집」이 있었다.

팔둑집이라고도 한 내외술집은 내외 분별을 하면서 술 파는 집이니까, 예의를 갖추어 파는 고급 술집인 셈이다. 겉으로 보면 가정집이지만 대문 옆에 「내외주가(內外酒家)」라고 써서 술병 모양으로 테를 둘러「내외술집」을 표시하거나 가등(街燈)을 달아 작부(酌婦) 없이 술만을 파는 집임을 상징하기도 하였다.-193 내외란 남(男)과 여(女)는 친척 이외에는 서로 만나는 일이 없었기 때문에 생겨난 말이고, 주인이 손님을 직접 만나지 않는 술집이라 하여「팔둑집」이라고도 하였다. 행세하던 가정의 과수댁이 생계에 쪼들려 사랑채에서 손님을 받는 곳이라, 비록 술장사를 하여도 손님이 들어서면 술상을 차려 문을 열고는 모습은 드러내지 않고 두 팔둑만 뻗쳐 술상을 들여 보냈기 때문에 붙여진 이름이다. 술안주로 탕과 편육 그리고 국수 등을 준비해놓고 팔았다. 얼마 안

있어 이「내외술집」은 젊은 여자가 술상에 나와 앉아서 시중드는, 곧 작부가 있는 색주가(色酒家)로 변질되었다.[194] (〈그림 13〉).

〈그림 13〉 기산풍속도(箕山風俗圖)」 중「색주가」(19세기 말). 작부가 손님을 위해 술잔에 술을 따르고 있다.
(조흥윤,「민속에 대한 기산의 지극한 관심」, 민속원, 2004, 125쪽)

제 4 절 안주

술이 있으면 안주가 있어야 한다. 술상차림에서 술안주로 대표할 만한 찬품(饌品)은 아무래도 술국으로 불렸던 탕일 것이다. 이 탕은 술안주이기도 했지만 술 마신 후에 속풀이를 하기 위하여 면을 말아 먹는 용도로서 술상에서 가장 핵심적인 안주가 되었다. 밥과 국이 한 조가 되었듯이, 면과 탕이 한 조가 되어 술안주를 겸하게 하였다.

사실 조선왕조시대에 가장 발달한 찬품은 탕일 것이다. 탕 한가지만 먹어도 충분히 한 끼의 영양소를 섭취할 정도로 다양한 재료로 구성되었다. 탕 가운데 한말에 이르러 일반 대중이 술국으로서 가장 즐긴 것은 아무래도 신설로(新設爐) 열구자탕(悅口子湯) 일 것이다.

정조 19년(1795) 이후 본격적으로 등장하는 열구자탕은 1849년의 세시풍속을 적은 『동국세시기』-[195]에서 10월의 시식으로 소개하고 있기 때문에 1800년대 중엽에는 상당히 대중에게 보급된 음식이었음을 알 수 있다.

'우육·저육·잡청(雜菁 여러 가지 나물)·과(瓜)·훈채(葷菜)·계란 등으로 장국을 끓이는데, 열구자 혹은 신선로(神仙爐)라 한다. 「세시잡기」를 보면 10월 초하루에 여러 사람들이 화로에 둘러 앉아서 고기를 구우면서 술을 마시고 먹으며 이것을 난로회(煖爐會)라 하였다. 『동경몽화록』-[196] 에 의하면 10월 초하루에 궁중으로

191_ 薄田斬雲·鳥越靜岐,『朝鮮漫畫』, 日韓書房, 1909
192_ 村上唯吉,『朝鮮人の衣食住』, 大和商會圖書出版部, 1916
193_ 西村眞太郎,『朝鮮の弟』, 朝鮮警察協會, 1923
194_ 이성우,『한국식품사회사』, 교문사, 1995, 284~289쪽
195_ 洪錫謨,『東國歲時記』, 1849
196_『東京夢華錄』은 중국 북송의 수도인 汴京의 번창기이다.

〈그림 14〉「기산풍속도(箕山風俗圖)」중「기생방의 배반」(19세기 말) 사대부 네명이 기생집에 놀러와 주안상을 벌여놓고 놀고 있다. 상 위에는 국수가 올라져 있다. 나머지 음식들은 인절미·약과·대추인 것으로 보인다(조흥윤, 「민속에 대한 기산의 지극한 관심」, 민속원, 2004, 121쪽).

난로에 피울 숯을 진상하고 민간에서는 술을 빚어 놓고 난로회를 했다. 지금 풍속도 역시 그러하다.'

신설로(新設爐)가 신선로(神仙爐)로 변질되어 정착되고 있음을 보여 주면서 중국으로부터 들여온 음식임을 분명히 하고 있다. 이 신선로는 세월이 50년 쯤 흘러 1900년대 초가 되자 여전히 신선로란 이름으로 술집에서 대중의 인기를 독차지 하고 있었다(〈그림 14~17〉).

〈그림 15〉 「기산풍속도(箕山風俗圖)」 중 「쌍륙」(19세기 말). 기생이 손님을 맞아 술상을 차려 놓고 쌍륙을 치고 있다. 술상 위에는 술병·술잔·국수가 차려져 있고 신설로 국물은 떠먹기 위한 수저가 놓여있다. 심부름 하는 남자아이가 신설로를 나르고 있다.
(조흥윤, 「민속에 대한 기산의 지극한 관심」, 민속원, 2004, 49쪽)

'신선로 속에 들어가는 국물은 소머리를 끓여서 만든 즙으로 이 속에 잣·밤이 들어가기 때문에 맛이 있다. 신선로 냄비를 중심으로 4~5명이 둘러 앉아서 먹는데 건더기를 다 먹고 즙만 남으면 이번에는 조선 명물 우동을 넣어 끓여 먹는다. 신선로의 묘미는 이 우동을 끓여 먹는 데에 있다. 특히 기둥의 노(爐)와 냄비가 일체가 되어 있는 것이 신선로의 특색이다. 선물로서 일본에 가지고 돌아가려고 맞추었다. 신선로란 그 진수성찬을 먹으면 신선과 수명을 같이 한다고 하는 의미인데, 냄비 제작은 주문이다. 일본에 수입하여 정교하게 개조하면 재미있을 것 같다.'[197]

〈그림 16〉 「기산풍속도(箕山風俗圖)」 중 「가객(歌客), 소리하고」(19세기 말). 소리꾼이 양반들의 주석(酒席)에 불려가 소리하고 있다. 술상에는 술잔과 국수·탕·젓가락이 얹어져 있다.
(조흥윤, 「민속에 대한 기산의 지극한 관심」, 민속원, 2004, 91쪽)

'신선로란 노의 명칭으로 그 노로 익히는 요리를 신선로라고 부르는 것이다. 소내장과 생선전을 주재료로 하고 은행·잣·달걀을 곁들여 소고기로 끓인 국물로 익히는 것이다. 겨울철에 따뜻하게 먹는다. 대단히 진중하기 때문에 술집에서는 일명 「친절로」라고도 부른다.'—[198]

궁중음식의 하나였던 열구자탕이 신선로라는 이름으로 4~5인이 둘러앉아 면(국수)를 말아 먹을 정도로, 커다란 신선로틀을 사용하여 대중화된 모습을

154

〈그림 17〉「사계풍속도(四季風俗圖)」중「설중난로(雪中煖爐)」

기록한 글이다(〈그림 18〉).

　이용기는 우리나라 탕에 대한 명쾌한 결론을 다음과 같이 내리고 있다. '탕은 밥 다음이요 반찬에 으뜸이라, 국이 없으면 얼굴에 눈이 없는 것 같은 고로 온갖 잔치에든지 신도에든지 탕이 없으면 못 쓰나니, 또 이것 아니면 밥을 말아 먹을 수 없으니 어찌 소중치 아니 하리요. 불가불 잘 만들어야 하나니라.'-199 라고 하였다.

　탕과 국을 혼용하여 잔치에서 국수를 말아 먹는 것도 탕, 밥을 말아 먹는 것도 탕이라고 하고 있지만, 탕은 음식 중에서도 가장 정성들여 만들어야 되는 것임을 잘 표현한 대목이다.

197_ 薄田斬雲・鳥越靜岐,「朝鮮漫畫」, 日韓書房, 1909
198_ 西村眞太郎,「朝鮮の弟」, 朝鮮警察協會, 1923
199_ 李用基,「朝鮮無雙新式料理製法」, 永昌書館, 1924, 61쪽

〈그림 18〉 음식점에서 4명이 신선로를 먹고 있는 모습. 신선로틀의 크기가 무척 크다.
(薄田斬雲・鳥越靜岐.「朝鮮漫畫」, 日韓書房, 1909)

제4장 종가를 통해서 본 젯상문화

제1절 종가음식

  우리나라는 삼면이 바다로 되어 있으면서 백두대간에 의하여 동서로 나뉘어지는 지리적 조건을 갖고 있다. 관북(關北)·관동(關東)·영남(嶺南)은 백두대간의 동쪽 편에 위치하며 관서(關西)·해서(海西)·경기(京畿)·호서(湖西)·호남(湖南)은 백두대간의 서쪽 편에 위치하여 각 지역은 특색있는 토산물을 생산한다.

  1611년 허균이 지은 『도문대작(屠門大嚼)』에는 각 도의 특산물이, 1815년 경에 빙허각이씨가 지은 『규합총서(閨閤叢書)』에는 팔도소산(八道所産)이 기록되어 있다.

[관북(함경남북도, 대약과 탁월지역)]

『도문대작』; 산갓김치, 파, 귀리, 다시마, 송어·문어·연어·어란·해삼·강요주·대석화(큰굴), 들쭉·복분자

『규합총서』; 강대구, 대석화, 산포도·머루·다래, 대약과

[관동(강원도, 갓김치·꿩요리 탁월지역)]

『도문대작』; 녹설수육·웅장·웅지정과·표태, 문배·자두·천사이·황도·금색이, 석이병, 방풍죽, 마늘·거여목·석순, 석밀, 자합·대석화·고등어·도루묵·대구·광어·연어·문어·가자미·방어·정어리·게, 송어·붕어·열목어, 조각·해의

『규합총서』; 갓김치, 인삼·오이·곰취·송이·지치, 꿀, 잣새·꿩꽂이산적·개, 명태

[영남(경상남북도, 전복절·전복쌈·약반 탁월지역)]

『도문대작』; 모과·피적율·고종시·밤, 토란, 고추장, 다식·밤다식·약반, 은구어·전복절·전복쌈·홍합·소합

『규합총서』; 피적율·준시·앵두·고종시, 게포·성게·갑복, 고추장.

[호남(전라남북도·제주도, 죽순해·작설차 탁월지역)]

『도문대작』; 민어·조기·낙지·뱅댕이·준치·전복, 붕어, 감태·죽순·죽실·순채·표고버섯·무, 석류·금귤·감귤·청귤·감자·유자, 죽순해, 작설차.

『규합총서』; 죽순·인삼·산약·감저, 붕어, 수박·능금·오시·감·감시.

[호서(충청남북도, 섞박지·설야멱·청명주 탁월지역)]

『도문대작』; 황석어·대하·석화, 황각, 조홍시·동과·대추·수박.

『규합총서』; 소금, 대추·백수박·참외, 개, 설야멱·설롱탕, 섞박지·오이지, 청명주·초정술.

[경기(산적 · 약과 · 단자 · 태상주 탁월지역)]

『도문대작』 ; 성게 · 죽합 · 자하 · 조기, 금린어 · 숭어 · 웅어 · 뱅어 · 궐어 · 하돈, 녹이 · 살구 · 반도 · 각시, 홍채 · 여뀌(나물), 차수과.

『규합총서』 ; 조기 · 은구어 · 굴 · 방게 · 위어 · 게 · 불염민어 · 수조기, 수시 · 참외 · 생율, 즙산적 · 족구이, 오이지 · 교침해, 약과 · 밤엿 · 팥단자, 편수, 자주 · 태상주.

[해서(황해도, 인절미 · 곤쟁이젓 · 이강고 탁월지역)]

『도문대작』 ; 동해(凍蟹) · 죽합 · 소라 · 청각 · 세모 · 갓, 순채, 초시(椒豉) · 고추장, 기름, 엿, 문배

『규합총서』 ; 문배 · 금향리, 연근정과 · 인절미 · 식혜, 청어, 곤쟁이젓, 이강고.

[관서(평안남북도, 만두 · 엿 · 감홍로 탁월지역]

『도문대작』 ; 현이 · 사과 · 참외, 황화채, 거위(구이) · 웅장 · 젓, 술, 대만두.

『규합총서』 ; 엿, 흰죽, 인삼 · 참깨, 동숭어, 사과 · 참외, 감홍로.

이상의 기록으로 1800년 대까지 형성되고 있었던 지역별 향토 음식의 윤곽을 알 수 있다. 그 지역에서 산출되는 토산물이 기초가 되어 발달한 것이 향토음식일 것이다. 향토음식 발달 배경에는 여러 요인이 있지만 이 중 종가(宗家)를 중심으로 발달한 배경을 살펴보자.

1930년의 조사 자료에 의하면 그때까지 만하여도 각 도에는 역사와 전통을 가진, 조선왕조의 전통을 이은 명문 동성촌락(동성동본으로 구성된 일족 혹은 그 관계자만으로 구성된 동족으로 호수[戶數]의 대부분을 차지하고 있는 촌락)이 존재하고 있었다. 이들 동성촌락은 거의 대부분 삼국시대부터 계속된 것이거나, 통일신라와 고려시대에 발생하여 500년 이상의 역사를 가진 촌락에서부터 300년 이상 지속된

촌락이 대부분이었다. 전국적으로 1,685(관북 92, 관동 79, 영남 381, 호남 330, 호서 265, 경기 235, 해서 143, 관서 160) 동성촌락이 존재하고 있었다.

동성촌락 형성과 발달 요인에는 여러 요인이 있지만, 유교를 국교로 하였던 조선왕조 이후의 요인으로는 조상숭배와 문벌을 존중하는 사상이다. 종가 및 사당을 중심으로 한 일족의 집단생활을 성행하게 만든 것이다. 이들은 대개 재산이 있는 명문 종가를 중심으로 의탁하며 집단 생활을 하였다. 동성촌락 주변에는 서원·향교가 세워지고, 향음의례를 행함으로서 향토문화를 강화하였다. 지역별로 계·향약 등의 동족 구제시설이 자연히 발달할 수 있었고 동성촌락은 점점 커져갔다.

조선왕조가 유교제례를 통하여 가정·사회·국가를 단결시키고 통솔하고자 했듯이, 동성촌락 안에서도 종가를 중심으로 행한 가장 중요한 일은 조상 제사를 통한 조상숭배와 이에 따른 결속과 통솔이었다.

제사 종류에는 시제·기제사·삭망제·다례·천신제·고유제가 있었다. 제사란 눈에 보이지 않는 최고의 손님인 조상신께 대한 연회이다. 제사 때에 올려지는 음식은 그 집안에서 간직하고 있는 최고의 비법으로 만들어진 가장 맛있는 음식이 동원되어 올려진다. 따라서 향토음식 발달에는 제사음식이 기여한 바 또한 크다. 예를 들면 각 명절마다 먹는 시식의 발달에는 다례[茶禮]가 위치하고 있었다. 설날다례에는 떡국, 보름날다례에는 약밥, 한식다례에는 쑥절편, 삼짇다례에는 두견화전, 입하다례에는 증편, 단오다례에는 앵두화채, 유두다례에는 상화병, 삼복다례에는 팥죽, 중추다례에는 송편, 중양다례에는 국화전, 동지다례에는 팥죽, 납월다례에는 납육구이 등으로 음식을 만들어 차례를 올렸다. 이들 음식을 절식 또는 시식이라고도 한다. 차례를 지내기 위하여 발달한 음식이 절식과 시식인 셈이다. 그래서 단오날을 앵두차사[茶祀], 동짓날을 팥죽차사라고도 하였다.

동성촌락 내의 실력 있는 명문 양반들은 국가 행정에 참여하여 이중적인 생활을 하였다. 향촌에서는 농장을 경영하고 한양에는 또 다른 주택이 있어 관리직에 종사하였다. 각종 사화로 혼란스러웠던 임진왜란 이후에는 한양과 향촌 간에 더욱 빈번한 교류가 이루어 졌다. 관직생활을 청산하고 고향으로 내려갔다가 다시 등용되어 관직에 오르는 일의 반복이었다.

　　조선왕조는 정기적인 연회를 신하들과 더불어 일년에 몇 차례 행하였다. 이때 연회에 참석했던 신하들에게 왕은 음식을 내려주며 이를 사찬이라 하였다. 물론 내린 음식은 집으로 가지고 가서 먹었다. 이런 등등으로 궁중음식은 이중적 생활을 하는 유학자들에 의하여 자연스럽게 각 지방으로 유입되었다. 향촌에 확고한 기반을 둔 유림에 의하여 서원·향교·농장을 토대로 각 고장의 토산물을 이용하여 본인들이 먹어본 궁중음식은 흉내내어 만들어졌다. 이 음식은 곧 일부의 반가음식이 되었으며, 각 고장의 풍토에 적응한 각종 의례음식과 행사식에 반영되어 음식문화가 신장되었다. 또 다음에 기술할 사시후의 사제(賜祭, 제사를 하도록 궁중에서 음식과 재료를 하사함) 또한 궁중음식문화가 사대부가에로 전파할 수 있었다.

　　현재도 명문 종가가 있어 면면히 제례를 올리면서 그 맥을 유지하고 있는데, 몇 종가를 소개하면 다음과 같다.[200]

경상북도　　성주군,　이원조 종가
　　　　　　안동시,　김계행 종가
　　　　　　　　　　　이황 종가
　　　　　　　　　　　김성일 종가
　　　　　　　　　　　유성룡 종가
　　　　　　　　　　　이현일 종가

	예천군,	권문해 종가
	봉화군,	권벌 종가
	경주시	손소 종가
	달성군	김굉필 종가
경상남도	함양군	정영창 종가
충청남도	대전시	권시 종가
		송준길 종가
	공주시	이유태 종가
		윤증 종가
	논산시	김장생 종가
전라남도	해남	윤선도 종가
경기도	시흥시	한준겸 종가

    이들 종가 가운데 대전 회덕에서 동성촌락을 형성하며 살았던 동춘당(同春堂) 송준길(宋浚吉, 1606~1672) 가를 예로 들어, 이 집안에서 형성된 음식문화가 궁중음식을 어떻게 수용하고 발전하는 과정을 겪었는가를 간단하게 검토해보자.

    동춘당의 사후 숙종 7년(1681) 6월 왕이 특명으로 문정(文正)으로 사시(賜諡)하였다. 영조 32년(1756)에는 문묘에 배향되고 불천지위의 명예를 얻었다. 불천지위(不遷之位)란 큰 공이 있는 사람에 대해, 죽은 후에 신주를 묻지 않고 사당에 영구히 모셔둔 채 자손들이 존재하는 한 제사 지내도록 허락된 신위이다.

    불천지위를 모시고 있는 자손과 문중의 입장에서 보면 조정과 유림에 봉사했던

200_ 김상보, 『한국의 음식생활문화사』, 광문각, 1997 ; 김상보, 『생활문화 속의 향토음식문화』, 신광출판사, 2005, 350-359쪽
201_ 동춘당(同春堂) ; 송준길(宋浚吉)의 호. 선조 39년(1606)과 현종 13년(1672) 때의 사람. 효종에게 기용되어 효종 9년(1658) 대사헌겸 성균관 좨주가 되었으나 효종의 사후(死後) 왕대비의 복제(服制) 문제로 물러나 충청도 회덕에서 살았다. 본관은 은진(恩津). 현재 대전시 대덕구 송촌에 고가(古家)가 있다.

위대한 선조가 있다는 영예가 주어지기 때문에 문중 성원들의 단결과 동질성을 강화시켜 주었고, 그래서 자긍심·위세·우월감을 가지고 가문을 지켰다.

은진송씨가는 송갑조 이후 송계간에 이르기까지 8분이 시호를 받았다. 임금으로부터 시호를 하사받으면 날을 택하여 왕이 사신을 보내 제사를 지내도록 해주었고, 문중에서는 축하연을 베풀었다. 이 축하연이 연시연(延諡宴)[202] 이다〈그림1〉.

왕이 사대부에 내린 사시는 사시로서 그치는 것이 아니라 사제(賜祭)하였다. 이때 부물(賻物)과 음식 재료 그리고 궁중의 특별음식도 함께 하사되었다. 〈그림1〉은 당시의 연시연 상차림인데 숙종 12년(1686) 당시의 궁중음식이 고스란히 담겨 있다고 보아도 좋다. 한 사람을 접대하기 위하여 2상을 한 조로해서 다음의 35찬품(饌品, 음식)으로 구성된 대상(大床)을 30상 차렸다.

삼어탕(三魚湯)·란숙(卵熟)·약과(藥果)·과제탕(瓜諸湯)·세면(細麵)·해삼증(海蔘蒸)·생복(生鰒)·어만두(魚饅頭)·잡채(雜菜)·세실과(細實果)·개자(芥子)·수정과(水正果)·저육장방(豬肉長房)·저육숙편(豬肉熟片)·중요화(中蓼花)·두제탕(頭蹄湯)·숙전복(熟全鰒)·생합회(生蛤膾)·잡전(雜煎)·생실과(生實果)·초장(醋醬)·식혜(食醯)·잡소육(雜燒肉)·소요화(小蓼花)·죽합탕(竹蛤湯)·전양초(煎䑋炒)·육

이름	시대	본관	시호
宋甲祚	선조 7년(1574) ~ 인조 6년(1628)	恩津	景獻
宋時榮	선조 21년(1588) ~ 인조 15년(1637)	恩津	忠顯
宋浚吉	선조 39년(1606) ~ 현종 13년(1672)	恩津	文正
宋時烈	선조 40년(1607) ~ 숙종 15년(1689)	恩津	文正
宋奎濂	인조 8년(1630) ~ 숙종 35년(1709)	恩津	文僖
宋相琦	효종 8년(1657) ~ 경종 3년(1723)	恩津	文貞
宋明欽	숙종 31년(1705) ~ 영조 44년(1768)	恩津	文元
宋啓幹	? ~ 현종 7년(1841)	恩津	文敬

〈표 1〉 회덕 은진송씨(恩津宋氏) 가의 시호를 받은 인물들

회(肉膾)·건정과(乾正果)·금종감(錦種甘)·황육어음적(黃肉於音炙)·사색잡과(四色雜果)·생선탕(生鮮湯)·족복기(足甫只)·절육(折肉)·혜수(醯水)

25찬품으로 구성된 평상(平床)은 [203] 200상을 차렸으니까 그 규모는 짐작하고 남음이 있다. 조선왕조의 사회풍조는 평상시에는 검박한 식생활을 하는 반면에 연회 때에 가진 자가 음식을 많이 만들어 베푸는 것이 예의[禮器]였기 때문에, 일상식의 검박함과는 얼핏 보면 많은 차이가 있지만 그것이 군자의 도리였다.

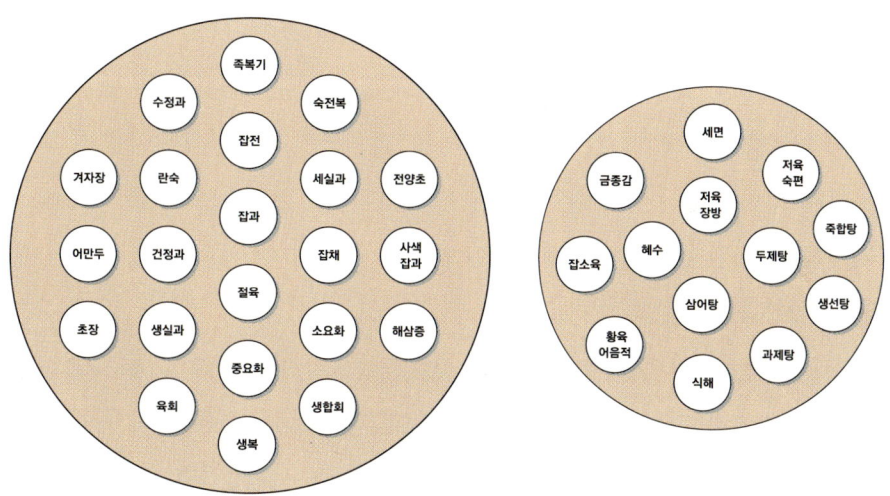

〈그림 1〉 숙종 12년(1686) 동춘당 연시연 때의 상차림 인 대상(大床), 1인분

202_ 연시연(延諡宴) : 시호(諡號)를 받들고 온 선시관(宣諡官)을 그 본가에서 시호받는 사람의 신주(神主)를 모시고 나와 의식을 행하고 맞아 들이는 일을 연시(延諡)라 함. 본래 시호는 당국이 결정하여 그 본가에 연시(延諡)의 여부를 물어 받겠다면 선시관(宣諡官)을 보내 선시(宣諡)하였다. 연시연이란 선시 의식을 행하고 선시관에게 예폐를 그 수종자에게는 잔치를 베푸는 것을 말함.
203_ 평상의 찬품구성은 다음과 같다.
대잡과·소요과·사색잡과·과제탕·두제탕·삼어탕·저육장방·세면·숙전복·족복기·저육숙편·육회·절육·잡전·황육어음적·소육·잡채·세실과·생실과·건정과·겨자장·금종감·혜수·수정과·식혜

제 2절 「예서(禮書)」에 나타난 젯상문학 [204]

1 제사 상차림의 유형

현종(재위 1659~1674) 이후 숙종(재위 1674~1720) 조에 예학으로 다듬어져서 18세기 실학에 의하여 재정비된 이재(李縡, 1680~1746)의 『사례편람(四禮便覽)』과, 박문호가 1887년에 쓴 것으로 되어있는 『사례집의(四禮集儀)』 등의 「가례서(家禮書)」를 「예서」라고 보고, 이를 중심으로 한 전후의 제례음식문화를 살펴 보기로 한다.

고려를 계승한 조선왕조는 유교식으로 관제와 문물을 정비했다. 송대에 찬술된 예서인 주자(朱子, 1130~1200) 『가례』를 통치 지도이념으로 삼고 예치주의(禮治主義)를 장려함으로서, 『사례편람』이나 『사례집의』 등과 같은 가가례서(家家禮書)가 찬술되는 배경을 제공하였다. 그러나 이들은 주자 『가례』를 모범으로 삼은 것이기는 하지만, 고려 때부터 전해오는 관행이 조선조의 「가례」라고 하는 규범 속에 편성되어 새로운 규범이 된 예가 적지 않았으며, 제례음식문화도 그 중의 하나이다.

고려왕조는 크게 두가지 방향으로 제례음식문화가 정해져 있었다. 하나는 종묘제·사직제와 같은 국가적 행사 때에 변(籩)과 두(豆)를 사용해 『예기(禮記)』나 『의례(儀禮)』를 바탕으로 한 고례(古禮)를 따르는 것이었고, 다른 하나는 왕실의 기일(忌日)에 유밀과·과일·차·향을 주요 제물로 하는 불교식 기일재(忌日齋)를 행하는 것으로서 이를 속제(俗祭)라고 하였다. 이렇게 크게 두가지 형태로 나누어 제사를 올리게 된 배경에는 돌아가신 분을 살아계셨을

204_ 제 2절과 제3절의 주내용은 (김상보, 「예서(禮書)에 나타난 제례음식문화와 현 종가의 제례음식문화」,
『종가집제사 어떻게 지속될 것인가』, 국립문화재연구소, 2008)에 실려있는 내용임.

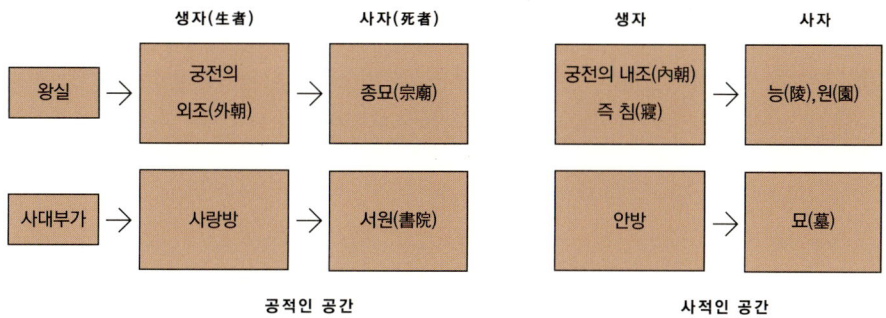

〈그림 2〉 살았을 때와 죽었을 때의 공적인 공간과 사적인 공간

때와 마찬가지로 공적인 생활과 사적인 생활을 한다고 여긴 당시의 귀신관이 존재하였다. 그래서 신의 공적인 공간에서는 유교식 제사를 올리고 신의 사적인 공간에서는 과거부터 행해오던 속제로서 불교식 재 형태를 취했던 것이다.

신의 공적인 공간과 신의 사적인 공간에 대한 구분은〈그림 2〉에 제시한 바와 같이 왕실과 사대부가로 나누어 생각해 볼 수 있다. 왕실 궁전은 사방이 담으로 둘러싸여 있으면서 외조(外朝)와 침(寢)이 같은 담 안에 있다. 외조(外朝)란 군신이 궁전에 출석하여 왕의 통치 행위를 하는 공적인 장소이고, 침이란 둘러싸인 담 깊은 곳에서 잠자는 곳 즉 침실이 있는 내조(內朝)에 해당된다. 궁전이란 공적인 공간인 외조와 사적인 공간인 내조가 공존하는 곳이다.

임금이 돌아가시어 생전과 같은 생활을 한다면 마찬가지로 궁전이 만들어져야 한다. 그래서 살아계셨을 때 궁전의 외조에 해당하는 부분을 종묘(宗廟)라 하고 내조에 해당하는 부분을 능침(陵寢)이라 하였다. 사대부의 경우는 집의 사랑방이 공적인 공간이고 안방이 사적인 공간이며, 죽은 후에는 서원이 공적인 공간이 되고 묘가 사적인 공간이 될 것이다.[205]

신라적인 전통을 기초로 하여 토속적인 것과 불교적인 것을 유지하면서,

---

[205] 김상보, 『조선시대의 음식문화』, 가람기획, 2006, 139~141쪽.

다른 한편에서는 개국 초부터 당나라 제도를 모방한 유교식을 도입해 관혼상제를 정립한 고려는, 중기 이후에는 오늘날 우리가 볼 수 있는 관혼상제의 대체적인 윤곽이 불교식과 융합하면서 정착하였다. 고려왕조의 뒤를 이은 조선왕조도 제사를 행함에 있어 고려에 이어 여전히 사적인 공간과 공적인 공간으로 구분하였다. 공적인 공간에서의 제사는 『예기』나 『의례』에 근거한 상차림법이었으나, 고려왕조에서부터 조선왕조로 이어져서 정착된 사적인 공간에서의 제사는 고려왕조의 불교식 재공양 음식에 약간의 유교식 음식을 집어넣어 규범화 시켰다.

조선왕조의 종묘와 사직제는 공적인 공간에서의 제사이고, 기신제·시제·절사

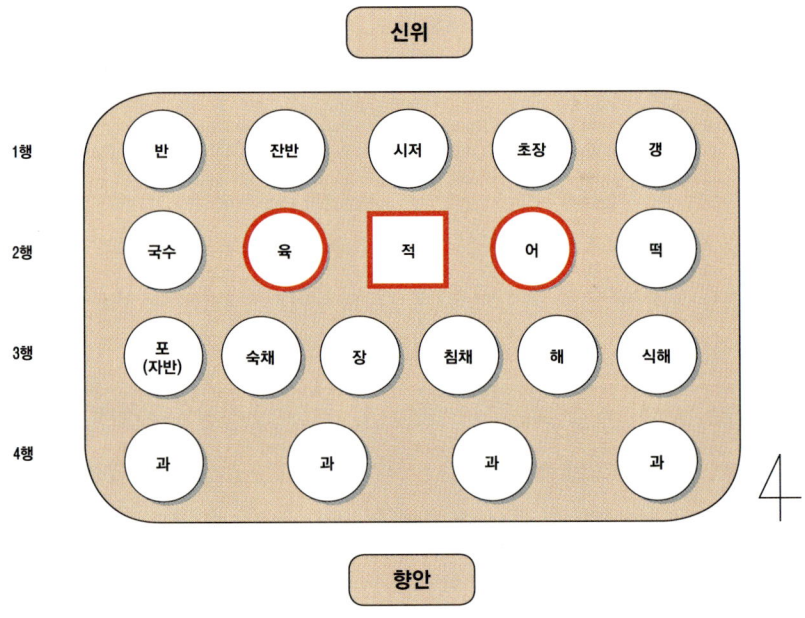

〈그림 3〉 『사례편람』에 나타난 사시제 단설 진설도. 적은 술안주로서, 육과 어는밥반찬으로서 유교식제물의 가장 중요한 핵심부분이다.

168

등은 고려의 그것을 계승한 속제(俗祭) 형식의 사적인 공간에서의 제사이다. 고려왕조의 종묘·사직제는 그대로 조선왕조의 종묘·사직제로 이어졌고, 사적인 공간에서 이루어진 재는 조선왕조에 계승되었으나 이것은 어디까지나 불교적인 것이기 때문에 상차림과 의례에 유교적인 변형을 가하여 정례화 시켰다. 다시 말하면 『사례편람』 등에서 제시하고 있는 사시제·기일제·이제·묘제 등의 제사 상차림은 고려왕조의 사적인 공간에서 행하던 재(齋) 공양음식에 유교적인 음식을 첨가하여 규범화시켜 나타난 것이라고 보는 것이 타당할 것이다.

이재가 편찬한 『사례편람』에 나타난 사시제 단설도로 예를 들어보자. 고려 때 불교 재공양 때에 차렸던 차림 방식에 술안주인 적(炙) 및, 밥 반찬으로서 가장 중요한 육(肉)과 어(魚)를 강조한 상차림이 〈그림 3〉의 진설도 이다.[206]

2. 제례 범위

『사례편람』은 제례문화의 규범으로 자리하여, 후에 편찬된 여러 가례서에도 거의 절대적인 영향을 미쳤다. 이재는 다음과 같이 『주자가례』의 제례를 부분적으로 통합하였다(〈표 2〉).

 사시제(四時祭)·초조제(初祖祭)는 사시제로
 이제(禰祭)는 이제로
 고유제(告由祭)·삭망제(朔望祭)는 사당제로
 묘제(墓祭)·선조제(先祖祭)는 묘제로
 기일제(忌日祭)는 그대로 기일제로

206_ 김상보, 『조선시대의 음식문화』, 가람기획, 2006, 150쪽.

하였기 때문에 『주자가례』보다는 『사례편람』쪽이 훨씬 축소되었음을 알 수 있다. 『사례편람』에서 제시한 제례 종류는 현재 더욱더 간략화 되었다.

사시제 · 이제 · 사당제는 다례로
기신제는 기신제로
묘제는 시제로

3월에 올리던 묘제는 10월에 올리는 시제가 되었고, 속절마다 사당에서 올리던 천신 · 동지참 · 정조참, 그리고 매달 1일과 15일에 올리던 삭망제 및 중월(仲月)과 9월에 올리던 사시제와 이제는 다례가 되어서, 현재는 다례 · 기신제 · 시제가 제사 종류의 규범처럼 인식되고 있다.[207]

		종류	제례장소	때
규범	『주자가례』	사시제	정침	중월
		삭망제	사당	매달 1일, 15일
		초조제	사당	동지
		이제	정침	7월
		고유제	사당	일이 생겼을 때
		묘제	묘	3월
		선조제	사당	3월
		기일제	정침	기일
	『사례편람』	사시제	정침	중월
		이제	정침	9월
		사당제	사당	속절 · 천신 · 삭망
		묘제	묘	3월
		기일제	정침	기일
현재의 관행		다례	사당 · 정침 · 묘	정조 · 한식 · 추석 · (동지)
		시제	묘	10월
		기일제	정침	기일

〈표 2〉 제례의 변화과정

3. 제사음식과 상차림

1) 속절제 · 삭망제 · 천신

『사례편람』, 『증보사례편람』(1844), 『사례집의(四禮集儀)』(1887), 『광례람(廣禮覽)』(1892)을 통하여, 현재 다례(茶禮)에 흡수된 속절제와 삭망제 그리고 천신 때에 어떠한 종류의 제사음식이 어떻게 상차림에 올랐는가를 살펴보기로 한다. 제례장소가 귀신의 사적인 공간에 해당하는 정침(사시제 · 이제 · 기일제)과 묘(묘제)에서 올리는 것이기 때문에 제사음식 그리고 차림방식은 모두 속제 형식으로 같다.[208] 다만 사당제로 올리는 속절제 · 삭망제 · 천신에서는 제사의 성격상 제철음식과 절식을 올리는 특성을 지니고 있는 바, 〈표 3〉과 같은 제수의 특성을 지니게 되었다.

	『증보사례편람』, 1844	『사례집의』, 1887	『광례람』, 1893	속절명칭
1월 1일	떡국	떡국 · 강정	떡국	정조
1월 15일	약반	약밥	약반	대보름
2월 한식		쑥떡 · 화전	쑥떡 · 화전	한식
3월 3일	애병(艾餠)			삼짇
5월 5일	각서[角餠]	청병(靑餠)①	보리밥	단오
6월 15일	수단 · 증병	수단 · 증병	수단 · 밀전병	유두
7월 7일	상화(床花)		햅쌀떡	칠석
8월 15일	조율고②	조율고 · 송편		추석
9월 9일	나복고	국화전 · 나복고	국화전 · 밤떡	중양
동지	팥죽 · 전약	팥죽	팥죽	동지
납일	납육	사냥해서 잡은고기		납일

〈표 3〉 「예서」에 나타난 속절의 주 제례음식
①청병 : 단오초(쑥)로 만든 떡　②조율고 : 대추 · 밤을 넣어 만든 설기떡

207_ 김상보, 『조선시대의 음식문화』, 가람기획, 2006, 137쪽
208_ 『增補四禮便覽』, 1844

속절제음식이란 곧 속절에 숭상하는 음식을 제사음식으로 올림을 뜻한다. 속절이란, 정조(음력 정월 1일)·대보름(음력 정월 15일)·한식·삼진(음력 3월 3일)·단오(음력 5월 5일)·유두(음력 6월 15일)·칠석(음력 7월 7일)·추석(음력 8월 15일)·중양(음력 9월 9일)·동지·납일이다. 현재는 정조·한식·추석 만을 대상으로 다례를 올리고 있으나, 조선왕조 말까지 만해도 〈표 3〉에서 제시한 속절은 계승되고 있었다. 속절제란 속절에 숭상하는 음식을 그릇에 담아 나물 및 과일과 함께 차려 제사하는 것이다. 매달 1일에 올리는 삭제(朔祭)와 매달 15일에 올리는 망제(望祭)도 속절 때의 의식과 같이 하였다.[209]

그러나 망제에서는 보리·밀·벼·앵두·참외·수박·청참외·웅어·조기·뱅어·은어·대구·청어·도루묵·동태를 더 차려 천신(薦新) 하였다.[210] 천신음식이 오곡인 경우 반찬 몇가지를 같이 차려 준비하였다.

목욕 재계하며 밤을 지낸 후, 아침 일찍 일어나 주인 이하는 공복(公服)을 차려 입는다. 만일 관직이 없을 경우에는 삿갓과 도포를 차려 입고, 부인들은 대의(大衣, 원래는 불교에서 설법 등의 행사 때 입는 옷으로 삼의三衣 중 가장 큰 것을 말함)와 장군(長裙, 긴치마)을 입으며, 친정에 있는 딸들은 배자(背子, 저고리 위에 덧 입는 옷)를, 어린아이들은 사규삼(四揆衫, 관례 때에 입는 예복)을 차려 입는다.

사당에 나아가 속절음식·제철과일·제철나물 또는 천신음식 그리고 술잔과 술잔받침을 감실마다 탁자 위에 올려 놓는데, 젓가락과 젓가락 받침접시를 놓고, 밥이 있을 경우에는 숟가락도 놓는다. 별도로 동쪽 계단 위에 탁자를 놓고는, 이 위에 강신을 위한 술잔과 술잔받침·술주전자를 올려놓는다. 이것의 옆 서쪽에는 술병도 올려 놓는다. 주인의 손 씻을 물이 들어있는 대야와 손 닦을 수건을 동쪽 계단 아래 동남쪽에 놓고, 부인의 손 씻을 물이 들어있는 대야와 손 닦을 수건을 서쪽 계단 아래 서남쪽에 놓는다.

향로에 불을 피우고 아뢸 것이 있으면 축판(祝板)을 향안(香案) 위에 올려

놓는다. 주인 이하 남성들은 동쪽 계단 아래에 자리를 정하여 북쪽을 향하여 서고 부인 이하 여성들은 서쪽 계단 아래에 자리를 정하여 역시 북쪽을 향하여 선다. 주인과 주부는 각자의 대야에서 손을 씻고 물기를 닦고, 주인은 동쪽 계단을 주부는 서쪽 계단을 거쳐 올라간다. 주인이 남자 신주독을 열어 여러 남성 조상의 신주를 받들어 모셔 신주독 앞에 놓는다. 주부는 여러 여자 조상의 신주를 받들어 모셔 남자 조상 신주의 동쪽에 놓는데 북쪽에 남쪽으로 향하도록 모신다.

주인이 향탁 앞에 나아가 무릎꿇고 세 번 향을 피워 분향하여 양신(陽神)을 내려오시게[降神] 한 다음 재배한다. 이어서 술을 모사 위에 부어 음신(陰神)을 모시고 재배한다.[211] 주인 이하는 두 번 절하고 부인 이하는 네 번 절한다.

주인이 올라가 신위마다 잔 속에 술을 따른다. 그런 다음 젓가락을 접시 위에 바로 놓고 밥 뚜껑을 열어 밥에 숟가락을 꽂는다. 아뢸 말씀이 있으면 주인이 무릎 꿇고 축문을 들고 아뢴다. 두 번 절하고 내려와 제자리로 가서 조금 기다린 후[三禮] 국을 물리고 숭늉을 올린다. 젓가락을 접시에서 내리고, 숟가락 또한 밥에서 내려 밥 뚜껑을 덮는다. 이것이 끝나면 주인 이하는 두 번 절하고, 부인 이하는 네 번 절한다.

축문을 불사른다. 이어서 주인과 주부가 올라가 주인은 남자 조상의 신주를 거두고 주부는 여자 조상의 신주를 거두어 신주독에 모신다. 술·과일·속절음식·천신음식·나물 등을 물린다. 발을 거두고 문을 닫는다.[212]

209_ 『增補四禮便覽』, 1844
210_ 『廣禮覽』, 1893
211_ 김상보, 『음양오행사상으로 본 조선왕조의 제사음식문화』, 수학사, 1996
212_ 『四禮集儀』, 1887

2) 사시제 · 이제 · 기일제 · 묘제

(1) 제사음식과 상차림

〈표 2〉에 제시된 바와 같이 사시제 · 이제 · 기일제는 정침(正寢)에서 행하고, 묘제는 묘(墓)에서 올리는 제사이다. 이들 모두는 신의 사적인 공간에서 올리는 제사 의례이기 때문에 제사음식도 고인이 평소에 맛있게 드셨던 음식으로 성대하게 차리는 특성을 지닌다.

대전의 유서 깊은 동춘당 송준길가와 탄옹 권시(權諰, 1604-1672)가에서 소장되어 내려오고 있는 가례서는 『사례편람』이 편찬되었던 비슷한 시기에 나온 것인데, 이들 「가례서」에서는 『사례편람』이 제시한 것보다 훨씬 규모가 크고 화려한 제사 상차림을 보여주고 있다.

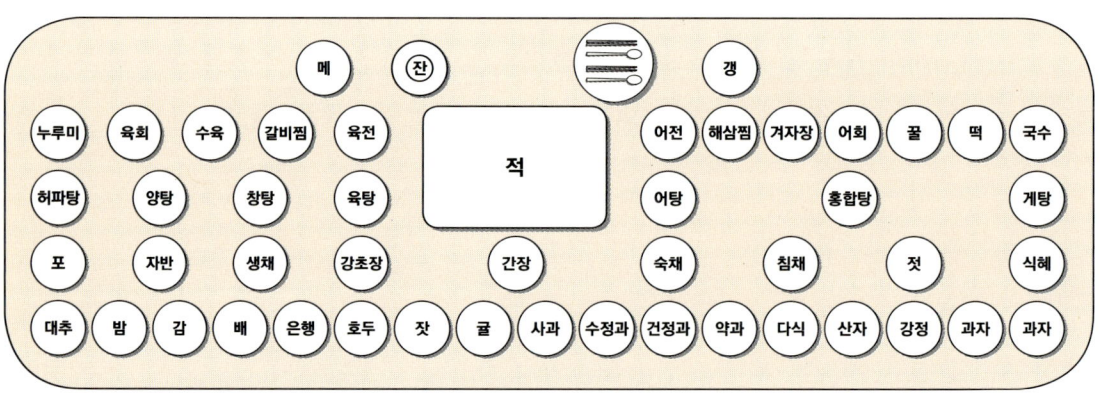

〈그림 4〉 은진송씨 시조모인 유씨 부인의 시사(時祀) 진설도

동춘당 송준길이 살아있을 때부터 은진송씨 시조모(始祖母)인 유씨부인(1371~1452, 쌍청당 송유의 어머니)에게 올린 묘(墓) 시사(時祀)기록에 의하면 −213 〈그림4〉와 같이 되어 있어, 비록 눈에 보이지는 않지만 최고의 손님을 위한 최고의 향연이었음을 밝히고 있다. 이 성대한 제사 상차림에 올랐던 음식이 어떠한 방법으로 담겨졌는가에 대한 기록이 전해져 내려온다. 동춘당의 아버지인 송이창, 조부인 송응서, 증조부인 송여집 3위를 위한 세제 홀기(笏記)에는 −214 각 음식을 담는 방법이 자세히 적혀 있다.

대추 ; 대추 고인것 위에다 율란(栗卵, 밤을 삶아서 꿀에 반죽하여 빚어 만든 것)
　　　약간을 얹는다.
밤 ; 밤 고인 것 위에다 조란(棗卵, 대추를 쪄서 꿀에 반죽하여 대추 모양으로
　　　빚어 만든것) 약간을 얹는다.
건정과 ; 밑에서부터 연근정과 → 생강정과 → 산수유정과를 고인다.
다식 ; 밑에서부터 쌀다식 → 흑임자다식 → 송화다식을 고인다.
포 ; 밑에서부터 북어포 → 홍어포 → 상어포 → 문어포 → 전복포를 고인다.
자반 ; 밑에서부터 민어 → 건석어 → 침석어 → 약포를 고인다.
누르미 ; 맨 밑에는 누르미를 고이고, 위에는 진누르미(밀가루즙을 묻혀 부친것)를
　　　고인다.
수육 ; 밑에서부터 소머리수육 → 소지레수육 → 소혓바닥수육을 고인다.
육전 ; 밑에서부터 전와(두부를 둥글 납작하게 쳐서 부친 것) → 허파전 → 간전 → 소의
　　　살코기전을 고인다.
적 ; 밑에서부터 소고기적 → 소갈비적 → 소족적 → 어적 → 계적을 고인다.

213_「德恩家乘」
214_「沙寒里三位歲祭笏記」

탕 ; 밑에서부터 무 → 두부 → 고기 → 완잔(달걀을 지단으로 지져 골패쪽 모양으로 썬 고명 지단)을 고여 담는다.

떡 ; 밑에서부터 팥고물메시루떡 → 녹두고물찰시루떡 → 흑임자고물찰시루떡 → 녹두고물찰시루떡 → 백편 → 꿀편 → 조약편을 고인다.

탕을 제외하고 40종류의 음식을 동원하여 11기의 그릇에 고여 담고 있으니까 적어도 동춘당이 생존해 있을 때, 1기에 여러 종류의 음식을 고임으로 담아 차리는 방식이 세력가일수록 높이, 종류를 많게 담았다고 판단된다. 이렇게 고여 담는 고임음식은 물론 고려왕조에서 사적인 공간에서 행하였던 불교 재공양 문화의 영향이며, 현재도 종가제례에서 채택하고 있는 방식이다.

〈그림 4〉가 나온 시기보다는 늦은 1831년 이전 것이라고 판단되는 탄옹 권시가의 24세 권상종이 제사를 올리고 남긴 기록인 『묘사의절(墓祀儀節)』에는 〈그림 5〉의 기록을 남기고 있다. 〈그림 4〉 보다는 상차림이 간소한 듯 보이지만 실제 내용은 거의 비슷한 화려한 상차림이다. 진설방법에 있어서는 『사례편람』의 사시제 진설도인 〈그림 3〉과 가깝다(〈표 4〉). 이는 『사례편람』과 『묘사의절』이 거의 비슷한 시기에 나왔기 때문이 아닌가 사료된다.

『사례편람』과 『묘사의절』이 나온 시기에는 집집 마다 그 부의 정도에 따라 차리는 양이나 고임 높이가 차이가 남에 따라, 화려한 제사 상차림에 대한 사회적 책임 의식에 의하여, 규범을 제시하기 위하여 나온 것이 『사례편람』 등과 같은 「가례서」일 것이다. 그래서 『사례편람』에서 제시한 〈그림 3〉과 같은 젯상은 『사례집의』『광례람』 등으로 규범화 되어 거의 비슷하게 이어질 수 있었다.

〈그림 3〉의 제 2행에서 『사례편람』이 제시하고 있는 육과 어는 『묘사의절』에서의 육남(肉南 ; 갈비찜 · 육회 · 수육 · 육전 · 육탕 · 계탕)과 어남(魚南 ; 조개전 · 멸치전 · 게전 · 북어전 · 합탕 · 멸치탕 · 두부탕)이다. 그러니까

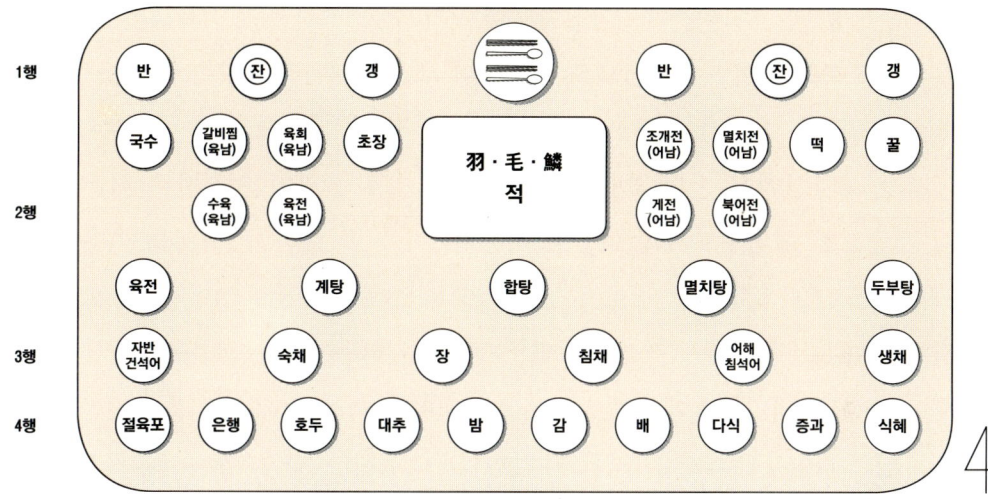

〈그림 5〉 탄옹 권시가의 「묘사의절」에 나타난 시제(時祭)진설도

당시의 제례 풍속에서 보다 간소화 할 경우 육과 어에 속한 찬품 숫자를 줄이고, 또 과(果)의 숫자를 줄이는 것이었다. 그것을 『사례편람』에서 〈그림 3〉과 같은 진설도로 대변한 것이라고 규정할 수 있다.

　육과 어에 해당하는 〈그림 5〉의 육남과 어남은 소위 간남(肝南)이다. 신(神) 또는 손님의 남쪽에 차려지는 가장 중요한 밥 반찬이란 뜻이다.[215]

　육남은 좌간남(左肝南), 어남은 우간남(右肝南)이라고도 하였다.[216] 기록의

	「사례편람」〈그림3〉	「묘사의절」〈그림5〉
1행	반 · 잔반 · 시저 · 갱	반 · 잔반 · 시저 · 갱
2행	국수 · 육 · 적 · 어 · 떡	국수 · 육 · 적 · 어 · 떡
3행	자반* · 숙채 · 장 · 침채 · 해 · 식혜	자반* · 숙채 · 장 · 침채 · 어해 · 생채
4행	과	포* · 과

*「사례편람」에서는 포와 자반을 1기 속에 넣고 있으나 「묘사의절」에서는 2기로 하고 있음.

〈표 4〉「사례편람」과 「묘사의절」의 상차림 비교

초출은『영접도감의궤(迎接都監儀軌)』(1609)이다. 나라는 다스릴 때 좌의정과 우의정이 중요한 직책이듯이 상차림에 있어서 좌의정에 속하는 것이 좌간남이며 우의정에 속하는 것이 우간남으로, 좌간남이 우간남보다 격이 있는 찬품으로 해석된다.

제사 상차림에서 술의 3헌에 따라 점진적으로 올려지는 술안주 적은 가장 중요한 술안주로서의 핵심을 이룬다. 이 적에 대하여『묘사의절』은 '우(羽)·모(毛)·린(鱗) 3炙 첨합(添合)'이라고 하였다. 날개 달린 꿩이나 닭으로 만든 구이[羽], 털이 있는 짐승으로 만든 구이[毛], 비늘이 있는 생선으로 만든 구이[鱗]를 한 개의 적틀에 고여 담는다는 의미이다. 이러한 고임방식을 채택한 적은 앞서 기술한 은진송씨가의 적 담는 방법과도 통한다. '밑에서부터 소고기적 → 소갈비적 → 소족적 → 어적 → 계적을 고인다' 는 것은 모(毛) → 린(鱗) → 우(羽)의 순으로 고임 방식을 택한 것과 같다.

가장 중요한 제사음식인 적 고임 방식이 일치하는 현상은『광례람』으로 이어져『광례람』에서도 '고기 혹은 간적, 어적, 꿩 혹은 닭적'이라고 하였다. 포 담는 방법과 과일 담는 방법이「예서」에서 일치되는지 한번 더 검토해 보자.『광례람』에서는 '자반·말린생선·문어·전복·약포·건치·말린생선알을 한그릇에 고여 담는다'고 하였다. 이것은 은진송씨가의 포 고임 방식과 비슷한 것이다. 다만『광례람』에서 찬품의 숫자를 줄이기 위하여 자반을 포속에 넣어 담는데 반하여, 은진송씨가는 자반을 포와 별개로 하고 있으므로 이것만 다를 뿐이다. 과일 역시 양자 모두 수정과·유밀과·건정과를 과일 속에 포함시키고 있지만『광례람』은 과일의 숫자를 여섯가지 혹은 네가지 혹은 두가지로 하여, 규범으로 삼고자

215_ 김상보,「생활문화속의 향토음식문화」, 신광출판사, 2004, 422쪽
216_『迎接都監儀軌』, 1609

하였다. 은진송씨가의 젯상인 〈그림 4〉와 탄옹 권시가의 젯상인 〈그림 5〉가 음식숫자에서 약간의 차이는 보이지만 고임 방식은 서로 유사성이 있기 때문에 이는 당시 사대부가에서 채택하고 있던 일반적인 고임 방식으로 생각할 수 있다. 이러한 고임 방식은 현재의 종가제례에도 약간의 변형은 나타나고 있지만 면면히 이어지고 있는 양식이다.

(2)『사례집의』를 통해서 본「사시제」진설방법

다음은『사례집의』에 나타난 구체적인 진설방법을 살펴 보도록 한다.

사철의 중월(仲月)에 점을 쳐서 길일을 택하여 정침(正寢)에서 올린다. 하루 전날 신위를 모시고 제사음식을 올려놓기 위한 상을 차린다. 정침에 장막과 병풍을 치고 자리를 깐다. 주인이 여러 남자들을 이끌고 제물로 쓸 짐승을 살펴보고 잡는 것을 살핀다. 주부는 부녀자들을 인솔하여 제기를 닦고 제사음식을 정결하게 마련한다.

다음날 새벽(여름철에는 오경 4시, 겨울철에는 닭이 울 때) 주인이 제사지내는 장소에 나가 촛불을 켜고 손을 씻은 다음 신위마다 과일을 차린다(대추는 서쪽에 밤은 대추의 동쪽에 약과 등을 합하여 두가지 네가지 혹은 여섯가지를 차리되 복숭아는 쓰지않는다). 포 · 익힌나물 · 간장 · 식해 · 김치를 서쪽에서부터 동쪽으로 셋째줄에 차리고, 잔과 잔받침 · 초접시는 첫째줄에 놓되 잔은 서쪽에 초접시는 동쪽에 시저는 가운데 놓는다. 정화수(井華水)를 가져다가 현주(玄酒, 냉수) 한병을 만들어 놓고 술 한 병을 놓는다. 현주는 술의 서쪽에 놓는다. 향로에 불을 피운다(〈그림 6〉, 1차진설).

주부는 여러 부녀자들을 거느리고 제물을 데워서 뜨겁게 한다. 이것을 합에 담아 동쪽에 놓여있는 상위에 늘어 놓되 생선·고기·국수·떡[米食]·갱(羹)·메[飯]는 서쪽에서 동쪽으로 놓고 적과 술잔은 동쪽에 놓는다.

날이 밝으면 주인은 심의로 갈아입고 주부는 소의(宵衣)로, 그 밖의 사람들은 성복(盛服)으로 갈아입는다. 1차진설을 끝낸 젯상 앞에 남자는 동쪽에 여자는 서쪽에 각자 자리를 잡아 북향하여 선다. 주인이 향안 앞으로 가서 무릎을 꿇고 향을 사른 후 주인 이하 모두 두 번 절하고 부인도 네번 절한다. 주인 이하 모두 손을 씻는다. 주인이 향안 앞으로 가서 세 번 분향하여 양신(陽神)을 불러 모시고 재배한 다음, 술을 모사에 부어 음신(陰神)을 불러 모셔 강신(降神)한다.

주인이 고기를 받들어 술잔과 술잔 받침의 남쪽인 숙채의 북쪽에 놓는다. 주부는 국수를 받들어 고기의 서쪽에 놓는다. 주인이 생선을 받들어 초장 남쪽에 놓되 머리를 오른쪽으로 생선배를 앞쪽으로 놓는다. 잉어는 쓰지 않는다. 주부가 떡을 받들어 생선 동쪽에 올린다. 주인이 갱을 받들어 초장 동쪽에 올린다. 주부가 밥(메)을 받들어 잔과 잔 받침의 서쪽에 올리고 모두 마치면 각자의 자리로 돌아간다(〈그림 7〉, 2차진설). 주인이 신위께 술을 올려 초헌례(初獻禮)를 행하면 형제로서 높은 이가 소금뿌린 간적 또는 적을 수저의 남쪽에 놓는다. 메 뚜껑을 열어 그 오른쪽에 놓는다. 주인이 두 번 절한다. 축관이 올라가 축문을 읽는다. 적을 물린다.

주부가 신위께 술을 올려 아헌례(亞獻禮)를 행하면 여러 부녀자 중 높은 이가 소금뿌린 적을 수저의 남쪽에 놓는다. 주부가 네 번 절한다. 적을 물린다.

형제로서 연장자 혹은 연장자 손님이 종헌례(終獻禮)를 행하면 여러 자제 중 높은이가 소금뿌린 적을 수저의 남쪽에 놓는다. 두 번 절한다. 적을 물린다(〈그림 8〉, 3차진설). 주인이 올라가 술주전자를 잡고 신위께 술을 가득히 따라 부으면, 주부가 올라가 숟가락을 자루가 서쪽으로 가게 밥(메)에 꽂고 젓가락을 접시 위에 바로 놓아 젓가락 머리가 서쪽으로 가게한다. 주인은 두 번 절하고 주부는 네 번

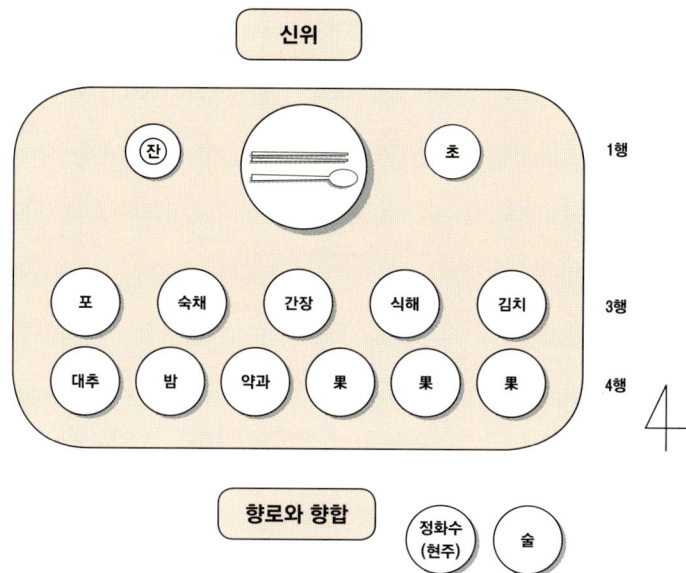

〈그림 6〉 『사례집의』(1887)에 나타난 「사시제」 의례에서의 1차 진설

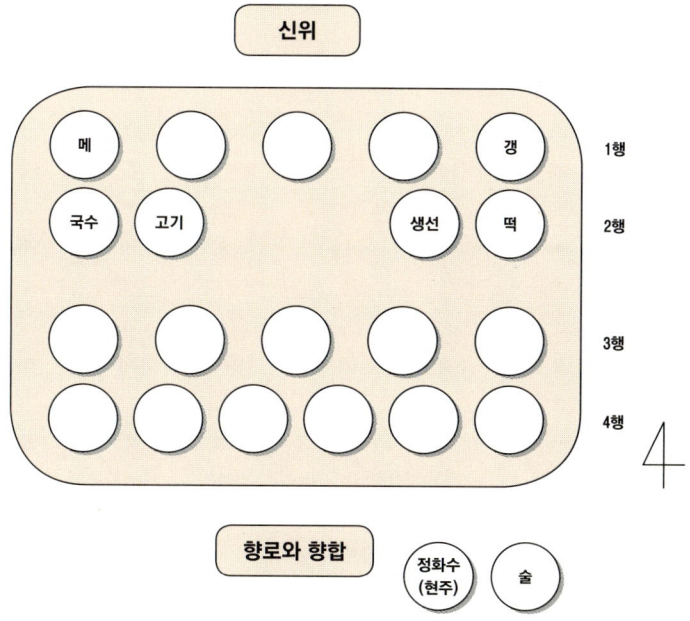

〈그림 7〉 『사례집의』(1887)에 나타난 「사시제」 의례에서의 2차 진설

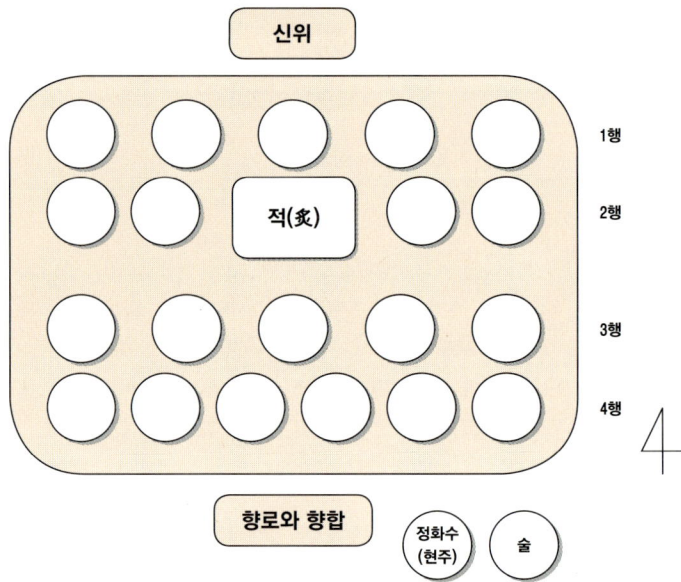

〈그림 8〉「사례집의」에 나타난 「사시제」 의례에서의 3차진설(초헌례 · 아헌례 · 종헌례 때에 올리는 적(炙)은 술의 배선과 함께 올리고 물림)

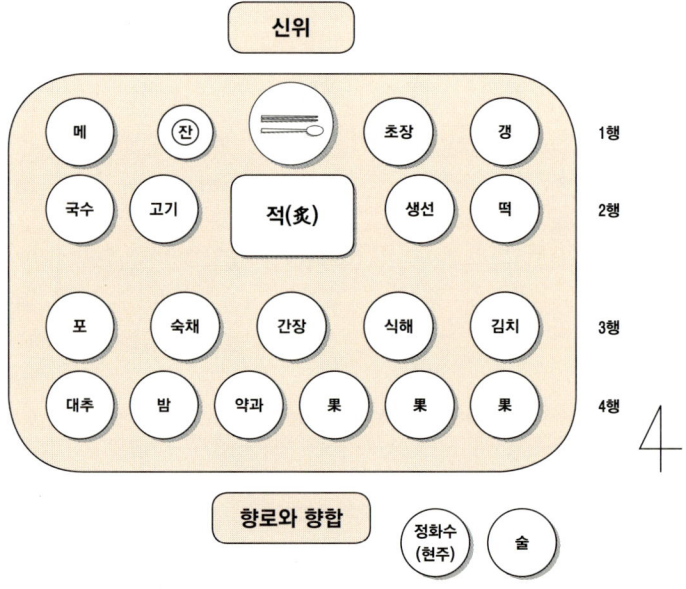

〈그림 9〉「사례집의」에 나타난 「사시제」 진설도(3차 진설이 끝난 후의 모습)

절하고 각자의 자리로 돌아간다(〈그림 9〉).

   축관이 문을 닫거나 발을 내린 후 엄숙하게 9번 밥 먹을 만큼의 시간을 기다린다. 축관이 세 번 기침 소리를 내고 문을 연다. 주인과 주부가 갱을 물리고, 갱 물린 자리에 숭늉을 올린다. 이어서 주인은 신이 드시고 남긴 술을 마셔 음복하여 수조(受胙)한다. 축관이 별도의 그릇과 숟가락으로 신위의 밥(메)을 떠서 담아 주인에게 주면 주인은 무릎 꿇고 받아먹음으로서 복(福)을 받는다.

   축관이 이성(利成)이라 말하면 남자들은 두 번 절하고 여자들은 네 번 절한다. 집사자가 신위의 수저를 접시에서 내리고 밥 뚜껑을 덮는다. 주인 이하가 모두 두 번 절하고 부인 이하가 모두 네 번 절한다. 축관이 축문을 불사른다. 주인과 주부가 신주를 받들어 신주독에 모신다.

   집사자가 철상하면 주부가 돌아와 술잔과 주전자 안의 남은 술 모두를 병에 따라 담아 봉하고[福酒], 이 복주와 제사상에 올렸던 모든 음식을 모여 있는 모든 사람이 골고루 먹고 마시게 하여 복을 받게 한다.

   이상에서 나타난 3차에 걸쳐서 진설되는 젯상은 제사의례 음식과 신과의 밀접한 관계를 보여주는 것이다. 1차진설은 신을 모셔오기 위한 것, 2차진설은 참신과 강신을 위한 것, 3차진설은 좌정하신 신께 술을 헌작하고 이에 수반되는 술안주(적)를 세 번에 걸쳐서 대접하며, 또 진지를 드시게 함과 동시에 잡수시고 남긴 음식과 술을 음복이라는 과정을 거쳐서 복을 받는 중요한 의미가 있다.

제 3절 현 종가의 젯상문화

   부인과 주인의 엄격한 내외 구분이 적용되어 부인은 제기를 닦고 제사음식을 마련하는 반면, 주인은 제물로 쓸 가장 중요한 희생물인 짐승을 살펴보고 짐승 잡는 일에 관여함으로서, 제수장만에 따른 주인과 주부의 역할분담이 분명히 주어졌다. 제사 의례에서도 주인과 주부가 차지하는 공간분담과 역할분담이 주어지는데 부인은 부인의 영역인 서쪽에서 2차 진설 때 국수·떡·밥을 올리고, 주인은 주인의 영역인 동쪽에서 1차 진설을 하며, 그 후 강신례를 한 주인은 2차진설에서 고기·생선·갱을 올린다. 술의 헌작에 진입해서, 부인은 아헌례를 주인은 초헌례를 올리고, 부인은 네 번 절하고 주인은 두 번 절(再拜)하며, 주인이 음복한다는 것이『사례집의』「사시제」에 나타난 진설방법과 의례였다.

그러니까 주인이 짐승을 잡고 잡은 짐승을 재료로 하여 주부가 제수를 만들어서 강신·술 제1의잔·고기·생선·갱·음복은 주인의 영역 속에, 술 제2의 잔·국수·떡·밥은 주부의 영역 속에 들어있다는 것이다. 신께는 각자의 영역에 맞게 각자의 위치 (주부는 서쪽에 주인은 동쪽)에서 제사를 올려야 신이 기뻐하여 복을 내려준다는 논리가 성립된다. 이러한「예서」속의 규범 논리가, 현재 종가에서 행해지고 있는 기일제·시제·다례의 젯상에서는 어떻게 적용하여 전개되고 있을까를 살펴보자.

1. 서애 류성룡 종가의「불천위기신제」

서애 류성용(柳成龍, 1542~1607) 선생의 종택은 경상북도 안동군 풍천면 하회동 656번지에 위치한다. 보물 제 414호인 충효당(忠孝堂)이 있는 이곳에서는 매년 음력 5월 6일 불천위기제사를 올리고 있다. 14대 종손인 류영하 (2004년 현재 78세)씨와 종부 최소희(2004년 현재 76세)씨의 지휘 아래 기신제를 위한 제수가 준비되어 〈그림 10〉에서 〈그림 12〉와 같이 차려졌다. 이 상차림을『사례집의』를 규범으로 하여 비교한 것이 〈표 5〉이다.『사례집의』와 달리 제 1행에서 초장이 생략되고 제 2행에서는 편적과 대구포가 새롭게 생겨났다. 또 적을 도적이라 하고 있고 생선전유어나 생선찜 혹은 생선회가 올라야 밥반찬에서 우의정의 역할을 하는 우간남이 되는데 대구포가 이 역할을 하는 듯하다. 제 3행에서는 포가 들어갈 자리에 자반이 자리하고 쌈이 채와는 별도로 제수로서 올랐다.

제 2행을 고기[肉南 또는 左肝南] 부분과 생선[魚南 또는 右肝南] 부분으로 나누었을 때, 고기에 속하는 것이 편육과 육탕이며, 생선에 속하는 것이 어탕과 대구포라고 볼 수 있다. 소탕인 두부탕의 위치는 해물탕의 오른편에 있어야 정도가 되지만 육남[肉南] 자리인 편육의 오른편에 자리하고 있다.

제 4행과 제 3행이 어지럽게 뒤섞여 있는 진설은, 고임으로 담은 과일이 무려 14기나 되는 화려한 상차림이기 때문에 진설공간이 모자라 고육지책으로 차려진 결과이다. 다식은 흑임자다식·송화다식·찹쌀다식을 20cm 높이로 고여 담고

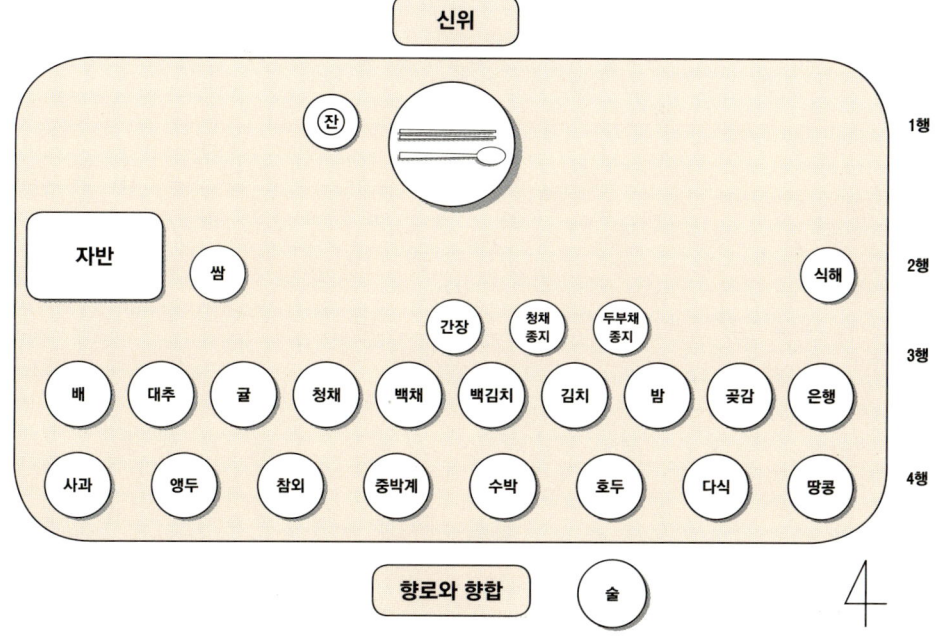

〈그림 10〉 서애 류성룡 종가의 「불천위기신제」에서의 1차진설 (2004년 음력 5월 6일)

	『사례집의』〈그림9〉	류성룡종가 기신제〈그림 12〉
1행	시접 · 잔반 · 초장 · 메 · 갱	시접 · 잔반 · 메 · 갱
2행	국수 · 고기 · 적 · 생선 · 떡	국수 · 고기 · 도적 · (편적) · (대구포) · 떡
3행	포 · 숙채 · 간장 · 식해 · 김치	(자반) · (쌈) · 숙채 · 간장 · 김치 · 식해
4행	대추 · 밤 · 약과 · 과 · 과 · 과	배 · 대추 · 사과 · 앵두 · 귤 · 참외 · 중박계 · 수박 · 호두 · 밤 · 다식 · 곶감 · 땅콩 · 은행

〈표 5〉 『사례집의』와 류성룡 종가 기신제 제사상차림 비교. ( )부분은 새롭게 진설된 부분.

중박계는 80개를 40cm 높이로 고여 담았으며, 기타 모든 과일도 과일의 크기를 고려하여 고여 담았다.

북어 · 간고등어 · 민어 · 조기 · 소고기를 6단으로 높게 고인 것이 자반이고, 북어 · 간고등어 · 방어 · 상어 · 홍어 · 문어, 소고기 · 닭으로 구성된 우(羽) · 모(毛) · 린(鱗)을 10단으로 고여 고임높이 40cm가 되게 한 것이

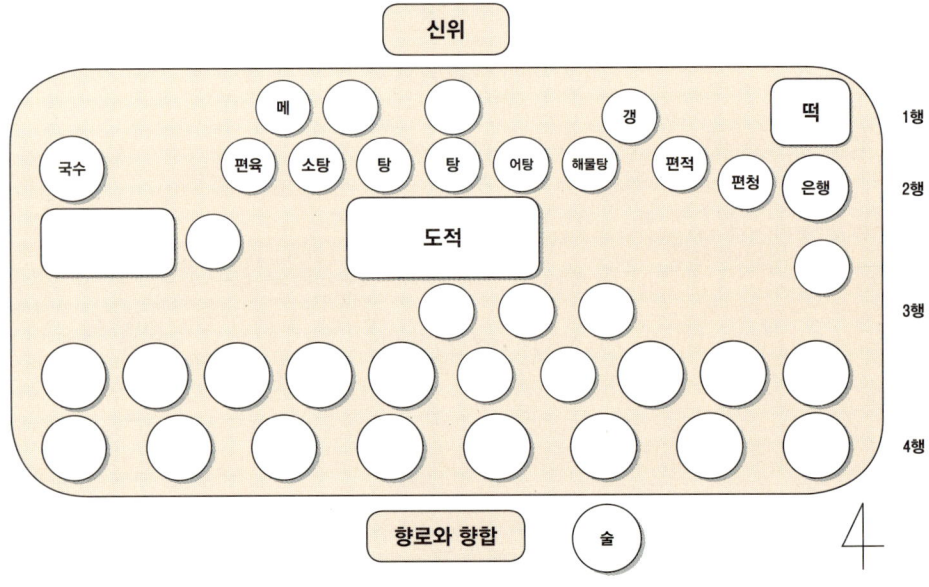

〈그림 11〉 서애 류성룡 종가의 「불천위기신제」에서의 2차진설 (2004년 음력 5월 6일)

도적(都積)이다. 또 대두콩고물본편·팥고물본편·진주고물본편·백편·나물편·경단·증편·송기송편·송편·모시잎송편·잡과편·화전·조약·깨구리를 14단으로 고임높이 41㎝가 되게 고여 담은 것이 떡이다. 이러한 고임 형식은 『사례집의』 등과 같은 「예서」가 나왔을 당시까지만 해도 은진송씨가의 고임방식과 같이 보다 더 아름답고 정교하게 고였을 것이다. 대추와 밤고임에서도 은진송씨가에서 보여준 대추고임 위에 율란을 얹거나 밤고임 위에 조란을 얹는 등의 모습은 보이지 않는다. 일의 번거로움으로 생략되었을지도 모르겠다(〈그림 12〉).

고임 음식 담는 데에서 나타나는 간소화의 추구는 의례에서도 보인다. 젯상을 차릴 때 〈그림10〉에서 〈그림12〉와 같이 「예서」에서 보여주는 3차진설과 달리 2차만 채택하고 있고 또 주인과 주부의 엄격한 역할 분담과 공간 분담은 이루어지지

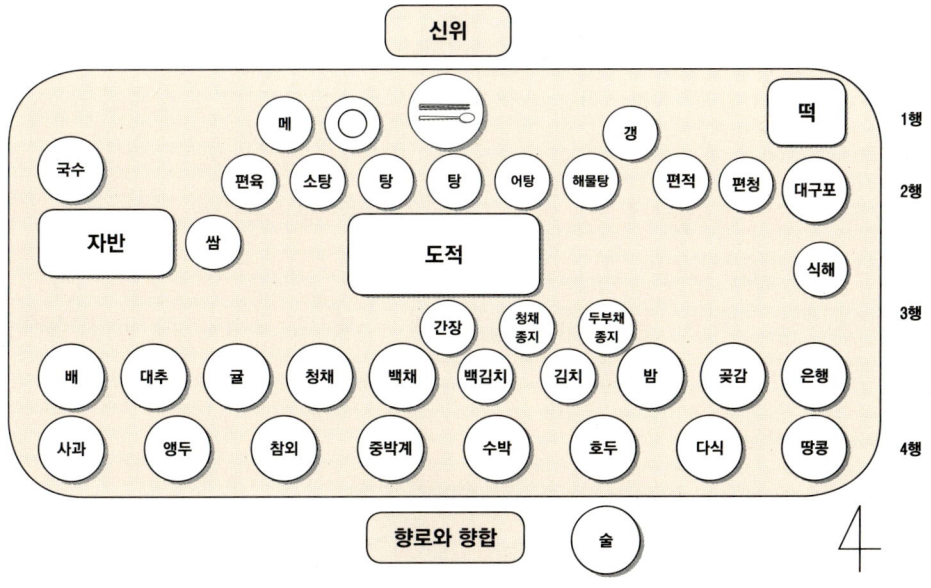

〈그림 12〉 서애 류성룡 종가의 「불천위기신제」 진설도 (2004년 음력 5월 6일)

않고 있다. 주부는 제사음식을 장만하고 음복 준비를 하는 것 외에는 제례에 참석하지 않는 것으로 되어 있다.[217]

2. 고산 윤선도 종가의「불천위기신제」

2003년 음력 6월 11일은 고산 윤선도(尹善道, 1587~1671)선생이 세상을 떠난 이후 332주년에 해당되는 날이고, 영조 3년(1727)에 불천위지위가 되었기 때문에 불천위기신제는 276주년에 해당되는 날이다. 전라남도 해남읍에 있는 고산 종가인 녹우당(綠雨堂)이 불천위기신제를 올리는 공간이다.

서남해에 면한 해남은 어업과 농업 양자 모두가 중심이 되어 이어져온 곳이다. 조선왕조 때에는 타 지역에 비해 국가 이념인 유교에 비교적 충실하지 못했던, 비유교권에 속한 지역으로 분류된 곳이기도 하다. 이러한 해남지역의 특성 탓인지는 몰라도 불천위 젯상차림에서도「예서」에서 제시한 규범에서 벗어나고 있는 것이 많이 발견된다. 가령 5탕에서 3탕이 생선을 재료로 하는 점, 찜 3기가 모두 병어·장대·돔을 재료로 하여 만드는 점, 나물과 김치, 식해와 포 등의 위치가「예서」에서 제시하고 있는 것과는 정반대인 점, 2행에 차려져야할 누르미·소고기전·바지락전·돼지고기편육·병어찜·장대찜·돔찜이 3행에 차려지는 점, 누르미·소고기전·돼지고기편육·육탕으로 구성된 좌간남과 바지락전·명태전·돔찜·장대찜·병어찜·어탕으로 구성된 우간남이 명확한 구분 없이 섞여져 차려진 점 등은「예서」에서 크게 벗어난 상차림 방법이다(〈표 6〉,〈그림 16〉).

비단 상차림 뿐 만 아니라, 음식과 관련된 의례에서도 나타난다. 신을 모셔오기 위하여 〈그림 13〉에서와 같이 1차 진설을 하고 참신·강신 때에는 〈그림 14〉와 같이 2차 진설은 하였지만, 술의 헌작과 더불어 점진적으로 올라가는 술안주 적은

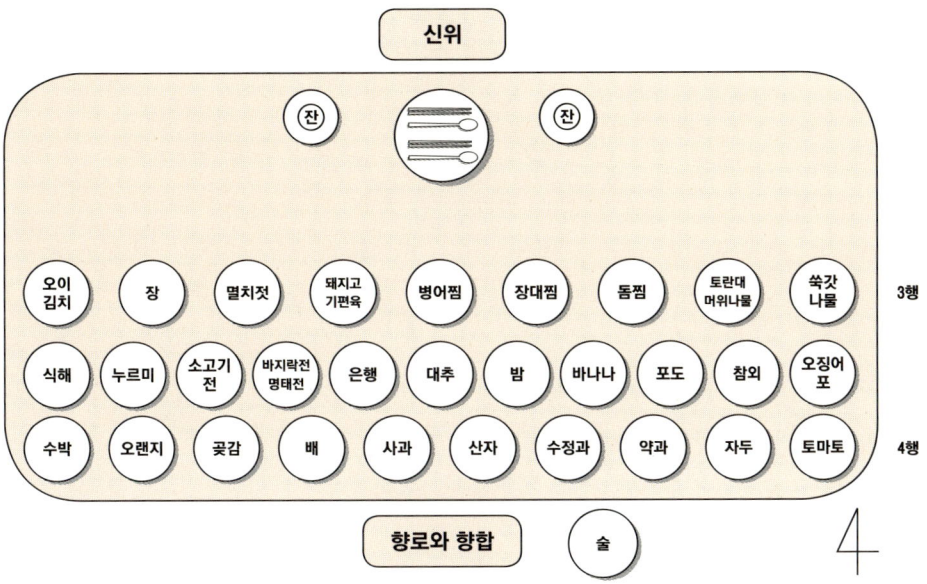

〈그림 13〉 고산 윤선도 종가의 「불천위기신제」에서의 1차 진설(2003년 음력 6월 11일)

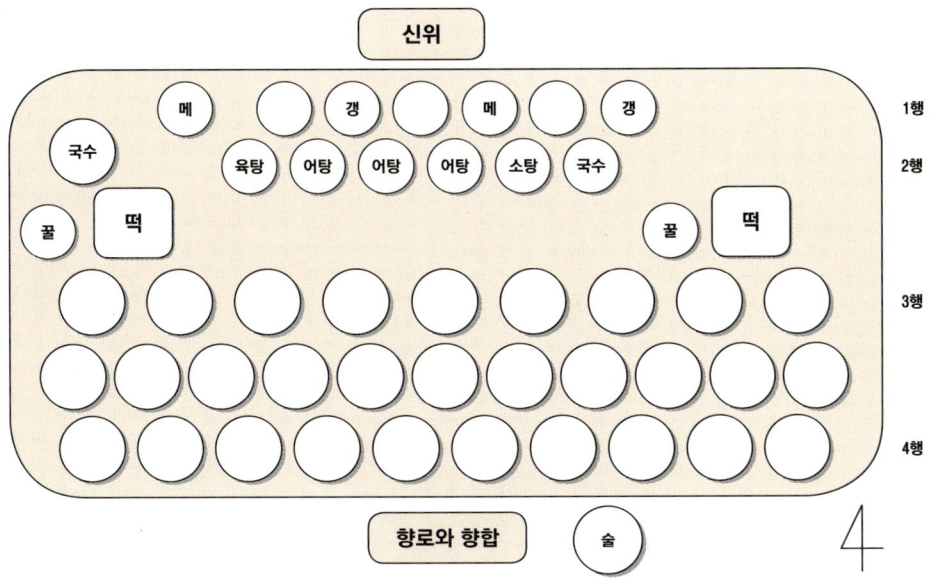

〈그림 14〉 고산 윤선도 종가의 「불천위기신제」에서의 2차 진설(2003년 음력 6월 11일)

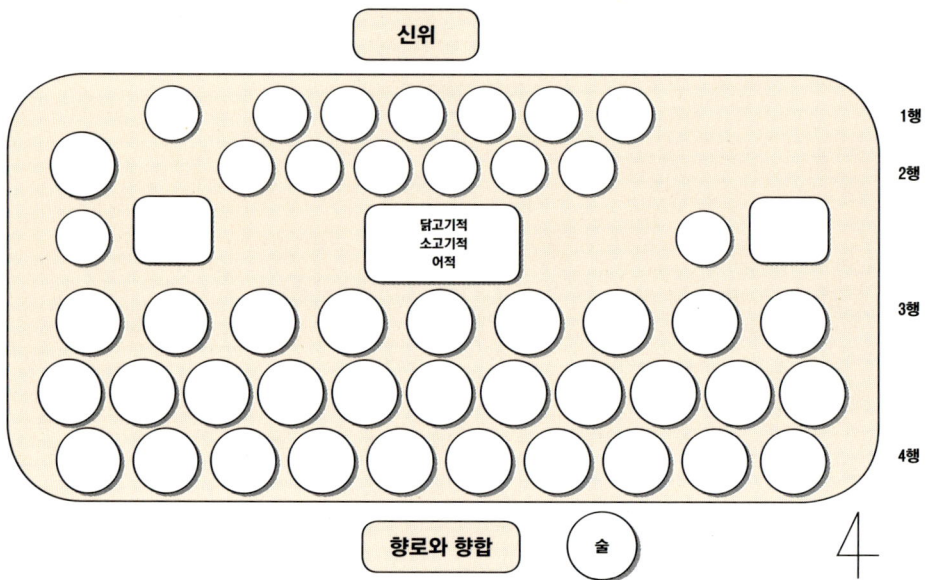

〈그림 15〉 고산 윤선도 종가의 「불천위 기신제」에서의 3차 진설(2003년 음력 6월 11일)

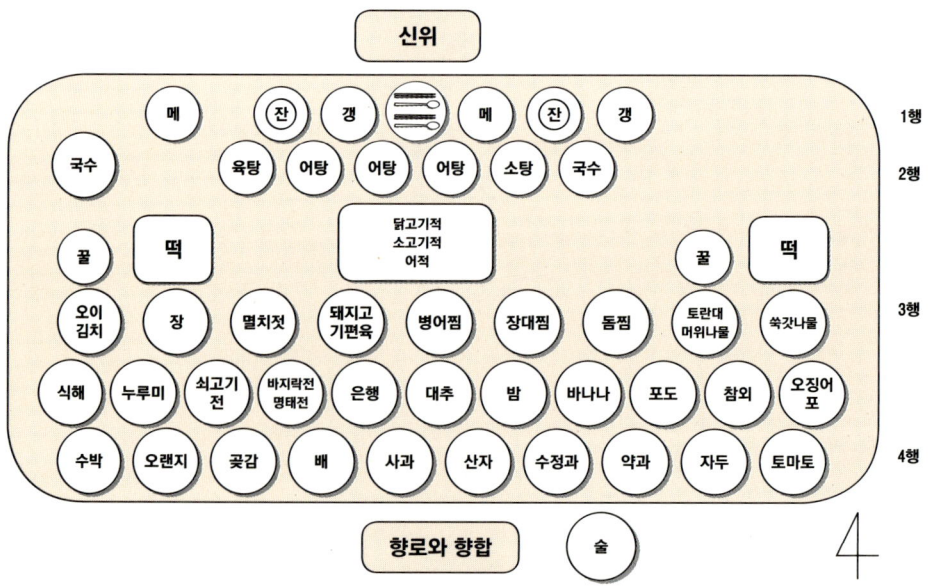

〈그림 16〉 고산 윤선도 종가의 「불천위기신제」 진설도(2003년 음력 6월 11일)

	「사례집의」〈그림9〉	윤선도 종가 기신제〈그림16〉
1행	시접 · 잔반 · 초장 · 메 · 갱	시접 · 잔반 · 메 · 갱
2행	국수 · 고기 · 적 · 생선 · 떡	국수 · 육탕 · (어탕) · 적 · 어탕 · 떡
3행	포 · 숙채 · 간장 · 식해 · 김치	(김치) · (장) · (고기) · (생선) · (숙채)
4행	과일	(식해) · (고기) · (생선) · (과일) · (포)

〈표 6〉「사례집의」와 윤선도 종가 기신제 제사상차림 비교. ( )부분은 진설의 위치가 바뀐 부분.

초헌할 때에 한꺼번에 배선되고 아헌과 종헌에서는 올리지 않았다(〈그림 15〉). 또 장보기 · 재료준비 · 조리하기 · 제사음식 고여담기는 전부 종부와 주변여자들의 몫이 되고 있었으나 제례에서의 주부 역할 분담은 전혀 주어지지 않았다.[218]

3. 탄옹 권시 종가의 「시제」

대전광역시 서구 탄방동에서 안동 권씨가 동성촌락을 형성하게 된 시기는 탄옹 권시선생이 23세 때에 한양으로부터 가족을 이끌고 탄방리로 이거하고 나서 부터이다. 그 후 탄방리의 사묘 건립이 이루어졌다. 숙종 18년(1692) 탄옹선생이 제자를 가르쳤던 강학소 장소인 도산(道山) 기슭에 서원을 세워 도산서원이라 하였다. 이 도산서원의 자리가 지금은 탄옹 선생의 묘소가 되었다. 고종 6년(1869) 서원 철폐령으로 서원이 철거되었고 비워진 이곳에 묘소를 이봉(移奉)한 것이다.

2005년 음력 10월 2일에 거행된 시제[墓祀]는 333주년에 해당되고, 현재의 시제사 젯상과 제수장만, 시제 올리는 날짜, 제사 의례 절차 모두는 29세의 권상종 선생이 신묘년(辛卯年)에 제사 올리고 기록으로 남긴 『묘사의절(墓祀儀節)』에 철저히 근거하였다.

따라서 〈그림 17〉에서 〈그림 20〉은 『묘사의절』에 근거하여 올린 「시제사」

217_ 김상보, 「서애 류성룡 종가의 제사음식」, 『종가의 제례와 음식 8』, 월인, 2005, 208~282쪽
218_ 김상보, 「고산 윤선도 종가의 제사음식」, 『종가의 제례와 음식 5』, 김영사, 2005, 202~228쪽

젯상인데, 초헌·아헌·종헌까지 올리고 난 상태의 진설도가 〈그림 20〉이다. 〈그림 5〉의 『묘사의절』 진설도와 비교시 단설과 합설의 차이 외에 포의 위치가 4행에서 3행으로 옮겨간 것만 발견된다.

『묘사의절』이 1831년 이전 것이라 한다면 이 시기는 『예서』가 가례의 규범으로 제시한 거의 비슷한 시기이다. 탄옹 권시 종가가 『묘사의절』을 충실히 지켜오고 있다고 판단되기 때문에 「시사」 젯상과 『예서』의 젯상차림을 비교해 본다면, 현재 행해지고 있는 〈그림20〉의 전통성이 예측 가능할 것이며, 이 예측을 위하여 비교한

	『사례집의』 〈그림9〉	권시종가의 시제 〈그림20〉
1행	시접·잔반·초장·메·갱	시접·잔반·메·갱
2행	국수·고기·적·생선·떡	국수·고기 ; 육간납·적·생선·어간납·떡
3행	포·숙채·간장·식해·김치	포(자반)·숙채·간장·(김치)·식해·생채
4행	과일	과일

〈표 7〉 『사례집의』와 권시 종가 시제 제사상차림 비교. ( )부분은 진설의 위치가 바뀐 부분.

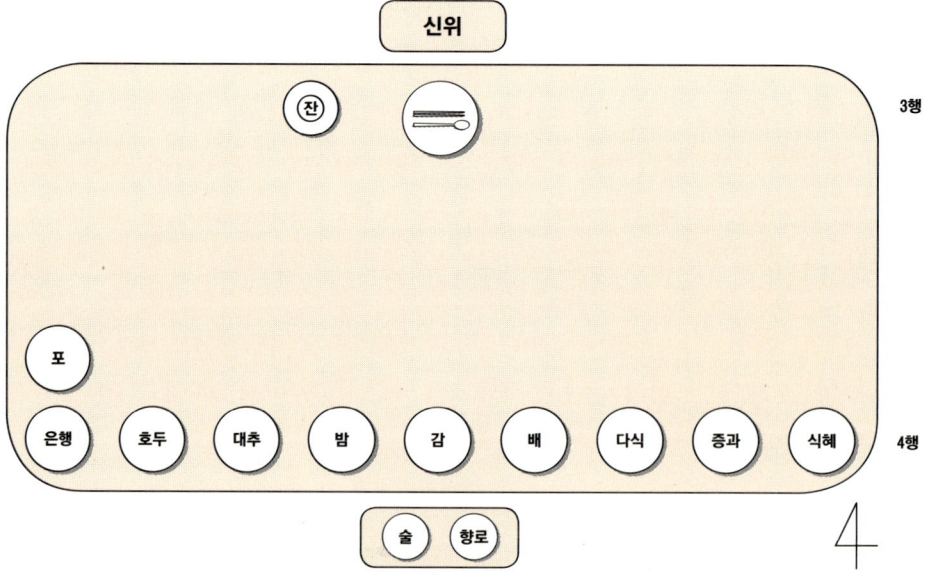

〈그림 17〉 탄옹 권시 종가 「시사」에서의 1차진설(2005년 음력 10월 2일)

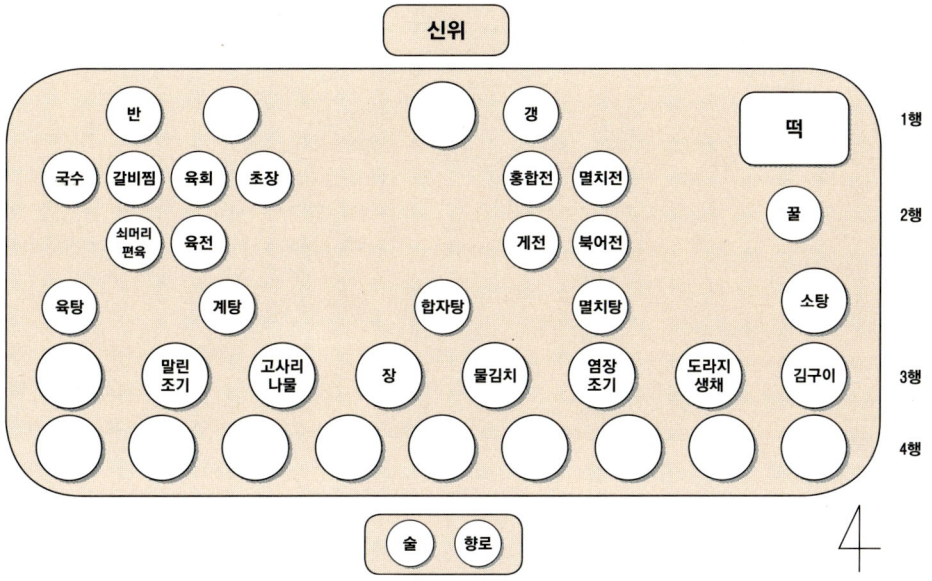

〈그림 18〉 탄옹 권시 종가 「시사」에서의 2차진설 (2005년 음력 10월 2일)

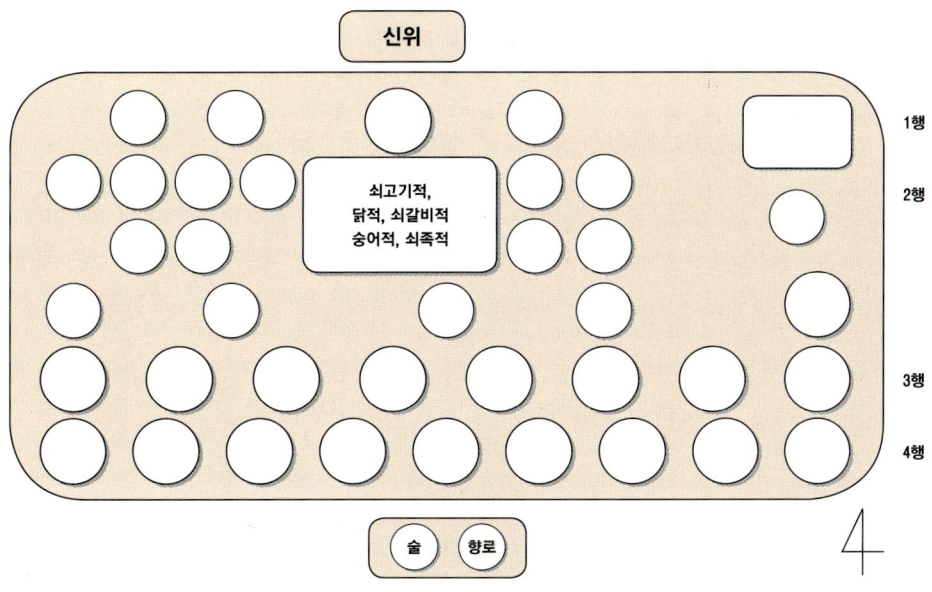

〈그림 19〉 탄옹 권시 종가 「시사」에서의 3차진설 (2005년 음력 10월 2일)

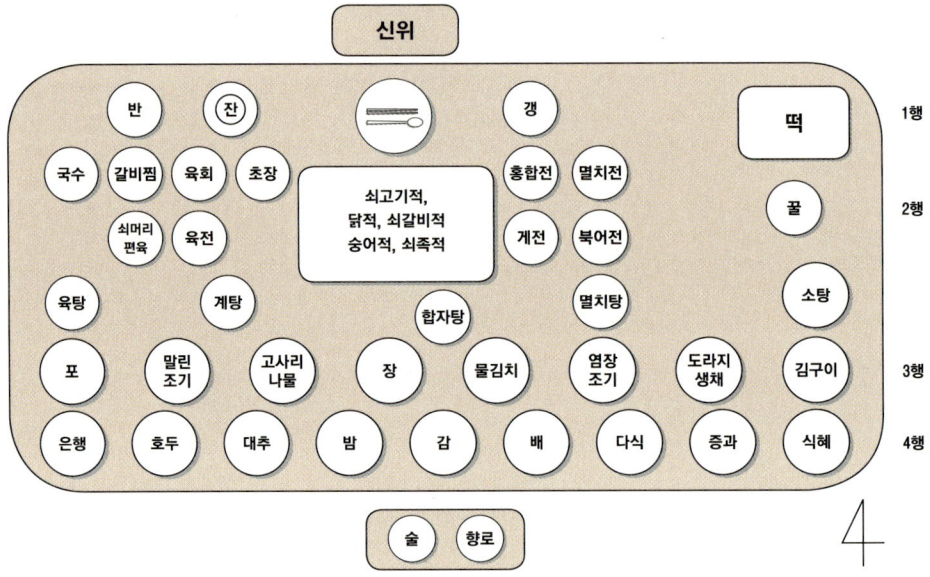

〈그림 20〉 탄옹 권시 종가 시사진설도 (2005년 음력 10월 2일)

것이 〈표 7〉이다. 역시 약간의 변화 밖에 그 차이점을 발견할 수 없었다. 자반을 포 속에 포함시키고, 김치를 생채의 범주 속에 넣는다면 이 차이 또한 지극히 미미하다.

젯상은 「예서」와 유사한 전통성이 있었으나, 제례때에는 규범대로 행하지 않았다. 〈그림 17〉은 1차진설 때의 상차림인데, 규범에서 제시한 3행이 누락되고 3행은 2차진설에서 진설되었다. 주부를 포함한 여성들 또한 제수를 만들고 음복을 준비하는 것에만 참여할 뿐, 제례에서 여성의 역할과 공간은 주어지지 않았다. 그러나 주인을 포함한 남성들은 장보기·제기에 음식담기·제수 옮기기 등에 전적으로 관여하고 있고 음복 때에는 참여한 모두에게 독상을 차려 복을 받게 하는 등의 전통성은 남아 있었다.[219]

219_ 김상보, 「탄옹 권시 종가의 제사음식」, 「종가의 제례와 음식 9」, 월인, 2006, 176~221쪽
220_ 김상보, 「퇴계 이황 종가의 제사음식」, 「종가의 제례와 음식 7」, 월인, 2005, 98~161쪽

4. 퇴계 이황 종가의「다례」

경상북도 안동시 도산면 토계동이 퇴계 이황(李滉, 1501~1570)선생의 종가가 있는 곳이다. 퇴계선생은 연산군 7년(1501) 11월 25일 안동군 예안현 온계리에서 이식(李埴)의 6남으로 태어났지만 분가하여 토계동에 자리잡았기 때문에, 토계동의 진성이씨 동성촌락 역사는 500년 정도 된다. 2004년 음력 6월 15일 현재 22세인 이동은 옹이 생존해 있다.

이 댁은 명절이면 명절음식을 올린다는 '俗節則獻以時食'에 의하여 속절에 시식으로서 다례 올리는 것을 옛부터 행해왔다. 속절의 하나인 유두(流頭, 음력 6월 15일) 역시 퇴계 종가에서는 중요한 명절로 여기고 있으므로 이 날도 밀국수·수박·토마토·포도·자두·귤·멜론·건대구로 불천위고비3위·고조고비 3위·증조고비 3위·조고비 3위·고비 3위·차종부께 사당에서 유두천신(流頭薦新)하였다(〈그림 21〉). 〈표 3〉의「예서」에는 수단·증병·밀전병이 유두날 시식이었지만, 이 댁은 밀국수가 시식음식으로 되고 있음이 주목된다. 이는 수단(水團)이 유두면(流頭麵)에서 기원하였기 때문에 수단 대신 밀국수로 삼은 듯하다.

재계(齋戒)·쇄소가묘(灑掃家廟)·설위진기(設位陳器)·변복서립(變服序立)·설소과주찬(設蔬果酒饌)·봉주취위(奉主就位)·강신분향(降神焚香)·강신뇌주(降神酹酒)·참신(參神)·헌주(獻酒)·계반개(啓飯蓋)와 삽시정저(挿匙正箸)·사신(辭神)·납주(納主)·철찬(撤饌)·음복(飮福) 순으로 진행된 이날의 다례는「예서」에서 제시한 규범대로 진행된 것이었다. 원래 모든 제례때에 주부가 참여하여,「예서」대로 주인과 주부의 엄격한 역할분담과 공간 분담을 하여 진행하였다 한다. 그러나 종부와 차종부가 이미 타계한 상태라 여성 참례자는 없었다.[220]

고려왕조로부터 이어진 조선왕조의 제례는 크게 신의 공적인 공간과 사적인 공간에서의 제례로 분류된다. 공적인 공간에서의 제례란 종묘 · 사직 · 서원에서의 제례이고, 사적인 공간에서의 제례란 정침 · 능침 · 묘 · 사당 등에서의 제례이다. 신의 사적인 공간에서의 제례는 고려왕조 제례를 계승하였다 하여 이를 속제(俗祭)라 하였다.

현종 이후 숙종조에 예학으로 다듬어져서 18세기 실학에 의하여 재정비된 『사례편람』『사례집의』등과 같은 「예서」에서 규범으로 제시한 정침 · 묘 · 사당에서 행해졌던 제례 종류로는 사시제 · 이제 · 사당제 · 묘제 · 기일제 등이 있었으나 현재 사시제 · 이제 · 사당제는 다례로, 기신제는 기신제로, 묘제는 시제로 간략화 되어져 이어져 오고 있다. 이들 제례는 신의 사적인 공간에서 행해진다는 고려시대부터의 관행에 따라 고인이 평소 즐겨 잡수셨던 음식을 제수로 성대하게 준비하되 유교식의 예에 맞도록 술 3헌에서 안주로서 가장 중요한

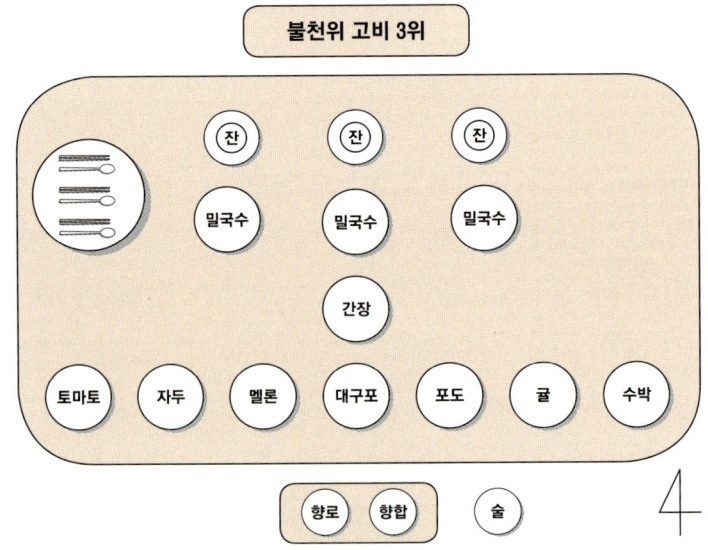

〈그림 21〉 퇴계 이황 종가의 유두다례 진설도(2004년 음력 6월 15일)

적과, 밥반찬으로 가장 중요한 좌간남 우간남을 갖추어 행하는 것이었다. 제사란 눈에 보이지 않는 가장 귀한 손님인 조상신께 드리는 음식이다. 따라서 가장 성대한 연회였기 때문에, 보통 인간들이 검박하게 차려 연회하는 것과는 분명히 다르다. 왜냐하면 음식을 차려 올린 조상신으로부터 음복이라는 과정을 통하여 자손들이 복을 받고자하는 염원이 있었기 때문이다. 그래서 젯상차림은 돈 있는 집과 돈 없는 집이 확연히 구분되어 차리게 되었다. 돈 없는 집도 최대한의 예의를 갖추었다. 「예서」가 나왔을 당시 제수의 진설방법에는 일정한 규범이 있었지만, 당시의 제례 풍속이 집집마다 그 부(富)의 정도에 따라 양이나 음식고임의 높이, 그리고 상차림의 화려함에서 차이가 생겨났음은 물론이다.

사치하고 화려한 제사 상차림에 대한 자각과 사회적 책임에 의하여 규범으로 제시한 것이 「예서」에서 제시한 젯상이라고 보고 「예서」에 나타난 젯상 및 음식과 관련된 의례가 현재 경상북도 안동의 서애 류성룡 종가, 안동의 퇴계이황 종가, 전라남도 해남의 고산 윤선도 종가, 충청남도 대전의 탄옹 권시 종가를 예로하여 이들 종가에서 행하는 기제사·시제·다례에 어떠한 형태로 반영되어 변화되어 왔는가를 검토해 보았다.

첫째, 「예서」에서는 제수 장만에 따른 주인과 주부의 역할 분담이 분명히 주어졌다. 제사의례에도 주인과 주부가 차지하는 공간 분담과 역할 분담이 주어졌다. 그러나 이러한 분담은 어느 한 예에서도 지켜지지 않았다.

둘째, 「예서」에는 다례를 제외하고 시제와 기제사에서 3차에 걸쳐서 음식을 진설하여, 1차진설에서는 1행에서 시접과 잔·초장 그리고 3행과 4행을 진설하고, 2차진설에서는 1행에서 메와 갱 그리고 2행을 진설하며, 3차진설에서는 술 3헌(초헌·아헌·종헌)이 올라가면서 점진적으로 적이 배선되는 진설방법을 가짐으로서, 신을 모셔오고(1차진설), 참신과 강신하여(2차진설), 술의 헌작과 더불어 올리는 술안주(3차진설) 등 일정한 수순이 있었다.

이러한 3차에 걸쳐 나누어 진설하는 예법은 탄옹 권시 종가에서는 1차진설에서 3행을 누락시키고 누락된 3행을 2차진설에서 진설하고 있었다.
　젯상에서 시접의 남쪽에 차려지는 적은 술의 헌수에 따라 올려지고 물리는 3차진설에 해당되는 것이지만, 서애 류성룡 종가는 도적이라 하여 2차진설에서 한꺼번에 올렸다. 그래서 초헌·아헌·종헌의 술 헌수 때 술안주로 올리는 예가 생략되었다. 고산 윤선도 종가에서는 3차진설이 진행되었지만 초헌 때에 한꺼번에 닭고기적·소고기적·생선적이 배선되고 아헌과 종헌 때에는 술안주도 없이

〈그림 22〉「기산풍속도(箕山風俗圖)」 중 「소대상(小大祥)」(19세기말). 초상 치른 뒤 1년이 지난 후에 지내는 제사를 소상이라 하고 2년이 지난 후에 지내는 제사를 대상이라 한다. 병풍을 치고 의자를 놓고 영좌를 모셔 놓았다. 영좌 앞에 발 높은 상[高足床]을 놓고 음식을 차리고 있다.
(조흥윤,「민속에 대한 기산의 지극한 관심」, 민속원, 2004, 119쪽)

술을 올렸다. 3차진설의 규범이 지켜진 예는 탄옹 권시 종가뿐으로서 초헌에서 소고기적·소갈비적·닭적, 아헌에서는 소족적, 종헌에서 숭어적을 올리고 있음이 발견된다.

셋째, 「예서」를 규범으로 하여 제사음식을 맞게 배열한 곳은 탄옹 권시 종가 → 서애 류성룡 종가 → 고산 윤선도 종가의 순이다. 특히 고산 윤선도 종가는 「예서」에서 크게 벗어난 상차림법을 채택하고 있다,

넷째, 「예서」의 상차림에서 나타난 제 2행의 육과 어는 육남 또는 좌간남, 어남 또는 우간남을 말하는 것인 바, 간남이란 밥 먹는 사람의 남쪽에 차려지는 핵심적인 밥반찬이라는 뜻을 함축하고 있다. 간남의 문헌적 초출은 『영접도감의궤』(1609)이다. 좌간남에 속하는 것이 갈비찜·육회·편육·전유아·육탕 등이고 우간남에 속하는 것이 생선찜·생선전유아·어회·어탕 등으로서, 좌간남과 우간남은 좌·우에 같은 비율로 차리는 것이 원칙이었다. 즉 좌간남이 2기이면 우간남도 2기를 차려야 함을 뜻한다. 이 원칙을 비교적 잘 지킨 상차림이 탄옹 권시 종가의 젯상이다. 기타의 예에서는 원칙에서 벗어나고 있다.

다섯째, 퇴계 이황 종가의 사당에서 행한 유두천신다례를 통하여 「예서」의 그것과 비교시 「예서」에는 유두날 수단과 증병 그리고 밀전병으로 속절 시식으로 한다 하였으나, 이황 종가에서는 밀국수로 대신하였다. 그러나 상차림이나 의례는 「예서」를 크게 벗어나지 않고 있었다.

제 5장 「의궤」를 통해서 본 조선왕조 음식문화[221]

제1절 「음식문화의궤」

유교 정치를 지향했던 조선왕조의 예악관(禮樂觀)관은, 천(天.陽)과 지(地.陰)에 순종하고 음양을 조화시키는 길로 인식하였다. 이러한 예악관은 중국 고제(古制)의 『주례(周禮)』에 비견되는 『경국대전』을 만들고, 『의례』에 견주어 성종 5년(1474)에는 『국조오례의(國朝五禮儀)』가 편찬되어 국가 행사 중심 사상의 기반이 되었다.

그 후 영조 20년(1744)에 시대의 변천에 따라 첨삭할 부분을 수정 보완한 『국조속오례의』가 찬정되어, 궁중 의례의 중심적 역할을 담당하게 되었으므로 『의례』가 바탕이 된 『국조오례의』는 조선왕조 전기(全期)를 통하여 궁중 의례의 중심적 역할을 담당한 셈이다.

[221]_ 제 5장의 내용은 (김상보, 「음식사 사료로서의 조선왕조의궤」, 『조선왕조기록문화의 꽃 의궤』, 문화재청, 2007)에 실려있는 것임

조선왕조에서는 국가적인 큰 행사가 있을 때 그 행사를 주관하는 임시 관청인 도감(都監)을 설치하였다가 행사가 끝나면 폐지하였다. 행사의 종류에 따라 가례도감(嘉禮都監), 영접도감(迎接都監), 진찬도감(進饌都監), 풍정도감(豊呈都監), 진연도감(進宴都監), 국장도감(國葬都監) 등을 설치하였다. 각 도감에서는 행사 치르는 과정 전부를 우선 일자(日字)순으로 기록하였다, 이를 등록(謄錄)이라 하였다. 이 등록에 의하여 훗날 「의궤(儀軌)」를 만들었다. 각종 「의궤」속에 포함되어 있는 의식(儀式)의 상세한 절차를 기록한 의주(儀注)는 『경국대전』 『예전(禮典)』에서 밝혔듯이 가례 · 빈례 · 길례 · 군례 · 흉례로 나눈 『국조오례의』를 준용하였음은 물론이다.

조선왕조 궁중음식문화는 오례의가 기반이 되고 있는 「의궤」속의 기록 자료에 대한 구명(究明)을 통하여 가능하다. 각 행사 별로 찬품의 종류, 찬품의 재료와 분량, 기용, 음식과 관련된 의례 등등을 상세히 기록하고 있기 때문이다. 그러나 태조 원년(1392)부터 선조33년(1600) 이전까지는 임진왜란에 의한 소실로 전해지는 것이 없고, 1600년대 초부터 1900년대 초기까지 약 300년간의 것은 많은 양이 보존되어 있는데, 그 중 음식사와 관련된 「의궤」는 다음과 같이 정리된다.

「영접식의궤」

己酉年(1609)『迎接都監謄錄』『迎接都監儀軌』

庚戌年(1610)『迎接都監米麵色謄錄』

丙寅年(1626)『迎接都監儀軌』

甲戌年(1634)『迎接都監儀軌』

丁丑年(1637)『迎接都監儀軌』

癸未年(1643)『迎接都監儀軌』

「가례식의궤」

丁卯年(1627)『嘉禮都監儀軌』

辛卯年(1651)『嘉禮都監儀軌』

辛酉年(1681)『嘉禮都監儀軌』

丙子年(1696)『嘉禮都監儀軌』

戊戌年(1718)『嘉禮都監儀軌』

甲子年(1744)『嘉禮都監儀軌』

壬戌年(1802)『嘉禮都監儀軌』

己卯年(1819)『嘉禮都監儀軌』

丁酉年(1837)『嘉禮都監儀軌』

辛亥年(1851)『嘉禮都監儀軌』

丙寅年(1866)『嘉禮都監儀軌』

丙午年(1906)『嘉禮都監儀軌』

「연향식의궤」

庚五年(1630)『豊呈都監儀軌』

己亥年(1719)『進宴儀軌』

甲子年(1744)『進宴儀軌』

乙酉年(1765)『受爵儀軌』

乙卯年(1795)『園幸乙卯整理儀軌』

丁亥年(1827)『慈慶殿進爵整禮儀軌』

戊子年(1828)『進爵儀軌』

己丑年(1829)『進饌儀軌』

戊申年(1848)『進饌儀軌』

戊辰年(1868)『進饌儀軌』

癸酉年(1873)『進爵儀軌』

丁丑年(1877)『進饌儀軌』

丁亥年(1887)『進饌儀軌』

壬辰年(1892)『進饌儀軌』

辛丑年(1901)『進饌儀軌』·『進宴儀軌』

壬寅年(1902)『進饌儀軌』

「일상식의궤」

乙卯年(1795)『園幸乙卯整理儀軌』

제 2절 「영접식의궤」 상차림

    1600년대에 집중되어 있는『영접도감의궤』중 1609년·1626년·1634년의 「의궤」를 예로들어 이들에 수록되어 있는 손님접대 상황을 살펴 보기로 한다. 광해군 원년(1609) 4월 25일 선조의 시호(諡號)를 위하여 명나라로 부터 가내두목(叚內頭目) 5명과 외두목(外頭目) 15명으로 구성된 사제두목(賜祭頭目) 20명이 조선에 와서 5월 6일 본국으로 돌아갔다. 같은 해 6월 2일 광해군의 책봉을 위하여 천사상공(天使相公) 6명, 외두목 41명, 두목과 교부(轎夫) 45명, 가정(家丁) 4명, 차관(差官)과 차인(差人) 5명 등으로 구성된 책봉사절단 101명이 조선에 입경하여 6월 19일 환국하였다. 1609년의『영접도감등록』과『영접도감의궤』는 이상의 손님을 접대한 영접 기록이다.

    인조 4년(1626) 4월 6일 1등두목 8명, 2등두목 15명, 3등두목 37명 등 총

60명이 황제의 명령을 적은 문서인 칙서를 가지고 입경하여 20일 동안 머문 후 환국하였다. 인조12년의 『영접도감의궤』는 이들을 접대한 영접기록이다.

인조 12년(1634) 9월 2일 칙인관 2명, 1등두목 25명, 2등두목 42명, 3등두목 45명, 교부 25명 등 총 139명이 칙서를 가지고 입경하여 15일 동안 머문 후 환국하였다. 인조12년의 『영접도감의궤』는 이들을 접대한 영접 기록이다.

광해군원년(1609) · 인조4년(1626) · 인조12년(1634) 모두 일상식을 만들어 먹을 수 있는 음식 재료를 두목들에게 매일 제공하였다. 반미(飯米), 중생선(中生鮮) · 생선(生鮮) · 생수어(生秀魚) · 석수어(石首魚), 저육(豬肉), 계(鷄) · 활계(活鷄), 계란(鷄卵), 두포(豆泡, 두부) · 수근(水芹, 미나리) · 와거(萵苣, 상치) · 생우(生芋, 토란), 청주(淸酒) · 법주(法酒)와, 조미료로서 염(鹽, 소금) · 간장(艮醬) · 감장(甘醬) · 청장(淸醬) · 진유(眞油) · 초(醋) · 생총(生葱, 파) · 산(蒜, 마늘) · 생강(生薑)등을 제공하였다(〈표 1〉). 사신들과 함께 온 조리사가 사신들의 숙소에서 제공된 식품을 가지고 조리한 것으로 보인다.

광해군 원년 최고위층에게는 일상식으로 네끼를 대접하였다. 명나라 사신에게도 일상식으로 조반상[初朝飯, 早飯이라고도 하였음]과 삼시반(三時飯, 朝飯 · 中飯 · 夕飯)이 제공되었다. 천사(天使)란 천국(天國, 中國)에서 온 사신을 가리킨다. 죽을 중심으로 차린 초조반(初朝飯) 조반상은 당시 격식을 갖춘 주연을 겸한 죽상이었다(〈그림 1〉). 삼시반이라고 기술한 조반 · 중반 · 석반은 일상식인 밥상에 해당된다. 황제를 접대하듯이 차린 것이 〈그림 1〉과 〈그림 2〉의 상차림이므로 보통의 손님 접대상과는 성격이 다른 특별한 것으로 보아야 한다.

일상식 외에도 환영영인 하마연(下馬宴)과 환송연인 상마연(上馬宴), 그리고 익일연(翌日宴) · 청연(請宴) · 위연(尉宴) · 전연(餞宴)등의 연향을 베풀었다. 이들 상차림은 일상식과는 비교도 되지않는 엄청난 규모로서 하마연을 예로들면 사신 한 사람에게 홍마조 · 유사마조 · 염홍마조 ·

송고마조·유사미자아·송고미자아·백미자아·적미자아·율미자아·중박계·약과·홍망구소·유사망구소·백다식·전단병·운빙등의 16종으로 구성된 유밀과와, 대추·개암·황율·비자·잣·건시 등 6종의 과일, 문어·건치·편포·전복·회전복·계란·오리·연계·양간·돼

년도	술		생선						수조육류			알류	
	청주	법주	대생선	중생선	생선	석수어	건수어	생수어	돼지고기	소고기	활계	닭	란	계란
1609	○		○		○	○			○	○	○		○	○
1626	○	○		○	○	○		○		○		○		○
1634	○			○	○		○	○	○		○			○

년도	채류				조미료									
	두부	미나리	토란	상치	소금	간장	감장	청장	참기름	초	파	마늘	생강	천초
1609	○	○	○	○	○	○	○	○	○	○	○	○		○
1626	○	○			○	○	○	○	○	○			○	
1634	○	○			○	○	○	○	○	○			○	

〈표 1〉「영접도감의궤」에서 보여주는 사신 수행원인 두목(頭目)에게 제공된 식재료(1609년, 1626년, 1634년) (김상보,「조선왕조궁중의궤음식문화」, 수학사, 1995, 76~78쪽)

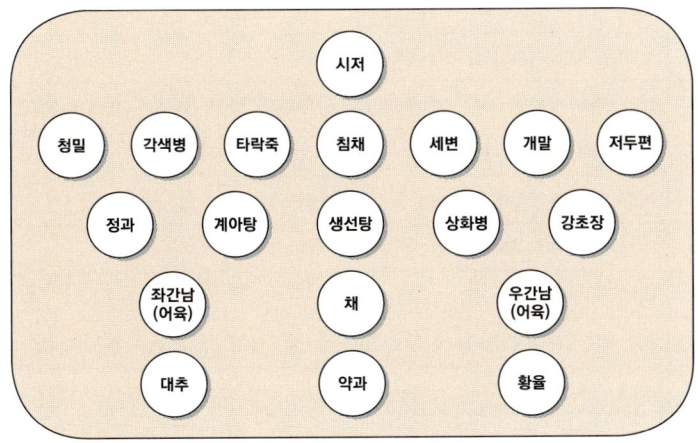

〈그림 1〉 천사(天使) 조반상(早飯床)도 (김상보,「조선왕조궁중의궤음식문화」, 수학사, 1995, 64쪽)

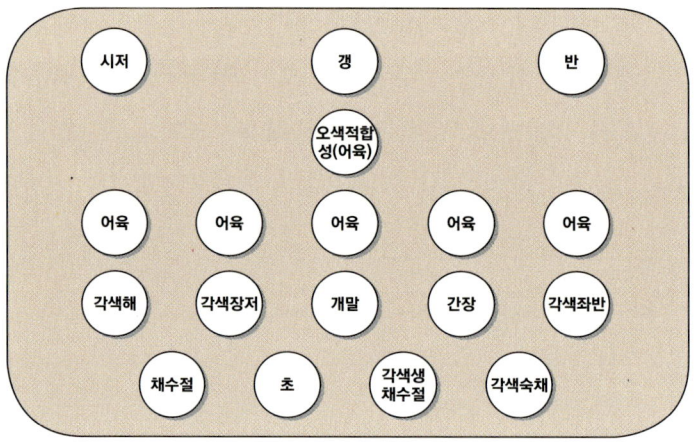

〈그림 2〉 천사 삼시반(三時飯)봉상도,「영접도감의궤」, 1609) (김상보,「조선왕조 궁중의궤 음식문화」, 수학사, 1995, 65쪽)

곡물	두부콩·밀가루·녹두가루·의이·찹쌀가루·녹두·콩가루·정함·기주미(起酒米)
포(泡)	녹두묵·편두부
술	청주
해조와 버섯류	감태·사과·김·다시마·조곽·곽이·진이·석이·표고·건송이·침송이
생선류	건은구어·하란·대하·건붕어·쌀새우·숭어란
수조육류	돼지머리·돼지장·활계(活鷄)·생치·저육(豬肉)
채소	산삼·미나리·숙주나물·부추·배추·무·도라지·상치·고사리·신감채·갓·파·토란·청채·만청근·서여
김치류	침죽순·침채·장저청근(醬菹菁根)·장저가자(茄子)·장저과자(瓜子)·장저산삼(山蔘)
젓갈류	해해(蟹醢)·합해·소어해·란해(卵醢)·은구어해·연어란해
정과와 조과류	모과정과·죽순정과·포도정과·인삼정과·유자정과·생강정과·길경정과, 약과
실과	건포도·대추·황율
조미료	간장·청장·감장·소금·초·참기름·후추·개말·마늘·생강·청밀
기타	오미자·지초

〈표 2〉「영접도감의궤」(1609)에 나타나 있는 정사와 부사의 일상식을 준비하는데 소용된 재료와 식품 (김상보,「조선왕조궁중의궤음식문화」, 수학사, 1995, 74~76쪽)

지고기전유아 · 참새전유아 · 비둘기전유아 · 중생선전유아 · 채전유아 등 14종의 찬류, 그리고 돼지 한 마리 · 양 한 마리 · 기러기 두 마리 · 소다리 한 쌍 · 소갈비 · 소염통 · 소허파 · 소간 · 소콩팥이 수육[熟肉]이 되어져 우협상 · 좌협상 · 연상 · 면협상에 차렸다. 이 상차림과는 별도로 11작(爵) 헌수에 따라 술안주로 11미수(味數)가 올려졌다.

제 3절 「가례식의궤」 상차림

인조 5년(1627)부터 광무 10년(1906)까지 보존되어 있는 『가례도감의궤』는 혼례음식 문화를 포함한 왕실 혼례의 구체적인 사실이 기록되어 있다.

1627년 · 1651년 · 1696년 · 1718년 · 1744년 · 1819년 · 1906년의 「의궤」는 왕세자 가례를 기록한 것이고, 1681년 · 1802년 · 1837년 · 1851년 · 1866년의 「의궤」는 왕가례를 기록하였다. 이상의 「의궤」 중 영조 20년(1744)에 거행된 장조 · 헌경후의 가례내용을 중심으로 살펴 보자.

영조 19년(1743) 11월13일 홍봉한의 딸을 사도세자빈으로 간택하고 12월20일 납채(納采), 12월29일 고기(告期), 이듬해 1월 9일 책빈(冊嬪), 1월 20일 친영(親迎)과 동뢰연(同牢宴)을 거행하였다. 본격적인 혼례 음식은 동뢰연에서 보이는데 〈그림3〉과 같은 동뢰대연상을 차려 동뢰연을 치루었다. 동뢰대연상은 신랑과 신부에게 각각 차리는 것으로, 실제로 혼례 당일에는 두 조가 갖추어져 있었다. 이들 동뢰대연상 외에도 신랑과 신부에게 각각 과반 1상 · 중원반 1상 · 찬안상 1상 · 미수 3상 · 대주정 1탁 · 향안 1탁 · 준화상 1탁 등이 한 조가 되어 갖추어짐으로서 신랑 한사람이 받는 음식상만을 놓고 보더라도 동뢰대연상(6상) · 과반 1상 · 찬안상 1상 · 중원반 1상 · 미수 3상 · 대주정

1탁이라는 엄청난 규모의 상차림을 혼례 당일 받았다.

 이 동뢰연상차림은 당시의 혼속이 사치에 흐르고 국비의 낭비 또한 심하므로 수용을 줄이기 위하여 박문수(朴文秀, 1691~1756) 등이 왕명을 받아 『탁지정례(度支定例)』를 영조 25년(1749)에 제정한 이후 검소해지게 되었다.

제 4절 「연향식의궤」 상차림

 연향(宴享)은 享이기도 하여서, 합음(合飮)을 뜻하고 헌(獻) 즉 봉상(奉上)한다는 의미이다. 술과 음식을 준비하고 풍악을 울려 군신(群臣)이나 빈객을 대접함으로서 검소하면서도 왕의 은혜를 보이고 더불어 신하는 왕에게 감사의 예를 올리는 것이다.

 조선왕조 초기 국가적 차원의 연향에서는 고려시대의 유습으로 유지되어온 왕과 왕비를 위한 연회인 풍정연(豊呈宴)과 군신 간의 연회인 회례연(會禮宴), 경로연(敬老宴), 단오 · 추석 · 행행(行幸) · 강무(講武) 후 및 왕세자와 왕세자빈의 생신을 축하하는 진연(進宴)등이 있었다. 그러나 임진왜란 이후 예제를 재정비하는 과정을 겪으면서 진연으로 치루어졌다. 그 배경에는 검소와 절용의 미덕을 계승하여 예연을 가능한 한 간소하게 치룬다는 취지가 담겨있었다.

 영조 20년(1744)에 찬정된『국조속오례의』「가례」에는 「진연의(進宴儀)」· 「왕비진연의」· 「대왕대비진연의」· 「삼전진연의」· 「어연의」 등 만으로하여 오상사(五上司)의 정기적인 진연은 모두 폐지되고 왕의 등극 주년(周年)과 왕실 어른의 생신을 축하하는 예연으로서 진연이 거행된다. 이렇듯 숙종과 영조대를 거치면서 간소해진 궁중연향은 진연보다도 더 간소하게 치루는 진찬(進饌) · 진작(進爵) · 회작(會爵) · 수작(受爵) 등으로도 행해졌다.

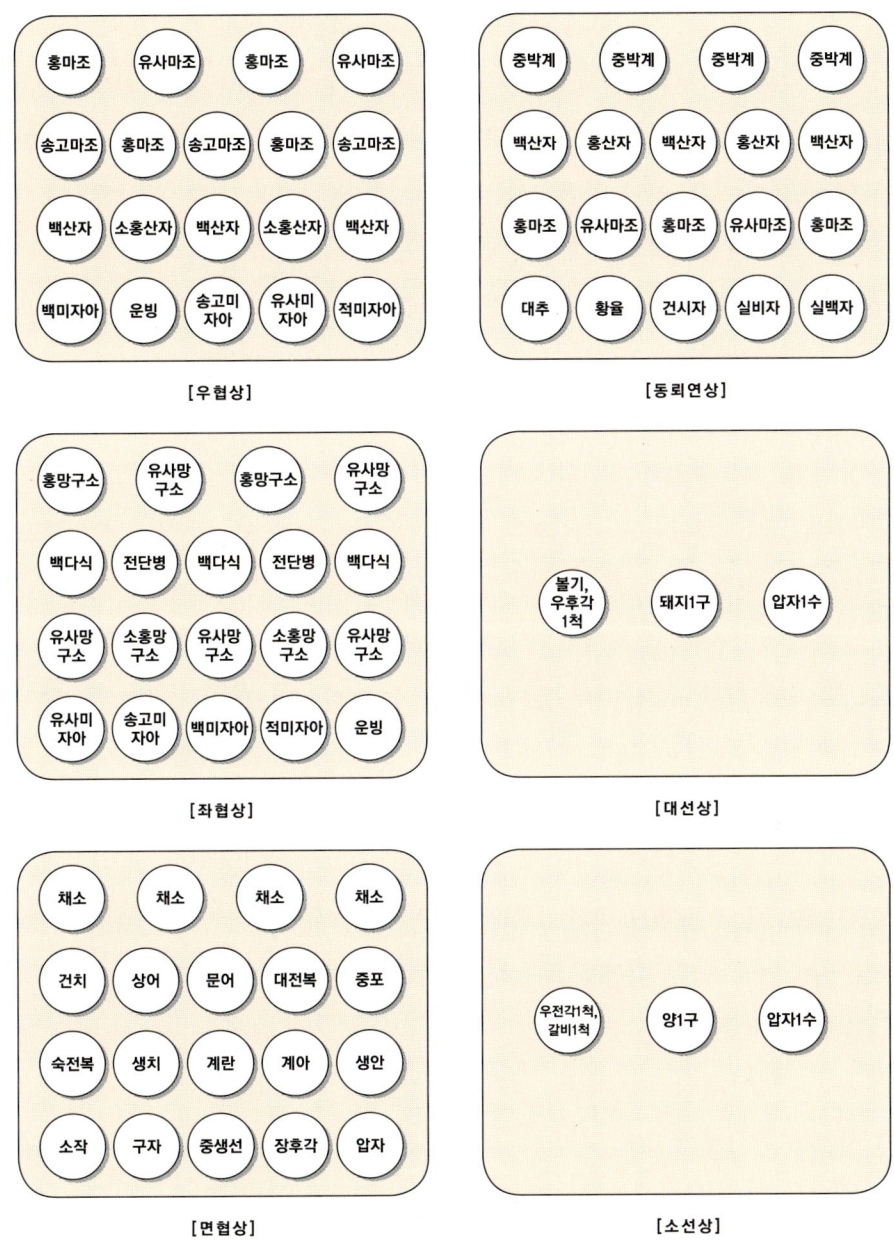

〈그림 3〉 1744년 장조·헌경후 가례동뢰연 대상 상차림
(김상보, 『조선왕조 혼례연향 음식문화』, 신광출판사, 2005, 245쪽)

1700년대 후반기 실사구시 학풍의 전성기는 정조의 문화 진흥과 사치 금지 정책과 맞물려 현실적이면서도 실리적으로 변화하는 계기를 마련해 주었다. 정조 때의 진연에서는 영조 때까지 보여주는 질서주의·형식주의가 점차 해이해지는 경향을 보여주고, 연향 찬품도 북학(北學)의 영향으로 한층 다양해지면서 음식명 또한 세련되게 바뀌게 된다. 그러나 순조(재위, 1801~1834) 재위 34년 동안 끊임없이 발생한 대화재·수재·역병은 사회적 불안을 가중시켰고, 홍경래난과 같은 민란이 발생하는 등 이로 인하여 기강 해이는 가속화되었다. 왕실의 부패도 가속화되어 조선왕조의 진연은 영조와 정조의 간소를 미덕으로 하는 정책과 정반대의 길로 진행되어 연회 규모는 점차 커져갔다. 순조 일대는 조선왕조의 말기적인 증상이 나타나기 시작한 때였고, 그 뒤를 이은 헌종·철종·고종 때에도 벗어나지 못하였다.

정조 24년(1800), 정조께서 돌아가시니 보령 48세이다. 당시 임금이 되실 왕세자 순조(1790~1834)는 10세였다. 김조순(金祖淳, 1765~1831)의 딸이 삼간택에 통과되어 왕세자와 가례를 치룰 계획이었으나, 정조는 아드님 가례를 보지 못하고 김조순에게 뒷일을 부탁한다.

순조년간은 안동김씨 김조순이 30년간 임금을 보좌하면서 세도한 시기로서 원년(1801)에는 천주교 박해의 신유사옥(辛酉邪獄)이 나고, 11년(1811)에는 홍경래난 그리고 잦은 가뭄과 흉년이 일어나는 등 격변기였다.

순조 27년(1827) 2월 을묘일, 건강상의 이유로 전하께서 세자에게 정무 볼 것을 지시하심에, 의정부에서는 세자에게 정사 보는 세칙을 제시했다. 2월 18일 묘시(5시~7시)에 종묘와 사직 그리고 경모궁에 고유제를 지낸 다음, 같은 날 오시(11시~13시)부터 대리 정사를 하였다.[222]

순조 29년은 전하의 보령이 40세가 되고, 재위 30년이 되는 해임으로 왕세자 익종은 이 기쁜 해를 맞이하여 전하께 진찬을 차려드리기 위한 상소를 두차례 올려 드디어 임금의 영교(令敎)를 받아내었다. -²²³ 진찬례(進饌禮)로 설행하게 된 근거는, 정조대왕이 어머님 혜경궁 홍씨께 봉수당과 연희당에서 올린 회갑예를 근거로 하여 선왕의 예를 따른다는 계지술사(繼志述事)의 의미에서 진연보다는 진찬으로 하게 된 것이다. -²²⁴ 유교정신인 애민사상에서 나온 겸양과 검약정신은 전하를 위해 거행되는 연향을 선뜻 받아들일 수 없었으므로 이를 안 왕세자 익종은 두 번이나 상소를 올려 진찬례가 가능해졌다.

그런데 순조 28년(1828)에도 진찬례는 아니지만 진작례(進爵禮)가 있었다. 이 해는 세자 익종이 대리 정사를 본지 1년 된 것에 대한 자축과 중궁의 보령 40세 축하를 겸하여, 중궁을 위한 「자경전정일진작」과 「자경전야진별반과」 외에 세자를 위한 「자경전익일회작」이 별도로 구성되어, 대리정사를 보는 세자에 대한 특별 진작례가 생겨난 해이기도 하다. 18세기 말까지도 없었던 이러한 연향 구성은 19세기 말까지 그대로 이어지게 되고, 물론 순조 29년의 진찬례에도 적용되었다. 다시 말하면 18세기까지의 검박한 궁중연향과 달리 외척세력의 영향에 의한 다분히 과시적인 화려한 순조 28년의 연향 구성은 서서히 조선왕조의 몰락과 비례하여 19세기 말까지 더 화려하게 이어져갔다. -²²⁵

진찬례의 설행에 대한 순조임금의 하교가 있으심에 따라 진찬의 원활한 진행을 위하여 임시 관청인 진찬도감이 순조 28년 11월 24일 세워졌다. 진찬소당상으로 행병조판서 박종훈을 비롯하여 일곱 명이 차하(差下: 벼슬을 시킴)되고, 낭청으로 부사과 이겸수를 위시하여 여섯 명이 차하되었다. 그밖에 별간역 등 50여명이 차하되었다. 같은해 11월 27일에는 회동하여 진찬소를 훈국동영(訓局東營 ; 東別營)으로 결정하고 -²²⁶ 순조 28년의 진작례를 참작하여 연향이 구성되었다.

명정전외진찬(明政殿外進饌) : 1829년 2월 9일 午시 설행.
자경전내진찬(慈慶殿內進饌) : 1829년 2월 12일 辰시 설행.

자경전야진찬(慈慶殿夜進饌) : 1829년 2월 12일 2更 설행.

자경전 회작(慈慶殿會爵) : 1829년 2월 13일 辰시 설행.

자경전내진찬을 위하여, 자경전에서 내습의(內習儀, 연습)를 다섯 번(初度1829년 1월 7일, 二度 1829년 1월 14일, 三度 1829년 1월 24일, 四度 1829년 1월 28일, 五度 1829년 2월 4일) 하고, 훈국동영에 설치된 진찬소에서는 외습의(外習儀)를 세 번(初度 1829년 1월 10일, 二度 1829년 1월 26일, 三度 1829년 2월 8일)함으로서 거듭되는 연습으로 거의 완벽에 가까운 연향례를 하도록 하였다.
_227

외진찬이 군신 간의 연향으로 철저히 남성으로만 구성된 연회라고 한다면, 내진찬은 전하를 중심으로 한 집안의 연향이다. 전하·대왕대비·중궁전·왕세자·왕세자빈이 주인공이 되어 내명부(內命婦 ; 품위를 가진 여관)·외명부(外命婦 ; 왕족과 종친의 처 및 문무관의 처로서 그 부직夫職에 따라 봉작을 받은 여자의 통칭)·의빈(儀賓 ; 왕족의 신분이 아니면서 왕족과 통혼한 사람의 총칭)·척신(戚臣 : 임금과 척분이 있는 신하)·종친(宗親 : 임금의 친족) 그리고 진찬을 주관한 진찬소당상만이 참여하게 되는데, 전하와 왕세자를 제외한 종친·의빈·척신·진찬소당상 등 모든 남성의 연회좌석은 전문(殿門) 밖에 배치하여 격리시켰다. 따라서 내진찬의 중심 공간에는 행사를 돕는 여관과 여집사 외에 의장(儀仗)을 드는 가의녀(假醫女), 정재(呈才) 여령(女伶, 女妓) 등 철저히 여성중심으로 구성되었다. 혹시 악(樂)을 연주할 때 여성 악사가 없을 경우에는

222_ 『純祖實錄』卷28, 2月 乙卯條
223_ 『進饌儀軌』, 1829
224_ 박정혜, 『조선시대 궁중기록화 연구』, 일지사, 2000, 408쪽
225_ 김상보, 「19세기 조선왕조 궁중연향 음식문화」, 『조선후기 궁중연향문화 권 2』, 민속원, 2005, 492쪽
226_ 『進饌儀軌』, 1829
227_ 『進饌儀軌』, 1829

맹인 악사가 동원되었다. 내외가 엄격한 궁궐 법도가 연향에도 이처럼 철저히 반영된 결과이다.

2월 12일 진시(7~9시)가 되자 『국조속오례의』『진연의』의 의주를 근간으로 하여 주인공인 전하가 익선관에 곤룡포를 갖추고 중명지곡(重明之曲)이 연주되는 가운데 출차(出次) 하셨다. 이후의 전개를 음식 배선을 중심으로 간단히 기술한 것이 〈표 3〉이다.[228]

전하에게 헌작(獻爵)을 올리면, 전하께서 왕세자와 왕세자빈에게 초작(酢爵)한 후 연회에 모인 사람들에게 수(酬, 行酒) 하는 연회구성이다. 술의 헌작·초작·수작이 진행됨에 따라 점진적으로 올라가는 초미·이미·삼미 등 술안주의 시계열적인 배선에 맞추어 악이 연주되고 정재가 추어졌다.

〈그림 4〉는 이 때에 행한 자경전 내진찬의 그림을 그린 「기축진찬도병(己丑進饌圖屛)」내에 있는 「자경전 내진찬도」의 일부이다. 전하의 용평상 위에 용교의(龍交椅)가 있고 뒤에 일월오봉병이 북쪽벽에서 남쪽으로 향하여 설치되어 있다. 전하좌 오른쪽에는 보안(寶案)이, 전(殿) 밖 좌우에는 향안(香案)이 놓여져 있다. 붉은 칠을 한 전하의 수주정(壽酒亭)과 다정(茶亭)에는 주기(酒器)와 다기(茶器)가 올려진 채 동쪽 보계(補階)위에 있고 수주정이 다정 보다 전하와 가깝게 앞쪽에 놓여있다. 수주정 안에는 시접반(匙楪盤)도 보인다. 전하의 용평상 맞은 편에 놓여있는, 가장자리에 초록색 단을 댄 붉은 비단 상보를 깔고 위에 곡수좌면지를 깐 전하의 찬안에는, 46그릇의 음식이 당화기와 유기접시에 담겨 차려졌다. 이들 중 34기에는 상화(床花)가 어지롭게 꽂혀진 채 화려한 모습을 보인다. 서쪽에는 동쪽으로 향하여 홍색의 무명 상보를 깔고 이 위에 곡수좌면지를 깐 다음 31그릇의 음식이 당화기에 담겨 차려져, 왕세자빈의 찬안이 놓여 있다.[229] 이들 중 22기에는 상화가 꽂혀졌다.

전하의 찬안을 마주하고 술을 올리는 진작위(進爵位)가 바닥에

	술	휘건·시첩·찬안·꽃·염수·소선·대선·탕·만두·미수등	악	정재 [무용]
전하에게 헌수주 (獻壽酒)		전하 보좌에 오르심, 향로에서 향이 오름	풍운경회지악·만수영무강인	몽금척
	제1작	왕세자가 휘건·시첩·찬안(饌案)·꽃을 올림	대평년지곡·치화평지곡·경풍악지곡·서운요일지곡	
		왕세자와 왕세자빈에게 꽃을 내림	경춘광지곡	
		좌명부·우명부·종친·의빈·척신에게 꽃을 반화	염양춘지곡·사창(司唱)이 선창악장을 창	
		왕세자가 제1작을올림, 초미(初味)를 올림	장생보연지악·수제천지곡	장생보연지무
		전하에게 염수(鹽水)·소선(小膳)·탕(湯)·만두(饅頭)를 올림.	전전환지곡·만파정식지곡·수요남극지곡·수안지곡	
	제2작 (진다)	왕세자빈이 제2작을 올림, 이미(二味)를 올림 전하에게 차를 올림[進茶]	일승월항지곡·제수창지곡·응천장지곡·금전악지곡	헌선도
		왕세자와·왕세자빈에게 휘건·시첩·찬안을 올림	악승평지곡·서안지곡	
	제3작	좌명부반수가 제3작을 올림, 삼미(三味)를 올림	건청곤녕지곡·수녕지곡·강능지곡	향발무
	제4작	우명부반수가 제4작을 올림, 사미(四味)를 올림	축화지곡·하성조지곡·악천춘지곡	아박무
	제5작	종친반수가 제5작을 올림, 오미(五味)를 올림	헌천수지곡·천년만세지곡·천록영창지곡	포구락
	제6작	의빈반수가 제6작을 올림, 육미(六味)를 올림	장춘불로지곡·연백복지곡·만사년지곡	수연장
	제7작	척신반수가 제7작을 올림, 칠미(七味)를 올림	정상지곡·만수장악지곡·요계악지곡	하황은
		전하에게 삼고두(三叩頭)·만세·천세·천천세 산호(山呼)	창운송지곡	
전하가 왕세자와 왕세자빈에게 초(酢)함		좌명부·우명부·종친·의빈·척신에게 찬탁(饌卓)을 내림	가악지곡	
		전하 왕세자에게 초(酢)함, 미수(味數)를 올림	경태평지곡	무고
		전하 왕자세빈에게 초함, 미수를 올림	희기춘지곡	연화대
		왕세자·왕세자빈에게 탕, 만두·차[茶]를 올림	경방춘지곡·억만세지곡·청평악지곡	
		전하에게 별행과(別行果)를 올림	천보지악	
		왕세자·왕세자빈에게 별행과를 올림	천선자지곡	
行酒		좌명부·우명부·종친·의빈·척신에게 행주	무녕지곡	검기대
철상		전하·왕세자·왕세자빈의 찬안·과안·시첩·휘건을 물림	사창(司唱)이 후창악장을 창, 만방년지곡·장생악지곡	선유락
		좌명부·우명부·종친·의빈·척신·진찬소당상과 낭청의 찬탁을 물림		
예필		전하에게 일동 국궁·사배·흥·평신	경성지곡·비룡인	오양선

〈표 3〉 순조 29년에 행한 「자경전내친잔」 의례구성

1719	1765	1795	1827	1828	1829	1848	1868	1873	1877	1887	1892	1901	1902
	황육 어음적	화양적	화양적		화양적			화양적	화양적	화양적	화양적		
		각색 화양적	각색 화양적	각색 화양적	각색 화양적	각색 화양적	각색 화양적	각색 화양적	각색 화양적	각색 화양적	각색 화양적		
					어화 양적						어화 양적	어화 양적	어화 양적
양어 음적					양화 양적								
생복 어음적					생복 화양적						생복 화양적	생복 화양적	생복 화양적
계란 어음적					압란 화양적								
낙제 어음적					낙제 화양적						낙제 화양적	낙제 화양적	낙제 화양적
천엽 어음적					천엽 화양적								
											동과 화양적	동과 화양적	동과 화양적

〈표 4〉「연향식의궤」에 등장하는 화양적
(김상보, 「19세기 조선왕조 궁중연향 음식문화」, 「조선후기 궁중연향문화 권2」, 민속원, 2005, 570쪽)

깔려있다. 머리에 꽃을 꽂은 여관과 여집사가 보이며 실내를 외부로부터 보호하기 위한 주렴(珠簾)이 처마 부근까지 접혀져 커튼 형태로 보이는 홍주갑장(紅紬甲帳)이 걷혀져 올라있다(〈그림 4-1〉). 악공들 앞에는 황색 목면으로 휘장을 만들어 시야를 차단하고 있다. 여령이 선유락·검기대·무고·헌선도·포구락·하황은·몽금척 등의 춤을 현란하게 추고 있다(그림 4-2).

228_ 자경전 내진찬에서의 주인공은 대전(大殿)이었다. 전 해 무자년에서 40세가 되는 중궁전을 위한 진작연(進爵宴)을 이미 올려드렸기 때문에(『순조실록』卷 30, 2월 壬午條), 40세가 되시는 대전을 위한 기축년 내진찬에서는 중궁전에게는 다만 내진헌찬안과 내진헌별행과 만 올렸다. 이 날 연상(宴床)은 115인에게 차려졌고, 연회가 종료된 후 사찬상은 33인에게 하사되었다(김상보, 「19세기 조선왕조 궁중 연향음식문화」, 499쪽).
229_ 김상보, 「19세기 조선왕조 궁중연향 음식문화」, 「조선후기 궁중연향문화 권 2」, 민속원, 2005, 627~631쪽

〈그림 4-1〉「기축진찬도병(己丑進饌圖屛)」「자경전내진찬도(慈慶殿內進饌圖)」(1829)

〈그림 4-2〉「기축진찬도병」「자경전내진찬도」(1829)

고종 13년(1876) 병자수호조약이 체결된 이후 점차 개국·개화되면서 연향음식에도 많은 영향을 미쳐서 광무 5년(1901), 광무 6년(1902)의 진연과 진찬은 황제 즉위식 이후의 연향이 되었다. 게다가 1894년 갑오경장 이후 퇴출당한 궁중의 숙수였던 안순환씨 등과 같은 사람들이 경영한 명월관을 위시한 여러 조선요릿집이 생겨났다. 이들 조선요릿집을 통하여 궁중음식은 일반인에게 대중화되어 보급되었다.

궁중연향 때에 올랐던 화양적(花陽炙)을 예로 들어 어떻게 변화되었는가를 검토해 보자. 〈표 4〉는 각 「연향식의궤」에서 등장하는 화양적을 시대별로 구분한 것이다.

꽂이에 꿰어 만든 적을 태양꽃과 같은 형태로 담는다고 하여 화양적이라 한 이 찬품의 초출은 정조 19년(1795)의 『원행을묘정리의궤』이다. 그 이전에는 어음적(於音炙)이라 하였다. 숙종 45년(1719)의 『진연의궤』에는 양어음적·생복어음적·계란어음적·낙제어음적·천엽어음적 등이 보인다. 그 후 약 80년이 지나고나서 『원행을묘정리의궤』에서는 화양적이란 명칭으로 대체되는 것이다.

황육어음적과 화양적의 재료구성을 제시한 것이 〈표 5〉이다. 영조 41년(1765)의 황육어음적과 정조 19년(1795)과 순조 29년(1829)의 화양적은 재료를 꽂이에 꿰고 나서 밀가루와 달걀로 옷을 입혀 기름에 지져 낸 느름적 형태이고, 고종 10년(1873)·고종 14년(1877)·고종 24년(1887)의 화양적은 각 재료를 기름에 지진 다음 꽂이에 꿴 형태이다. 옷을 입혀 지져내는 느름적 형태의 화양적은 1873년 이후 사라지고 있다. 1873년 이후에 보이는 달걀은 고명 장식을 위한 재료로서 동원되었다. 주재료인 소고기·도라지·쪽파를 각각 양념하여 기름에 지져낸 후 꽂이에 꿰고 이것을 접시에 빙 둘러 고여 담아(연회음식은 고여 담는 것이 정도임) 달걀지단채를 흩뿌려 태양꽃[花陽]과 같이 장식했다고 본다.

		1765, 「수작의궤」	1795, 「원행을묘정리의궤」	1829, 「진찬의궤」	1873, 「진작의궤」	1877, 「진찬의궤」	1887, 「진찬의궤」
		황육어음적	화양적	화양적	화양적	화양적	화양적
주재료	소우둔육	1/50척(隻)		2부	1부	1/2부	1/3부
	돼지고기		1근 8냥				
	쪽파		1단	50단	15단	1½단	1단
	표고버섯	1작(夕)5리(里)	6작	5홉			
	참버섯	1작 5리	2홉	3되			
	도라지		1단	2말[斗]	3말	5되	5되
	석이버섯		4작	5홉			
옷	밀가루	4작	2홉	3되			
옷 또는 고명	달걀	1/2개(옷)	2개(옷)	80개(옷)	20개(고명)	2개(고명)	2개(고명)

〈표 5〉「연향식의궤」에 기록된 어음적과 화양적의 주재료와 분량
(김상보,「20세기 조선왕조 궁중연향 음식문화」,「조선후기 궁중연향문화 권3」, 민속원, 2005, 444쪽)

이와 같이 화양적 하나만 예로들어 보더라도 숙종 45년 · 영조 41년은 황육어음적이라 했던 것을, 정조 19년 이후에는 화양적이라 하고, 조리방법에 있어서는 순조 29년의『진찬의궤』까지는 느름적이었으나 이후 각 재료를 기름에 지져 꽂이에 꿰어 담는 형태로 변하고 있다. 주재료 또한 소고기 · 도라지 · 쪽파로 구성되고 있음을 알 수 있다.

제 5절 「일상식의궤」 상차림

앞서 말한 것처럼 지금까지 조선왕조 왕은 매일 12첩반상을 차린 수라를 드신 것으로 알고 있었다. 임금의 일상식 12첩반상은 밥 · 국 · 조치 · 침채 · 장을 제외하고 반찬 가짓수가 12종류나 되는 총 21기(장4기 제외)가 된다.[230] 그러니까

이 법대로 본다면 왕은 매일 아침밥, 점심밥, 저녁밥을 장(醬)을 포함하여 25기를 차려서 잡수셨다는 이야기가 된다.

임금이 잡수신 일상식이 12첩반상이라는 주장을 뒤엎은 「일상식의궤」가 정조19년(1795)의 『원행을묘정리의궤』이다. 이 해는 장조(莊祖, 사도세자 1735~1762)와 자궁(慈宮, 장조의 부인인 혜경궁 홍씨)이 갑년을 맞이하고 임금이 즉위한지 20년째가 되는 등 경사가 겹친 해였다. 이 때 정조임금은 혜경궁 홍씨를 모시고 화성에 행행하여 환갑잔치를 차려 올렸는데, 그 과정의 전말을 기록한 것이 『원행을묘정리의궤』이다. 여기에는 환갑연을 구성했던 상차림 뿐만 아니라 당시 계급에 따라 어떻게 일상식을 차려 먹었는가를 알 수 있는 자료들이 기록되어 있다. 환갑연을 맞이 했던 혜경궁 홍씨에게는 13기(13첩)에서 15기(15첩)를 정찬과 가찬으로 나누어 흑칠원족반을 사용해 올렸으며, 정조 임금께는 흑칠원족반을 사용해 유기에 음식을 담아 7기(7첩)를 올렸다.

제 6절 「음식문화의궤」를 통하여 밝혀진 현재 알려져있는 궁중음식의 문제점

〈표 4〉와 〈표 5〉에서 「화양적」을 예로 제시하였으므로, 이번에는 1900년대 이후에 나온 조리서를 통하여 역시 「화양적」을 검토해 봄으로서, 현재 알려져 있는 궁중음식의 문제점이 무엇인가를 유추해 보기로 한다.

〈표 6〉은 「화양적」이라는 명칭의 궁중음식이 개화기와 한일합방을 겪으면서 일반 대중에게 전해지는 과정에서 어떻게 변질되었는가를 알아보기 위하여 조리서에 나타난 주 재료 구성을 비교한 것이다.

230_ 黃慧性, 『韓國の食』, 平凡社, 1988 ; 황혜성, 『한국의 요리 궁중음식』, 삼성당, 1988

1924년의 『조선무쌍신식요리제법』에는 「누름적 · 누름이 · 화양적」이라 하면서 두가지 조리법을 제시하고 있다, 하나는 밀가루와 달걀로 옷을 입혀 지져낸 느름적이고, 다른 하나는 각 재료를 볶아 꽂이에 꿰어 그릇에 담고 달걀지단채와 석이채를 뿌려 고명장식한 형태이다. 1930년의 『조선요리제법』에는 「화양적」이라고 하지 않고 「누름적」이라 하면서 밀가루와 달걀로 옷을 입혀내고 있으며, 1988년의 『한국의 요리 궁중음식』에는 『조선무쌍신식요리제법』의 후자와 같은 방법을 택하여 「화양적」이라고 하였다.

『조선무쌍신식요리제법』에서 제시한 두가지 조리법의 「화양적」은 조선왕조 궁중음식의 전파 차원에서 본다면 비교적 정확한 것이다. [조리법1]은 〈표 5〉에서 제시한 옷을 입혀 느름적 형태로 만든 「화양적」을 계승한 것이고, [조리법2]는 옷을 입히지 않고 소고기 · 쪽파 · 도라지를 참기름에 볶아 꽂이에 꿰어 접시에 담아서 달걀지단채로 흩뿌려 장식하는 「화양적」을 계승한 것이다.

조리서	1924,『조선무쌍신식요리제법』		1930,『조선요리제법』	황혜성,『한국의요리궁중음식』, 삼성당, 1988
명칭	누름적, 누름이, 화양적		누름적	화양적
주재료	[조리법1]	[조리법2]		
	소고기	소고기	고기	소고기
	도라지	도라지	도라지	도라지
	박오가리		박오가리	
	배추			
		파	파	달걀
		미나리		오이
				당근
				표고버섯
옷	밀가루		밀가루	
	달걀		달걀	
고명		달걀지단채		
		석이버섯채		

〈표 6〉 1900년대 이후 조리서에 나타난 「화양적」의 주재료구성(김상보, 「20세기 조선왕조 궁중연향 음식문화」, 『조선후기 궁중연향문화 권 3』, 민속원, 2005, 445쪽)

고종 10년(1873)·고종 14년(1877)의 「의궤」에서 보여주는 소고기, 파, 도라지를 주재료로 한 「화양적」은 1924년의 『조선무쌍신식요리제법』에서도 [조리법2]의 화양적 주재료로 구성되고 있다. 그러나 1988년 『한국의 요리 궁중음식』에서는 소고기·표고·도라지·당근·오이·달걀이 주재료로서 부상함으로서 파가 없어지는 대신 표고버섯·오이·당근·달걀이 삽입되어 색깔을 보다 화려하게 만들고 있다. 이러한 재료구성은 조선왕조 「의궤」의 어디에도 찾아볼 수 없을 뿐만 아니라 1924년의 「조선무쌍신식요리제법」과 1930년의 『조선요리제법』에서도 채택하지 않은 재료이다.

『한국의 요리 궁중음식』「화양적」은 조선왕조가 망한 이후 어느시점, 분명하지 않지만 명월관 등과 같은 조리요릿집에서 화려하게 현대화시킨 궁중음식을 소개하고 있다고 보아도 무리가 없을 것으로 판단한다. 어쨌든 『한국의 요리 궁중음식』의 「화양적」은 지금도 궁중음식의 하나로 널리 알려져 있다.

결론적으로 말하면 「의궤」속에 기록되어 있는 궁중음식 내용은 현재 통용되고 있는 궁중음식과는 확연히 다르다는 것을 밝혀준다.

제6장 우리음식문화의 현재와 미래, 발전방향

전통문화가 기반이 되어 이를 계승하여 발전시키는 것이 바람직한 현대화라고 한다면, 한국의 현대화는 분명 많은 우여곡절을 겪었다.

식생활문화도 예외가 아니다. 전통음식문화에 대한 총체적인 이해가 없이는 음식문화 발전은 요원하다. 각 민족과 지역의 문화가 지닌 역량들이 서로 경쟁하며 새로운 주도 세력으로 성장 발전해가면서, 각 문화의 차별성을 얼마나 전통에 기초하여 표출해 내고 현대화시키는가는 21세기에 중요한 부가가치로 등장한다. 21세기의 음식은 종합적인 측면에서 응축된 전통문화의 형태로 표출되어야 한다. 그렇게 하여야만 음식문화 경쟁에서 이길 수 있다. 외식으로 예를 들어보자.

외식업체가 당면하고 있는 문제는 상다리가 휘어질 정도로 차리는 오늘의 반상차림문화이다. 엄청난 양의 음식쓰레기 문제를 떠안고 있을 뿐만 아니라, 그로 인한 재정적·자원적·시간적 낭비는 매우 심각하다. 분명히 말할 수 있는 것은 적어도 조선왕조의 유교 철학을 대변하는 우리의 전통밥상차림은 근검절약

정신이 배어 있는 밥상문화를 갖고 있었다. 외식산업체에서 간소한 상차림으로의 복귀는 한말 이전의 전통 상차림문화로 돌아가는 것이다. 이것이 외식산업체 뿐이겠는가. 가정에서는 밥상에 앉아서 지켜야하는 음식지도(飮食之道)가 상실된지 오래 되었다.

상차림에서 가장 중요한 찬품은 밥과 국이다.『원행을묘정리의궤』에서 보여주는 밥과 국만을 차린 중인 계급의 2첩반상은 이를 잘 대변한다. 우리는 다른 음식을 먹지 않고 국 한 그릇에 밥 한 그릇 만을 먹어도 충분한 영양 섭취를 할 수 있을 만큼, 국문화가 발달해 있는 민족이다. 궁중음식의 하나이지만 1902년에 임금께 올렸던 잡탕(雜湯)은 탄수화물만 제외하고 단백질·지방·비타민·무기질이 듬뿍 함유된 재료 구성을 보여준다. 탄수화물은 밥에서 섭취하면 되기 때문에 영양적인 측면 만으로 보더라도 밥과 잡탕만 먹어도 다른 음식은 전혀 섭취할 필요가 없을 만큼 훌륭한 재료 구성인 것이다.

비록 잡탕으로 예를 들긴 하였으나, 우리의 밥상문화는 많은 음식을 차리지 않아도 밥과 탕만으로도 맛으로나 질로나 훌륭한 밥상차림이 되기 때문에 이것에 반찬 한 가지만 놓아도 충분하다. 이것이 우리의 밥상문화이다.

이번에는 눈을 세계로 돌려보자. 〈그림 1〉에 나타난 바와 같이 쌀을 주식으로 하는 문화권은 인도의 일부를 포함하여 티벳·동남아시아·중국남부(사천·운남을 포함)·한국·일본에 불과하다. 이들을 제외한 그밖의 대부분 지역은 밀을 주식으로 한다. 그러나 이 분포도도 어디까지나 15세기의 것이고 21세기 현재, 쌀

수조류	해산물류	버섯과 야채류	곡류	조미료	기타
소고기 안심육	해삼	미나리	밀가루	간장	잣
양	전복	무		참기름	
곤자소니		표고버섯		후춧가루	
달걀		파			

〈표 1〉 1902년 임금께 올렸던 잡탕의 재료구성

주식 인구는 현저히 줄어들고 있다.

쌀을 주식으로 하는 문화권과 밀을 주식으로 하는 문화권에서의 맛의 느낌은 다르다. 일반적으로 밀을 주식으로 하는 문화권에서는 짠맛·신맛·단맛·쓴맛을 맛이라고 느끼나, 쌀을 주식으로 하는 문화권에서는 이상의 네가지 맛 외에 감칠맛을 하나 더 느낀다.

쌀을 주식으로 하는 우리나라는 glutamic acid를 중심으로 한 물질인 감칠맛 때문에 젓갈·식해·간장·된장 등과 같은 음식 문화가 발달해 있다. 그러니까 우리는 감칠맛을 주성분으로 하는 음식 맛을 즐기고 있는 셈이다.[232]

반면에 밀을 주식으로 하는 문화권에서는 원래 감칠맛을 모른다. 치즈·버터 등에 함유된 발효취와 포도주의 향취를 선호하고, 이들을 포함하는 향신료로서 음식의 맛을 내고 있다.

세계의 식사문화는 쌀과 밀 섭취 문화권으로도 나눌 수 있지만 종교적 분류도 생각해볼 수 있다.

〈그림 1〉 15세기 구세계의 주식작물과 유이용(乳利用)의 분포도.
(김상보역, 石毛直道著, 「魚醬과 食醢의 硏究」, 수학사, 1995, 336쪽)

종교적으로 현재 처해있는 세계문화는 아랍을 중심으로 전개되고 있는 이슬람문화, 인도권의 힌두문화, 유럽이 그 중심에 있으면서 로마제국 이후 끊임없이 확장되고 있는 기독교문화, 중국과 한반도를 중심으로 한 유교(도교포함)문화, 동남아시아와 일본을 무대로 하고 있는 불교문화 그리고 신대륙(아메리카)을 중심으로 하고 있는 문화로 나뉜다.

짧은 지면에 보다 구체적 기술은 어렵지만 이들 종교권에는 독특한 음식에 대한 기호가 지금도 여전히 상존하고 있다. 돼지고기와 소고기는 기독교와 유교문화권에서는 상식되고 있는 먹거리다. 그러나 이슬람문화권은 돼지고기를 기피 하고, 힌두문화권은 소고기를 기피한다. 이들 문화권에서 갖고 있는 소위 깨끗하다는 정(淨)한 식품과, 더럽다는 부정(不淨)한 식품에 대한 엄격한 분류는 타 문화권의 그것을 훨씬 뛰어 넘는다.

또 불교문화권이 갖고 있는, 산 동물을 죽여서 먹거리로 하는 것을 경계한다고 하는 불살생계(不殺生戒)는 육류 섭취를 제한하거나 금했다. 게다가 힌두교가 갖고 있는 윤회전생(輪回轉生) 및 인과응보와도 연계되어 불교문화권에서의 음식문화 전개는 훨씬 더 복잡하게 얽혀있다.

한편 1492년 콜럼버스가 아메리카 대륙을 발견한 이후 세계에 소개된 신대륙은 그들만이 갖고 있었던 신을 중심으로 하여 발달한 아즈텍문화와 마야문화 및 잉카문화가 펼쳐졌던 곳이다. 이곳은 옥수수·감자·고추를 고대부터 상식하고 있었다. 콜럼버스 덕분에 우리도 현재는 고추를 세계에서 가장 많이 먹는 나라 가운데 하나가 되었지만, 고추의 매운맛을 즐기는 경향에 있어서는 그들도 결코 뒤지지 않는다.

어머니의 정성, 그리고 밥과 국이 강조되는 우리음식 문화는 분명 복잡한 세계 속의 한 문화로서 존재한다. 된장·간장·고추장·청국장, 젓갈, 김치류와 장아찌

232_ 김상보역, 石毛直道著, 「어장과 식해의 연구」, 수학사, 1995, 264~269쪽

등을 기본으로 하는 음식문화의 저변에는 어머니의 세심한 정성이 깔려있다. 계절적으로 언제 담으면 좋고, 또 맛을 잘 내기 위하여 그 계절에서 좋은 날을 택일하기도 하였다. 이러한 일련의 과정은 음식을 둘러싼 다양한 민속신앙을 낳을 만큼, 저변에는 다양한 의미와 가치체계를 형성하고 있다. 그래서 한국음식을 먹는다는 것은 음식과 음식에 포함되는 신앙을 먹는 가치체계가 되었으며, 그 신앙 중의 하나가 '어머니의 정성'이다.

그런데 어머니의 정성이라는 가치 속에는 정결함 · 정성 · 질 좋은 재료의 선택 · 양생론과 직결되는 장수 음식으로 만들어야 하는 당위성 등이 포함되어, 한 가지 음식을 만들어도 손이 많이 가고 많은 시간이 드는 특성을 지닌다.

재료의 선택, 다듬기, 정결하게 썰기, 양념하여 조리하기, 정결한 그릇에 담기, 상차리기라는 겉으로 드러난 과정 외에, 사전에 반드시 해야만 하는 준비 과정인 양념용 발효음식을 만들어 저장하기, 밥상에 오르는 김치 · 장아찌 · 자반 등 음식을 미리 갖추어 저장음식 만들기, 비록 밥에 탕 한 가지만을 차려놓고 먹는다할지라도 맛있고 진한 탕(湯) 육수를 만들기 위한 준비 등등은 하나같이 시간과 일손이 많이 요구되는 것들로서, 대가를 많이 지불하여야만 한다.

주식과 부식을 뚜렷이 구분하는 식생활에서 쌀로 밥을 지어 주식으로 삼고 국을 만들어 먹을 수 있도록 일찍이 콩을 발효시켜 간장과 된장을 만들어 먹었다. 또한 어패류를 이용하여 젓갈을 만들어 식생활에 사용하는 등 발효식품 · 저장식품 등이 발달한 식문화를 형성하여 왔다. 이러한 전통음식문화는 급격한 경제발전 및 세계화 추세의 경향과 함께 많은 변화를 가져와, 전통적인 음식문화 관습에 많은 변화를 주고 있다. 이러한 변화의 요인을 몇가지 측면에서 살펴보면 다음과 같다.

첫째, 쌀 등의 곡류 소비가 줄어들고 식생활의 세계화로 빵, 육류, 어패류의 소비량이 늘어난다.

둘째, 각종 영양소별 과잉과 부족의 공존현상이 발생하고 있다.

셋째, 가정에서 하는 식사보다 외식하는 빈도수가 느는 추세이다.

넷째, 인구의 감소현상과 핵가족화, 여성들의 적극적인 사회진출, 경제의 발전과 풍요, 농촌인구의 감소와 도시화로 가공식품의 발달 및 이용률이 증가하고 있다.

다섯째, 식품산업의 발달과 농수산물의 수입개방으로 식품의 양적 공급이 확대되고 있다.

여섯째, 농약사용, 수질, 쓰레기 등의 보건위생학적 문제로 자연환경조건이 변화되고, 농수축산품의 생육 변화는 질적인 문제를 발생시킨다.

일곱 번째, 전국민 의료보험의 실시가 이룩되어 의료행위의 접촉기회가 늘어났으며, 질병의 양상이 식생활과 관련된 만성 퇴행성 질병이 늘고 있는 추세이다.

이와 같이 오늘날의 우리나라 식생활 주변 환경은 오랜 전통의 한국적 식생활에서 크게 벗어난 복잡한 양상을 띠고 있는 것이다.

인용문헌

『三國史記』
『名物紀略』
『松南雜識』
　趙秀三(1762~1849), 『歲時記』
『饔饎雜志』
『是議全書』, 19세기말경.
『高麗史』
『園幸乙卯整理儀軌』, 1795.
『世宗實錄』
『太宗實錄』
『成宗實錄』
『增正交隣志』
『中宗實錄』
『明宗實錄』
『純祖實錄』
申叔舟, 『海東諸國記』, 1471.
『國朝續五禮儀』
『通文館誌』
『華城城役儀軌』
　許筠, 『屠門大嚼』, 1611
『閨閤叢書』, 1815.
『飮食知味方』
『增補四禮便覽』, 1844.
『廣禮覽』, 1893.
『四禮集儀』, 1887.

『四禮便覽』, 18세기초.
『德恩家乘』
『沙寒里三位歲祭笏記』
『迎接都監儀軌』, 1609·1610·1626·1634·1637·1643.
『墓祀儀節』
『嘉禮都監儀軌』, 1627·1651·1681·1696·1718·1744·1802·1837·1851·1866·1906.
『進饌儀軌』, 1829·1848·1868·1873·1877·1887·1892·1901·1902.
『豊呈都監儀軌』, 1630.
『進宴儀軌』, 1719·1744·1901.
『進爵儀軌』, 1827·1828·1873.
『受爵儀軌』, 1765
　洪錫謨,『東國歲時記』, 1849.

국립광주박물관,『조선시대풍속화』, 2002.
국립국악원편,『조선시대음악풍속도 Ⅱ』, 민속원, 2004.
강봉룡,「고대한·중·일 관계에서의 백제의 역할」,『백제문화를 통해서 본 고대 동아시아세계』,
　　　공주대학교 백제문화 연구소, 2002.
김세민 外 3인譯, 三宅英利著,『조선통신사와 일본』, 지성의샘, 1996.
김상보,『조선왕조 혼례연향 음식문화』, 신광출판사, 2004.
김상보,「17·18세기 조선왕조 궁중연향 음식문화」,『조선후기 궁중연향문화 권 1』, 민속원, 2003.
김상보,「서애 류성룡 종가의 제사음식」,『종가의 제례와 음식 8』, 월인, 2005.
김상보,「고산 윤선도 종가의 제사음식」,『종가의 제례와 음식 5』, 김영사, 2005.
김상보,「탄옹 권시 종가의 제사음식」,『종가의 제례와 음식 9』, 월인, 2006.
김상보,「퇴계 이황 종가의 제사음식」,『종가의 제례와 음식 7』, 월인, 2005.
김상보,『조선시대의 음식문화』, 가람기획, 2006.
김상보,「19세기 조선왕조 궁중연향 음식문화」,『조선후기 궁중연향문화 권 2』, 민속원, 2005.
김상보,「20세기 조선왕조 궁중연향 음식문화」,『조선후기 궁중연향문화 권 3』, 민속원, 2005.
김상보,『조선왕조 궁중연회식의궤 음식의 실제』, 수학사, 1995.
김상보,『음양오행사상으로 본 조선왕조의 제사음식문화』, 수학사, 1995.
김상보,『한국의 음식생활문화사』, 광문각, 1997.
김상보,『조선왕조 궁중의궤 음식문화』, 수학사, 1995.
김상보역, 石毛直道著,『어장과 식해의 연구』, 수학사, 1995.
김상보,「식생활」,『漢城百濟史』5, 서울특별시사편찬위원회, 2008.
김상보,「한성백제시대의 음식문화」,『향토서울』제 163호, 2003.
김상보,「생활문화 속의 향토음식문화」, 신광출판사, 2005.

김성남, 「백제한성기 남방영역의 변천」, 『백제의 변경』, 충남대학교 백제연구소, 2005.
박정혜 외 2인, 『조선왕실의 행사그림과 옛지도』, 민속원, 2005.
박정혜, 『조선시대 궁중기록화 연구』, 일지사, 2000.
方信榮, 『朝鮮料理製法』, 한성도서주식회사, 1939.
서인화 · 진준현 『조선시대음악풍속도 Ⅰ』, 민속원, 2002.
상기숙역, 宗懍著, 『荊楚歲時記』, 집문당, 1996.
서울역사박물관, 『풍납토성』, 2002.
이기명, 『한국의 불교』, 세종대왕기념사업회, 1999.
이기동, 「고대동아시아 속의 백제문화」, 『백제문화를 통해서 본 고대동아시아세계』, 공주대학교 백제문화연구소, 2002.
이성우, 『한국식품사회사』, 교문사, 1995.
이성우, 『한국요리문화사』, 교문사, 1990.
이성우, 「중 · 한 · 일에서 저채류의 변천과 교류에 관한 연구」, 『영남대학교논문집』9, 1975.
李用基, 『朝鮮無雙 新式料理製法』, 영창서관, 1924.
윤무병, 「김제벽골제발굴보고」, 『백제연구』제 7집, 충남대학교, 1978.
조흥윤, 『민속에 대한 기산의 지극한 관심』, 민속원, 2004.
하우봉 · 홍성덕역, 『국역증정교린지』, 민족문화추진회.
한경수역, 渡辺照宏著, 『불교사의 전개』, 불교시대사, 1992.
黃慧性, 『韓國の食』, 平凡社, 1988.
황혜성, 『한국의 요리 궁중음식』, 삼성당, 1988.

『呂氏春秋』

『釋名』

『禮記』

『三國志』

『晉書』

『齊民要術』

『漢書』

『說文解字』

『周書』

『後漢書』

『隋書』

『魏志』

『北史』

『梁書』

『孟子』

『論語』

『戰國策』

『朱子家禮』

　朝鮮總督府,『朝鮮事情』, 1922.

　村上唯吉,『朝鮮人の衣食住』, 大和商會圖書出版部, 1916.

　如因居士,『朝鮮雜記』, 春祥堂. 1894.

　岡助,『京城繁昌記』, 博文社, 1915

　內藤八十八,『古蹟と風俗』, 朝鮮事業及 經濟社, 1927.

　薄田斬雲・鳥越靜岐,『朝鮮漫畵』, 日韓書房, 1909.

　西村眞太郎,『朝鮮の弟』, 朝鮮警察協會, 1923.

　林巳奈夫,「漢代の飲食」,『東方學報 48冊』, 京都大學人文科學研究所, 1975.

　田中淡,「古代中國畵像の割烹と飲食」,『東アジアの食事文化』, 平凡社, 1985.

　池田末利譯,『儀禮』. 東海大學 出版會. 1974.

　諸橋轍次,『大漢和辭典』, 大修館書店, 昭和 61.

　原田信男,『コメを選んだ日本の歷史』, 文化新書, 2006.

　石毛直道,『魚醬となれずしの研究』, 岩波新書, 1990.

　中尾佐助,『料理の起源』, NHK BOOK, 1993.

　中尾佐助,『栽培植物と農耕の起源』, 岩波新書, 1992.

　熊谷治,「朝鮮半島におけるアズキに關する儀禮・習俗」,『朝鮮學報』, 1979.

　小山修三,「古代中世の食事」,『世界の食バもの12』, 朝日新聞社, 1984.

　仲尾宏,「朝鮮通信使の時代」,『淡交』, 淡交社, 平成 4年.

　高正晴子,「朝鮮通信使の饗應について」,『日本家政學會誌』, Vol46, No11, 1995.

저자 약력

김상보 金尚寶

1986년 한양대학교에서 이학박사를 취득하고
1993년에서 1994년 일본국립민족학박물관에서 객원교수로 지냈다.
현재 대전보건대학 전통조리과 교수로 재직 중이다.

주요 저서

『조선왕조 궁중의궤 음식문화』: 문화관광부 우수도서 선정
『음양오행사상으로 본 조선왕조의 제사음식문화』
『조선왕조 궁중연회식 의궤음식의 실제』
『조선왕조 혼례연향음식문화』
『생활문화 속의 향토음식문화』
『한국의 음식생활문화사』: 문화관광부 우수도서 선정
『조선후기 궁중연향 음식문화』: 문화관광부 우수도서 선정
『조선시대의 음식문화』: 문화관광부 우수도서 선정
『조선왕조 궁중음식』
『조선왕조 궁중떡』
『조선왕조 궁중과자와 음료』

역서

『원행을묘정리의궤』, 『찬품조』
『어장과 식해의 연구』 등이 있다.
1999년에 학국 과학기술 단체 총연합회에 의한 제9회 과학기술우수논문상을 수상했다.

기파랑·耆婆朗은
삼국유사에 수록된 신라시대 향가 찬기파랑가·讚耆婆朗歌의 주인공입니다.
작자 충담忠談은 달과 시내의 잣나무의 은유를 통해 이상적인 화랑의 모습을 그리고 있습니다.
어두운 구름을 헤치고 나와 세상을 비추는 달의 강인함, 끝간 데 없이 뻗어나간 시냇물의 영원함,
그리고 겨울 찬서리 이겨내고 늘 푸른빛을 잃지 않는 잣나무의 불변함은
도서출판 기파랑의 정신입니다.
www.guiparang.com

초판 인쇄 | 2010년 4월 9일
발행일 | 2010년 4월 19일

지은이 | 김상보
펴낸이 | 안병훈

펴낸곳 | 도서출판 기파랑
등록 | 2004년 12월 27일 제300-2004-204호
주소 | 서울시 종로구 동숭동 1-49 동숭빌딩 301호
전화 | 763-8996(편집부) 3288-0077(영업마케팅부)
팩스 | 763-8936
이메일 | info@guiparang.com

ISBN 978-89-91965-08-9 (03380)
값 15,000원

235